BIBLIOTHÈQUE NOUVELLE
à 1 fr. le volume.
(HORS DE FRANCE : 1 FRANC 25 CENT. LE VOLUME)

CH. MARCOTTE DE QUIVIÈRES

DEUX ANS
EN AFRIQUE

AVEC UNE INTRODUCTION

PAR LE BIBLIOPHILE JACOB

PARIS
LIBRAIRIE NOUVELLE
BOULEVARD DES ITALIENS, 15, EN FACE DE LA MAISON DORÉE

1855

DEUX ANS
EN AFRIQUE

PARIS. — IMP. SIMON RAÇON ET COMP., RUE D'ERFURTH, 1.

CH. MARCOTTE DE QUIVIÈRES

DEUX ANS
EN AFRIQUE

AVEC UNE INTRODUCTION

PAR LE BIBLIOPHILE JACOB

PARIS

LIBRAIRIE NOUVELLE

BOULEVARD DES ITALIENS 15, EN FACE DE LA MAISON DORÉE.

L'auteur et les éditeurs se réservent tous droits de reproduction.

1855

LETTRE A L'AUTEUR

J'avais voyagé avant toi en Afrique, mon cher ami, et mon imagination était encore pleine des souvenirs de ce merveilleux voyage, qui date de loin, puisqu'il remonte à quelque cent ans, quand je me suis remis en route, si vieux et si paresseux que je sois devenu, pour revoir encore une fois, dans tes récits, les pays étranges que j'avais visités jadis, à la piste des voyageurs et des cosmographes du seizième siècle.

Je te sais infiniment de gré de m'avoir fait passer par des impressions de voyage non moins amusantes qu'instructives ; je suis charmé d'avoir trouvé en toi un compagnon de route toujours gai et spirituel ; je t'assure que jamais le chemin ne m'a semblé long ni difficile en si bonne et si aimable compagnie ; mais il faut avouer que tu m'as tellement changé mon Afrique, que j'ai peine à la reconnaître, en me rappelant ce qu'elle était du temps de Sébastien Munster, de François de Belleforêt et d'André Thevet.

La métamorphose est-elle aussi réelle, aussi complète ? Quoi ! il n'y a plus rien ou presque rien aujourd'hui de ce qu'il y avait autrefois dans cette terre d'Afrique, qui, au dire des anciens, produit toujours quelque chose de nouveau ? Excepté les lions et les Bédouins, tout s'est transformé en moins de quatre siècles : les grandes villes sont devenues des villages ou des ruines ; les royaumes sont devenus des circonscriptions militaires et administratives ; les rois, les *soudans*, les *chérifs*, les *bachas* turcs ou mores, ont cédé la place à des chefs de bureau arabe, à des officiers et à des fonctionnaires français ; les noms des lieux se sont modifiés comme les lieux eux-mêmes, et il est souvent impossible de les retrouver sur la carte moderne.

J'ai pourtant foi en Munster, en Belleforêt, en Thevet ; je ne puis supposer que ces respectables savants aient voulu se moquer de la crédulité de leurs contemporains, et il faut bien que l'Afrique, qu'ils nous ont *pourtraicte*, suivant leur expression, ait existé ailleurs que dans leurs gros livres.

Il est vrai que Sébastien Munster n'est guère sorti de son couvent de Tubinge que pour se confiner dans son cabinet de Bâle ; il est vrai que François de Belleforêt, en sa qualité d'historiographe des rois Charles IX et Henri III, ne pouvait guère s'éloigner de la cour de France ; mais l'un et l'autre compilaient leurs Cosmographies d'après de bons mémoires. Quant à André Thevet, qui avait parcouru les quatre parties du monde aux frais du roi son maître, il n'est pas resté moins de huit années en Afrique.

N'as-tu pas ouï parler de mes trois voyageurs, pendant les deux ans que tu as voyagé sur leurs traces, sans le savoir peut-être ? Les énormes in-folio qu'ils ont consacrés à la Cosmographie universelle sont-ils tombés sous ta main, et pourrais-tu me dire ce que tu penses de leur véracité ? *A beau mentir qui vient de loin*, c'est le proverbe que justifiaient la plupart des voyages d'outremer, à une époque où la France semblait plus éloignée de l'Afrique qu'elle ne l'est de la lune. J'ai de la peine à croire, cependant, que Munster, Belleforêt et Thevet, qui étaient des savants plutôt encore que des voyageurs, n'aient pas dérogé au proverbe.

Si j'examine, par exemple, les cartes qu'ils ont dressées de notre Algérie, j'y vois figurer, outre des noms de ville tout à fait différents des noms actuels, une foule de petits clochers et de châteaux forts qui marquent la place de ces localités disparues. Thevet, néanmoins, a l'honnêteté de nous avertir des erreurs de la cartographie de son temps. « Je ne me puis, dit-il (t. I, p. 17), contenter de nos bâtisseurs de cartes d'Afrique, non plus que de ceux qui, de mon temps, en ont descrit et donné entendre à la postérité choses très-faulses. Ils ont marqué en leurs dites cartes un bon nombre de villes entre Marroque et Fez, distantes l'une de l'autre de dix bonnes journées pour le moins, là où ne s'en trouve tant de la vingtiesme partie... Voilà ce que c'est que de faire cartes et livres à crédit, sans avoir voyagé et moins avoir eu l'expérience. » Le bonhomme Thevet, en s'exprimant ainsi, décochait un trait de satire à son concurrent Belleforêt, qui préparait alors comme lui une *Cosmographie universelle*, et qui cherchait à le gagner de vitesse. Les deux *Cosmographies* parurent presque en même temps, en 1575, chacune formant deux volumes in-folio avec cartes et figures, chacune dédiée au roi très-chrétien Henri III.

Belleforêt énumère les cités moresques avec autant de complaisance qu'il ferait des bonnes villes de France ; car, pour lui, tout est ville en Afrique ; toute ville se présente à son intellect sous la figure de Bourges, d'Orléans ou de sa ville natale, Sarsan en Guyenne. Tu serais étonné de la quantité de belles villes qu'il a découvertes dans le seul *royaume de Telencin ou Tremissen*, dont on a fait Tlemcen depuis que ce royaume s'en est allé au pays des chimères. Ainsi connais-tu la *cité de Guagida*, « posée sur le fleuve Tefin ou Sisnié, que les anciens ont nommé Siga, » et fort remarquable en ce que « les citoyens de cette ville parlent purement africain ? » As-tu rencontré, par hasard, les villes de *Tebecrit*, de *Hunain* et de *Huresgol*, qui « sont assises en belle assiette ? » Je suis certain, du moins, que *Tremissen*, *Oran*, *Malcaquibir*, *Massagran* et *Mustugarim* se trouvent encore à la même place, puisque tu m'as conduit dans ces villes un peu déchues de leur splendeur ; mais *Hubbed*, mais *Batha*, mais *Mazuna*, mais *Temendfust*, mais *Teddelez*, n'aurais-tu pas peut-être quelque peine à constater l'existence de ces villes-là, que Belleforêt nous montre à travers le prisme de son imaginative ?

Quant aux fleuves et aux montagnes de l'Algérie, tu serais encore plus empêché de leur rendre leurs véritables noms. Parmi les fleuves, « il y a, dit Belleforêt, Siga, Azarath, Chibemath, Cartenne, Serbeth, Nazabath et Sisar, qui se rapportent à ceux que nos modernes nomment Tefin, Serem, Mina, Selef, Aochor, Miron, Sefsaïa, Bedeles, qui est celuy qui separe Algier d'avec la Bugie. Les montagnes sont Benitezneten, Margara, Gualhasa, Agbal, Guerened, Magrava, Abusaid, Guanseris, voisin des Numides, et les montagnes d'Algier. » Thevet, qui savait l'arabe et le turc, respecte davantage les noms originaux, et se préoccupe moins de reproduire le texte de la Description de l'Afrique, écrite au quinzième siècle, en italien, par le géographe arabe Léon l'Africain. Pour Munster, il saute par-dessus la difficulté, en ne nommant que cinq ou six villes, comme *Tunes*, *Syrte*, *Septen*, *Argier*, etc. Mais, en revanche, comme le brave Munster se donne carrière en traitant de l'histoire naturelle du pays !

Je ne résiste pas au plaisir de te faire connaître les détails très-singuliers que le vieux cosmographe allemand avait recueillis sur les lions d'Afrique. Savais-tu quelque chose de la féroce jalousie de ce roi des animaux à l'égard de sa femelle? « C'est un bestial qui s'embrase fort d'amour, raconte Munster (p. 1378 de sa *Cosmographie universelle*, édit. franç. de Bâle, 1552, in-fol.), et pour ceste cause, les masles s'enflamment d'ire. A cause qu'il n'y a gueres d'eaues en Affricque, les bestes s'assemblent aux rivieres, qui sont en petit nombre, et pourtant il s'y engendre des bestes d'estrange sorte, pour ce que les masles s'accouplent avec des femelles qui ne sont pas de leur espèce et le font ou par force ou par volupté. Dont aussi est venu le proverbe grec, que l'Africque produict tousjours quelque chose nouvelle. Le lion sent en la lionne quand elle s'est accouplée avec le parde, et s'esleve contre elle de toute sa force pour punir l'adultère. Pourtant, ou elle se lave au fleuve, ou elle se retire plus loing. »

Munster n'avait vu des lions que dans les armoiries des barons d'Allemagne, sinon derrière les grilles d'une ménagerie; et néanmoins, grâce aux notes des voyageurs qui avaient étudié les mœurs du lion en Afrique, il décrit ce *bestial* avec autant de vérité que s'il eût suivi les chasses de Gérard, le Tueur de lions. Tu en jugeras par ce passage de son livre (p. 1379) :

« La queue du lion monstre quel est son courage, comme les aureilles au cheval. Car, quand il ne remue point la queue, il est paisible, clément et comme blandissant, ce qui est très-rare, car il est le plus souvent courroucé. Premièrement il frappe la terre de sa queue, et puis quand l'ire croist, il en frappe son doz. Il retient longuement son ire contre l'homme ou autre animau duquel il est blessé. Aprez estre navré, il a une merveilleuse cognoissance de celui qui lui a donné le coup et se va jetter sur luy en quelque grande multitude qu'il puisse estre. Quand il s'enfuyt, il ne tourne point le doz, mais se recule petit à petit, et en grondant il regarde derrière luy. Il marche aussi de costé, afin qu'on ne puisse trouver son giste, ne envahir ses petiz. »

Thevet, qui avait vu les lions de plus près que Munster, fait mention des grandes chasses que les tribus arabes entreprenaient contre ces terribles animaux, avant que le brave Gérard eût inventé l'art de tuer des lions à l'affût, comme des renards ou des lapins.

« S'assemblent quinze ou seize villages, dit Thevet (p. 16 du tome I de sa *Cosmographie universelle*), et font la huée, comme on fait pardeçà contre les loups, et s'en vont guerroyer ces bestes farouches : de sorte que bien souvent la feste ne se passe point, que les pauvres gens ne soyent blecez, mutilez et gatez, et quelcun tousjours y demeure pour les gages. Ils vont armez de gros pieuz, arsegayes et arcs turquesques, et la plus part à cheval pour tourner la beste, si par cas elle tasche de se sauver à la fuyte. Où vous noterez que ces barbares sont si bien accorts jusques à là, de ne chasser jamais aux lyons, sans qu'ils sçavent qu'il y a des petits qui tettent : veu que le lyon et la lyonne (qu'ils nomment *asayd* et les Arabes *calebi*, autres *asseba*) sont si furieux, qu'ils ne craignent ni fer ni flamme, ains se lancent partout, pourveu qu'ils vengent l'injure qu'on veult faire sur leur engence. Et en somme, ce peuple fine plus ses jours par la dent et rage de ces bestes farouches, que de la mort naturelle en allant aux combats : qui est cause que plusieurs gros villages sont ainsi depeuplez, et le pays désert en plusieurs endroits là où la terre est de soy tresbonne et tres-fertile. »

A propos de chasse, Munster en décrit une qui devait être fort divertissante et que tu n'a pas eu le bonheur de voir en Afrique, tant il est vrai que l'Afrique française du dix-neuvième siècle ne ressemble plus à l'Afrique moresque du seizième siècle. Voici cette curieuse chasse, que je te recommande pour ton premier voyage en Afrique : il s'agit des singes, et non plus des lions.

« Pour les prendre à la chasse, dit Munster (p. 1418), on a trouvé un art de la nature mesme de la beste. Car elle s'addonne fort à imiter tout ce qu'elle a veu faire. On ne la peut pas prendre par force, d'autant qu'elle est forte et fine. Parquoy il y a un des chasseurs qui oinct ses yeux de miel, à la veue de ces bestes qui le regardent, l'autre chausse des souliers, les autres mettent des mirouers contre leurs testes. Ils attachent des laqz aux souliers, et puis s'en vont, les laissantz là ainsi. Au lieu de miel, ilz y mettent du gluz, ils attachent aussi aux mirouers des cordes par lesquelles ilz les attirent. Après que les chasseurs s'en sont allez, les singes s'efforcent de faire ce qu'ilz ont veu faire ; mais c'est en vain, leurs paupieres s'engluent, leurs piedz s'enlacent et les corpz demeurent liez, et par ce moyen ilz sont prins. »

Au reste, je n'ai pas grande idée de l'intelligence et de la finesse des singes d'Afrique, à moins qu'ils ne se soient perfectionnés depuis le temps de Munster. Ces singes-là étaient alors d'une si plaisante naïveté, qu'ils se laissaient duper par la première panthère venue, et voilà comme :

« Pour prendre les singes (c'est toujours Munster qui parle,

Reliure serrée

p. 1415 et 1416 de son célèbre in-folio), elle use de telle astuce. Quand elle approche, tous les singes s'enfuyent sur les arbres. Alors le léopard se couche en terre et faict du mort, retenant son souffle et fermant les yeux. Les singes qui sont sur les arbres, voyantz cela, s'en esjouyssent fort, mais ilz n'osent pas descendre, jusques à ce que l'un d'eux prend courage et descend, non sans crainte et s'en va en cachette jusques au leopard, puis se retire et puis de rechef approche, prenant garde aux yeux du léopard et à son halcine, pour voir s'il y a signe de vie. Et quand il n'en apperçoit nul, il faict signe aux autres singes, qu'ilz accourent seurement. Ce faict, ilz saultent joyeusement à l'entour de leur ennemy, pensant qu'il soit mort, le voyant là gisant en terre et aprez qu'ilz ont saultelé quelque temps, le leopard se leve soubdainement et en descire les uns avec les ongles, et les autres avec les dentz, et puis choisit ceux qui luy plaisent. »

Et ne va pas rire de Munster et de son livre, qui a été traduit simultanément de l'allemand en latin, en français, en italien, en espagnol, en flamand, et réimprimé dix ou douze fois dans l'espace de quelques années !

Si tu avais lu ce curieux livre avant de partir pour l'Algérie, tu aurais sans doute cherché à contrôler *de visu* les récits du docte cosmographe. Ainsi n'as-tu pas été constamment inquiet de trouver sur ton chemin un basilic? Certes, tu n'as pas aperçu la queue d'un basilic ; car, si tu avais fait semblable rencontre, tu ne serais pas à Paris aujourd'hui, publiant tes charmants contes de voyageur où il n'y a pas l'ombre d'un basilic.

« Le basilisque, dit Munster à la page 1387, est une espèce de serpent qui porte une tache blanche en la teste, qui luy sert comme de couronne : la teste est fort aiguë, la gueule rouge, les yeux et la couleur tirent sur le noir. Il chasse de son sifflement (comme Pline écrit) tous les aultres serpentz, il fait movoir les arbrisseaux du seul souffle, il brusle les herbes, rompt les pierres, infecte l'air où il demeure, tellement qu'un oyseau ne scauroit passer sans périr. Il tue les hommes de son seul regard... En somme, il n'y a beste plus nuysante sur la terre. Elle est pour faire mourir toute une cité, combien qu'elle se tienne en une cachette. Les aultres bestes veneneuses tuent l'homme par attouchement ou morsure, mais ceste beste luy apporte la mort par sa seule présence. »

Ne regarde pas en pitié mes chers voyageurs du bon vieux temps, et ne les tiens pas pour des niais, quoiqu'ils aient cru au

Prêtre Jehan, à la licorne, au mouton végétal et à mille autres singularités qui ont passé depuis à l'état de visions. Ces voyageurs, ces cosmographes, avaient du bon quelquefois, quand ils voulaient être vrais, quand ils n'étaient que naïfs. Tu seras de mon avis, en lisant ce portrait des Numides ou des Kabiles, que messire François de Belleforêt, *Comingeois*, semble avoir tracé d'après nature, quoiqu'il l'ait pris dans quelques-uns des documents qui lui servaient à compiler sa *Cosmographie universelle de tout le monde*. « Ce peuple, dit-il (p. 1802), se tient le plus souvent en la campagne, vit sous des pavillons faits de poil de chameau et autre laine grossière qu'ils tirent des dattiers, et couchent sur des nattes faites de joncs très-subtils et lesquelles sont fort délicates et plaisantes à y gesir dessus. Quant à leur sobriété, elle est esmerveillable, veu que la plus part d'eux sont les plus paciens à souffrir la faim, qu'homme sauroit dire, et n'usent ny pain ny viande, autre que lait de chameaux, duquel ils prennent touts les matins une grande escuellée tout aussi chauld qu'il sort de la beste : et le soir ils mangent quelque morceau de chair cuite avec du beurre et du lait, et ayant chascun mangé sa part, ils hument la brouet et potage où elle aura esté cuite, puis boivent une tasse de lait, tandis la durée duquel ils ne se soucient aucunement d'eau ou autre boisson, et surtout au printemps, et ceci pour ce que lors leurs bestes ont du lait en abondance et qu'ils ne sortent point pour les conduire à l'eau, d'autant que les chameaux n'ont à faire de boire, tandis que ils mangent de l'herbe : et durant tout ce temps là il ne se trouve un seul de entre eux qui lave ny ses mains ny sa face. Dès leur enfance, qu'ils peuvent aller et trotter jusques à leur mort ; ils passent toute leur vie à la chasse ou à piller les bestes et biens de leurs ennemys, et ne se arrestent gueres plus hault de trois ou quatre jours en un lieu, qui est le temps que leurs chameaux peuvent avoir mangé l'herbe du lieu où ils abordent, ainsi qu'en usent aussi les Tartares. »

Tout n'est pas à dédaigner, je t'assure, dans ces vieux cosmographes, qui font de si jolis contes et de si bêtes quelquefois : il faut les prendre comme les échos fidèles des croyances populaires, et, lorsqu'ils mentent le mieux, il ne faut pas les rendre responsables de leurs mensonges devant la science, car ils ont été souvent les premiers trompés. Les plus savants de notre époque ne peuvent-ils pas s'abuser aussi grossièrement que les Munster, les Belleforêt et les Thevet du seizième siècle ? L'ingénieux physiologiste Bory Saint-Vincent n'a-t-il pas été dupe de la plus ébouriffante mystification, de la part d'un pâtre arabe, quand il annonça pompeusement au monde académique la découverte du *rat à trompe?*

Je te conseille donc de lire ou du moins de feuilleter les gros volumes de mes anciens compagnons de voyage et de revoir l'Afrique dans leurs descriptions plus ou moins hétéroclites : tu y remarqueras des faits bizarres et monstrueux, qui cachent peut-être des observations intéressantes; tu verras ce qu'on savait de l'Afrique sous le règne de Henri III. Je te demanderai surtout ton opinion au sujet de certaines indications archéologiques qui ne se trouvent pas dans ton Itinéraire et qui m'intéressent particulièrement à titre d'antiquaire. Que dois-je penser, par exemple, de la ville antique de *Tehessa*, qui offrait encore de si beaux restes de magnificence en 1575, au dire de Belleforêt? « En ceste-cy, dit-il (p. 1871), voit-on une infinité de statues de marbre, plusieurs tableaux, et inscriptions de pareille estoffe et icelles mises sur les porteaux, avec des lettres latines, lesquelles je voudrois que quelque amy de l'antiquité nous eust tirées du milieu de ces barbares, plustost que de nous repaistre la veue des figures d'oiseaux et de bestes, veu qu'il n'y a que trop de bestialité par deça et voudrois que ceux qui voyagent laissassent leur rusticité et grosseries aux barbares et nous en rapportassent les choses rares et signalées. »

Je laisse là bien volontiers Munster, Thevet et Belleforêt, malgré les curieuses fantaisies de leur naïve imagination, et je m'attache à toi, à toi seul, pour savoir ce qu'est l'Afrique française, où tu m'as conduit sans péril et sans ennui, sous la sauvegarde de ton expérience de voyageur. Grâce à toi, j'ai vu l'Afrique, avec les yeux de la raison et de la vérité.

Et maintenant, mon cher touriste, je retourne à ton ouvrage, que tu m'avais fait lire en manuscrit, et je vais me convaincre que, loin de perdre à l'impression, il n'a fait qu'y gagner le charme d'une lecture facile et entraînante.

Tout à toi,

P.-L. JACOB, Bibliophile.

DEUX ANS
EN AFRIQUE

JOURNAL DE VOYAGE

I

Alger. — La Casbah. — Le maréchal Bugeaud.

Alger, 9 février 184...

Débarqué depuis trois jours, à peine suis-je encore remis de l'espèce d'étourdissement que m'ont fait éprouver mon voyage et ma transplantation subite sur un sol si nouveau pour moi.

Chargé d'une mission de deux ans en Algérie, c'est avec un certain serrement de cœur que j'ai quitté Paris en songeant que je laissais pour bien longtemps famille, amis, vieux parents. Mais, faut-il l'avouer? un sentiment de curiosité, ce désir vague de ressentir l'impression qu'on doit éprouver en mettant le pied pour la première fois sur une terre où mon imagination d'enfant avait créé tant de merveilles, refoulait au fond de mon cœur les regrets prêts à s'en échapper.

N'avais-je pas d'ailleurs, indépendamment de ma mission officielle, un engagement à tenir?

J'ai promis à quelques-uns de mes amis une sorte de journal de mon voyage. Je me garderai bien, — qu'ils se rassurent, — de hérisser mon récit d'aperçus sérieux sur l'administration, la statistique, les finances, la législation. Toutes ces graves questions trouveront leur place dans un autre compartiment de mon portefeuille; mais, sans qu'ils puissent s'attendre non plus à la description des voyages du capitaine Cook, encore moins aux aventures de Gulliver, je dois leur raconter les circonstances les plus intéressantes, ou, pour me servir d'un mot qui rendra mieux ma pensée, — les plus amusantes, — de mon séjour en Algérie.

Il est donc indispensable pour cela d'avoir l'esprit dispos et de laisser derrière soi tout le bagage qui peut alourdir la marche.

Je passe sous silence le court séjour que j'ai fait à Toulon, dans la famille de mon excellente sœur, les mille questions que m'adressaient tous ces enfants dont l'imagination devançait les histoires que je devais leur conter. A les entendre, il semblait que je fusse sur le point de faire le tour du monde.

Je ne parlerai pas non plus des rafales épouvantables que nous avons essuyées pendant quatre jours de traversée; je ne veux les rappeler que pour payer ma dette de reconnaissance aux officiers du *Tartare*, dont les soins et les prévenances ont adouci mes premières tribulations maritimes.

Je suis sur la terre ferme, et tout est oublié.

Au lieu du ciel bleu et de la chaleur que j'aime tant, j'ai abordé cette terre classique du soleil au milieu de la pluie, de la grêle, du vent et d'un froid insupportable. J'ai pu, toutefois, distinguer la ville et découvrir le cap Caxine, le fort des Vingt-Quatre Heures, le château de l'Empereur.

Un coup de canon, parti de notre bord, fit venir un pilote, et bientôt nous fûmes dans le port. Je passai encore la nuit dans ma cabine du *Tartare*, et le lundi matin, à sept heures, nous débarquions sur le quai de la Douane, au milieu de la boue et par une pluie torrentielle. Pluie et grêle n'ont cessé que depuis hier, et aujourd'hui il n'y paraît plus, bien que j'aie cru un moment voir le ciel se fondre en nappes d'eau.

Je pataugeai dans les rues d'Alger, précédé de deux *Biskris*, ou Arabes du désert, qui sont ici ce que sont les Auvergnats à Paris, et qui avaient saisi mon bagage. Ils me conduisirent à l'hôtel de la Régence, où je devais descendre, et me laissèrent en proie à ces premiers ennuis de l'installation qui, ici comme en France, sont ce que je redoute le plus. C'est le moment le plus triste à passer, le moment où on est le plus dépaysé, où tous les regrets vous assiégent, parce que l'isolement est plus grand. Il faut n'avoir jamais voyagé pour ne pas connaître ce sentiment indéfinissable qu'on éprouve quand, dans une chambre d'hôtel où l'on entre pour la première fois, on se trouve en tête-à-tête avec sa malle.

Je me hâtai d'envoyer chercher mon excellent ami de Codrosy, et je commençai mon emménagement.

De ma chambre, j'aperçois la baie d'Alger, une partie du port, et l'ancien château du gouvernement, qui donne son nom à la place. A gauche, la grande mosquée où le Muezzin chante tous les soirs pour appeler les fidèles à la prière. A droite, les bazars; et je n'ai qu'à me pencher un peu en dehors pour découvrir une partie de la vieille ville et de la Casbah, qui se dessinent sur le ton bleu du ciel, comme une carrière de pierres blanches. Dans le fond du tableau, on voit, jusqu'au cap Matifou, toute la campagne de Mustapha, d'Hussein-Dey, d'Elbiar, où s'élèvent gaiement, au milieu de vertes collines, toutes les maisons mauresques et les consulats de Danemark, de Suède, d'Espagne, etc.; et, sur le dernier plan, le Jurjura et la chaîne du petit Atlas, à cette époque de l'année, couronné de neige.

Quand il entra, de Codrosy me trouva à ma fenêtre, occupé à examiner le panorama qui se déroulait sous mes yeux, comme fait un bon paysan qu'on mène pour la première fois à l'Opéra. Quel bonheur j'éprouvai en embrassant ce cher ami, moi qui n'avais vu depuis mon débarquement que des figures à faire peur!

Avant mon dîner, je ne résistai pas au désir de voir ce qu'on appelle — Alger — la partie de la ville que j'habite étant entièrement reconstruite, entièrement européenne. Nous nous armâmes de manteaux et de parapluies, car il pleuvait toujours, et nous pénétrâmes dans cette fameuse cité en suivant une rue qui nous conduisait vers la Casbah.

Il est impossible de dépeindre l'effet que produisit sur moi la vue de ce nouveau monde : des rues tortueuses, étroites d'un mètre à la base, et dont les maisons, littéralement, vont se toucher au premier étage; des passages dans lesquels je n'aurais jamais osé m'aventurer si j'avais été seul, tant l'aspect en était obscur, sale, sinistre. Des essaims de Maures, d'Arabes, de Juifs; des Bédouins de la plaine à bornous blancs, bruns, bariolés; les uns ornés de turbans, les autres coiffés du haïk, serré par une corde de chameau; des visages noirs, basanés, de toute couleur; les uns marchant silencieusement et majestueusement, d'autres escaladant comme des singes les rues étroites et montantes; ceux-ci couchés comme des bêtes fauves, en rond, au pied d'une borne; ceux-là fumant gravement leur pipe à l'entrée des maisons. Quelques femmes mauresques, couvertes des pieds à la tête d'un grand vêtement blanc, qui ne laisse voir que la prunelle noire de leurs yeux, gravissent lentement, suivies d'une esclave, les petits sentiers qui mènent aux bains. Ces murs sans croisées, ces trous qui servent de fenêtres, ces boutiques d'un mètre carré, où un homme et un enfant trouvent le moyen de se blottir derrière des dattes, des oranges, des parfums, des cierges; enfin l'absence de tout Européen dans ces rues d'un aspect déjà si étrange, tout cela m'abasourdit tellement, que je me crus, un instant, transporté au Cirque-Olympique, sur le boulevard du Temple.

A force de grimper, nous parvînmes à la Casbah, qui sert aujourd'hui de caserne aux zouaves et à l'artillerie. Bien des choses y sont déjà changées depuis le jour où un malheureux éventail de paille de dattier, imprudemment levé sur notre consul par Hussein, occasionna sa chute et la conquête française. Mais il reste encore assez des constructions primitives pour donner une idée de ce qu'était ce fameux château, cette citadelle des pachas et des deys d'Alger.

Arrivés sur le sommet, nous nous arrêtâmes pour

contempler la vue admirable qui s'offrait à nos yeux. Nous découvrions presque tout le massif d'Alger, le port, le fort l'Empereur, l'hôpital du Dey, et tous ces amas de terrasses blanches qui forment la ville.

Il faut que les curieux se hâtent s'ils veulent voir au pays la physionomie qui lui est propre. Tous les jours la civilisation européenne donne un coup de pioche aux vieilles fondations, et le temps n'est peut-être pas éloigné où Alger ne sera plus qu'une ville française. L'artiste doit le déplorer; mais, quoique je sois un peu artiste, j'avoue que j'aime mieux habiter la basse ville que la vieille ville. Partout le confortable tend à se substituer au pittoresque.

Ces deux derniers jours, j'ai fait mes visites obligatoires. J'ai reçu du maréchal Bugeaud un accueil très-flatteur. Il m'a retenu une heure et demie chez lui pour me développer son système de colonisation. On doit lui rendre cette justice qu'il est plein de son sujet, et qu'il discute et développe ses idées d'une manière entraînante. On lui reproche quelquefois d'être un peu *militaire*, mais ce que j'ai déjà vu ici me porte à croire que son système n'est pas le plus mauvais. Le sabre du gendarme sera longtemps plus efficace que l'écharpe de *monsieur le maire*.

En sortant de chez le maréchal, je me suis empressé d'aller voir notre ancien camarade et ami Blondel, aujourd'hui directeur des finances, et toujours homme d'esprit et de cœur.

Je me suis présenté aussi chez l'amiral, le directeur de l'intérieur et le procureur général. Je n'ai vu d'ailleurs aucune femme, une migraine m'ayant retenu chez moi le jour de réception du maréchal.

Ce matin, à sept heures, j'ai ouvert ma fenêtre; l'air était d'une pureté admirable, et le soleil brillait comme au mois de juin à Paris. J'habite une des plus jolies chambres de l'hôtel, et c'est à la courtoisie indigène que je la dois. Le jour de mon arrivée, un chef arabe de la plaine a bien voulu me céder l'appartement qu'il occupait pour me laisser à côté de Codrosy. C'est un procédé dont je l'ai remercié aussi bien que j'ai pu, et avec force *salam-aleck*, mais qui me laissa pendant plusieurs jours un souvenir parfumé, mélangé de tabac, d'encens et de boue.

II

La porte Bab-el-Oued. — La porte Bab-Azoun. — Projets d'expédition.

Alger, 15 février.

Malgré les pluies qui ne cessent qu'à de rares intervalles, j'ai profité de deux ou trois belles journées pour mettre le nez hors de ma tanière. J'étais curieux de juger par moi-même cette riche campagne dont on m'avait tant vanté la merveilleuse fécondité.

J'aurais voulu avoir un guide, une espèce de *cicerone* qui m'eût épargné bien des questions ou des recherches, mais je n'ai rencontré encore aucun des officiers de mes amis, presque tous en campagne. Je confiai donc mes pas au hasard, et seul, ma canne à la main, à défaut de monture dont je n'avais pu encore faire l'acquisition, je m'acheminai du côté de la porte Bab-el-

Oued, heureux de quitter cet amas de maisons uniformes, et de respirer l'air libre de la campagne.

A peine avais-je fait quelques pas, que déjà les choses offraient un caractère profond d'originalité.

Une foule de Bédouins des tribus s'arrêtent aux environs de la ville, sans y pénétrer, fumant, dormant, bavardant, caracolant, en attendant leurs confrères qui sont allés vendre leurs denrées. Les routes, plus belles qu'en France, sont encombrées de piétons de toute nation, de cavaliers, de voitures, et cela jusqu'à une lieue d'Alger. Les environs sont parsemés de villas mauresques, se dessinant en blanc sur un fond de verdure ou sur un rideau de pierres rouges.

Je fus tellement séduit par tout ce que je voyais, que, sans m'en apercevoir, avançant toujours, je quittai la route à l'endroit où elle est restée inachevée, et m'enfonçai dans les sentiers de la montagne. Je ne m'aperçus de ma distraction que lorsque je rencontrai, de temps à autre, quelque Arabe couché au pied d'un aloès, ou cheminant sur le même sentier que moi. La première fois, je ne pus m'empêcher de serrer fortement ma canne dans mes mains; mais, petit à petit, je m'accoutumai à ces rencontres, dangereuses seulement aux yeux des *Roumi* qui n'ont jamais vu l'Algérie que dans les journaux, et qui, naturellement, peuvent s'effrayer des récits qu'on y trouve. J'étais du nombre de ces messieurs, je l'avoue à ma honte, et je proclame les Arabes les plus polis et les plus honnêtes gens du monde, pourvu qu'on ne leur dise rien, pourvu, surtout, qu'ils aient peur de vous.

J'arrivai ainsi jusqu'à la campagne d'un colon, située dans la partie appelée Bou-Zaria. Il piochait son jardin, que les pluies récentes avaient bouleversé de fond en comble. Il n'y restait plus la moindre trace de culture, et cependant, me dit-il, avant un mois, il sera rempli de légumes, de fleurs et de fruits. Je n'ai jamais vu de végétation plus puissante, plus active. Partout la terre est couverte d'aloès, de palmiers nains, d'arbousiers, dont les tiges annoncent une force prodigieuse. Les oliviers sont monstrueux, et ils ne reçoivent aucuns soins. Les arbres se développent avec une rapidité incroyable : le colon m'a montré des vignes et des mûriers qu'il avait plantés il y a deux ans, et qui, en France, au bout de douze ans, n'auraient point atteint une pareille dimension.

Le soleil, qui commençait à disparaître derrière la montagne, me rappela qu'il fallait songer à gagner mon gîte. Je retournai, sans encombre, après m'être égaré deux ou trois fois au milieu des tombeaux maures, très-nombreux sur le versant de la montagne.

Le lendemain, je fis une excursion du côté opposé, par la porte Bab-Azoun. Cette partie des environs d'Alger est beaucoup plus peuplée que celle que j'avais visitée la veille. Jusqu'à Mustapha, à cinq kilomètres, la ville se continue, comme se prolongent les faubourgs de Paris. Ce ne sont qu'omnibus, chevaux, chameaux, cabriolets, et une foule d'indigènes conduisant deux par deux des *bouricauts*, ou petits ânes, qui ne sont pas une des productions les moins curieuses du pays. Leur taille est si exiguë, que, lorsqu'un Arabe est monté sur leur croupe avec son bornous, l'âne disparaît complétement, et il ne reste plus qu'une espèce d'animal à tête d'homme, et à la plus étrange allure.

Arrivé à Mustapha, j'ai rencontré, dans le *Camp supérieur*, un chef d'escadron de chasseurs, M. A. de Noue, que j'avais connu en France, et qui m'a offert de me conduire à cheval voir la Maison Carrée, où est établi un camp d'indigènes. D'autres officiers m'ont aussi fait leurs offres de service, et je suis invité à la première chasse aux sangliers qui doit avoir lieu.

Je passe sous silence quelques autres excursions faites aux environs de la ville et dans la banlieue. Je ne pourrais, tout au plus, parler que du jardin *Marengo*, appelé ainsi parce qu'il est la création du colonel de ce nom, et du *Jardin d'essai*, qui est le Jardin des Plantes du pays. Je n'ai pas de notions suffisantes en botanique et en horticulture pour faire une description consciencieuse et intéressante de ces établissements.

On s'occupe de grands préparatifs pour deux expéditions qui doivent avoir lieu après la saison des pluies. Le duc d'Aumale doit aller de Constantine jusqu'au désert, dans le pays de Biskara, qui, indépendamment des dattes, nous fournit nos *Auvergnats* d'Alger, appelés Biskris. Ce sera, assure-t-on, une promenade militaire. Il n'en sera pas de même de la colonne qui doit partir d'Alger pour aller au sud de la Maison Carrée, dans le pays des Kabyles, le Jurjura. Il y aura là des coups à échanger et peu de bénéfices. C'est au mois de mars qu'on doit se mettre en route. Le maréchal commandera l'expédition.

III

Les habitants d'Alger.

Alger, 20 février.

Malgré l'éloignement de la patrie, de la famille, des amis, le temps s'écoule ici avec autant de rapidité qu'ailleurs.

Le fait est qu'il y a pour les Européens, et surtout pour nous, habitants de la Chaussée-d'Antin, une foule d'objets, de choses à étudier, à observer, et une foule d'autres qui nous frappent sans que nous les observions. Je ne puis encore juger que des objets extérieurs, costumes, physionomies, visages. Plus tard, j'entrerai plus avant dans les usages et les mœurs, et cela n'aura pas moins d'intérêt pour moi.

Les mœurs arabes ne sont pas les seules qui nous soient étrangères. Les habitants d'Alger sont un peuple à part. Cette macédoine de Français, d'Espagnols, de Maltais, d'Allemands, d'Anglais, d'Italiens, de juifs de toutes les nations, saupoudrée d'indigènes, blancs, bruns, cuivrés, noirs, tatoués, a quelque chose d'étrange et de piquant. Chacun semble apporter beaucoup du sien dans la grande fusion, et chacun cependant conserve son individualité.

On est, m'a-t-on dit, méchant et mauvaise langue ici plus que partout ailleurs. L'intérêt est le moteur principal de toutes les actions. Militaires, fonctionnaires, négociants, colons, chacun cherche à miner son voisin et à s'élever sur ses décombres. Pour cela, tous les moyens sont bons, et le meilleur est le plus facile, c'est-à-dire la médisance. Il va sans dire que les femmes ne sont pas épargnées. Elles s'amusent, c'est vrai, si on appelle *s'amuser* courir les bals, les soirées, les promenades; mais, si elles savent le prix qu'elles payent leurs plaisirs, je les trouve bien libérales.

Je ne connais pas encore une femme, excepté de vue, et je les connais toutes comme si j'étais ici depuis deux ans, s'il faut s'en rapporter à ces messieurs. Qu'une femme ait fait la moindre légèreté, elle est sûre que cette légèreté sera bien lourde à sa réputation, et je connais, à cet égard, une foule de réputations bien difficiles à porter. Si on n'a pu encore mordre sur le moral, le physique offre assez de prise, et le moindre détail est analysé, disséqué, mieux que ne le ferait un anatomiste. En deux mots, les femmes sont ici du domaine public, et ceux qui ne vont pas dans le monde se croient permis de parler d'elles comme s'ils les connaissaient toutes intimement.

Le carnaval s'est terminé par un bal à l'Amirauté. C'était un tohu-bohu déguisé. Il y avait des femmes qui ne l'étaient pas assez. A peine étaient-elles couvertes. Presque tout le monde était costumé, et je dois rendre cette justice au bon goût des habitants, qu'il n'y avait pas un seul costume du pays, sauf les véritables Arabes qui se trouvaient au bal, et qui n'étaient pas les plus mal, à mon avis. Il y avait bien cinquante femmes, et la plus jolie était incontestablement la maîtresse de la maison, bien qu'elle ne fût pas la plus jeune.

J'ai fait mon whist avec un Espagnol, un Italien et

un Anglais. Maintenant que je suis résolu à ne plus danser, résolution qui date de quinze jours, je ne m'ennuie pas trop au bal. J'observe, je me promène, je cause, je joue, et mon temps passe beaucoup mieux que si je faisais des ronds de jambes.

Mais il me semble que, suivant l'exemple des habitants d'Alger, j'ai médit un peu. Si l'on savait que j'écris sous l'impression d'une tempête, peut-être me pardonnerait-on. Le ciel est noir, la mer agitée; le vent siffle, il tonne, et nous avons éprouvé, il y a une demi-heure, une secousse de tremblement de terre.

IV

Bal mauresque.

Alger, 5 mars.

Quelques jours après le bal de l'amiral, j'assistais à un bal maure, ou, au moins, à ce qu'on décore de ce nom.

Après avoir erré sous les rues les plus fantastiques, précédé par un Maure qui tenait une petite lanterne de papier à la main, j'ai été introduit dans une maison bien sombre, située dans les hauteurs de la ville. Le salon, de forme oblongue, n'était éclairé que par une seule bougie placée à terre. On en alluma une seconde à notre arrivée, et je pus alors distinguer les figures étranges qui ornaient cette singulière fête.

Autour de la salle, très-profonde, étaient accroupis

ou couchés des Arabes, des Maures et quelques chefs de tribus éloignées. Le maître de la maison, de la tribu des M'zabites, orné de son haïk, de deux bornous, et de la classique corde de chameau enroulée autour de sa tête, vint à nous solennellement, et fit apporter des chaises par un esclave, attention à laquelle je fus très-sensible, car, avec nos pantalons à sous-pieds, il n'est pas commode de se recroqueviller comme ces messieurs. Il s'étendit de nouveau sur ses coussins, et la musique recommença.

Voici la composition de l'orchestre : au milieu de la salle sont accroupis trois musiciens, nègres ou maures; devant eux est placée une bougie en cire de couleur, et ils chantent toute la soirée, sur les tons les plus lamentables qu'on puisse imaginer les chants du pays, c'est-à-dire des histoires où les fleurs sont jetées comme une broderie uniforme sur ce canevas toujours le même, les *Infortunes d'une jeune esclave*. Le chef des musiciens joue, avec une espèce d'archet en acier, d'une espèce de violon à deux cordes ; les deux autres grattent une espèce de guitare avec un tuyau de plume, et un quatrième artiste, que j'avais oublié, agite continuellement les grelots d'un tambour de basque. Ils ne font que deux ou trois notes, ce qui est assez monotone ; mais, comme dirait Odry, ceux qui aiment ces notes-là doivent être extrêmement satisfaits.

Un Maure, tenant un pot de confitures d'une main et une cuiller de l'autre, vint nous offrir des rafraîchissements; et je fus assez heureux pour qu'il me présentât la cuiller le premier. Il va sans dire que la même cuiller sert à tout le monde, et, suivant un usage qui me parut bizarre, on vous fourre la cuillerée de confitures dans la bouche, comme on le ferait à un enfant. Puis vinrent les sorbets, le café, et le vin de Champagne. Oui vraiment, du vin de Champagne! Un Maure, qui parlait français, m'a expliqué, — pour lever mes scrupules sans doute — que ce n'était pas du vin, et que Mahomet, s'il avait connu le champagne, ne l'aurait classé que dans la catégorie des sorbets. On voit qu'il y a aussi dans la religion musulmane un fond de jésuitisme, et qu'il est avec le ciel des accommodements.

Quelques Arabes buvaient avec délices de l'eau dans laquelle était une branche de myrte. J'aurais été fort curieux d'y goûter, tant j'avais soif; mais, comme il fallait boire après eux, et au vase même, cela m'en ôta l'envie.

Au bout d'une heure on n'y voyait presque plus. La fumée des cigarettes et de la pipe, que, pour ma part, je n'avais guère quittée, avait fait rougir le feu des deux pauvres bougies. Vers les onze heures cependant on introduisit les femmes, non pas les femmes de la maison, car celles-ci on ne les voit jamais, mais des femmes qui font le métier de danser dans les fêtes. Elles étaient magnifiquement vêtues, et couvertes d'or. Il y en avait quatre. Deux, d'une extrême jeunesse, avaient la figure la plus régulière, et je dirais presque la plus ravissante, si on y avait distingué la moindre expression.

La musique quitta son allure d'enterrement pour prendre un rhythme un peu plus accentué, et un autre musicien armé d'un instrument qu'on appelle, je crois, *narbouka*, vint prendre place à côté de ses confrères. Cet instrument n'est autre chose qu'un grand vase en terre, fermé à son extrémité par une peau tendue, sur laquelle il frappe, à contre-mesure, avec le bout des doigts.

La danse commença. Pendant que trois des danseuses attendent, accroupies, leur tour, une d'elles se place debout devant les musiciens, et, sans bouger de place, sans remuer les jambes, elle se met à suivre, avec le mouvement des hanches, qu'elle remue et tortille de la façon la plus singulière, la mesure plus ou moins vive de l'orchestre. Elle agite mollement à gauche et à droite deux foulards qu'elle tient à chaque main, et elle finit par s'en couvrir le visage quand le mouvement des hanches devient un peu plus prononcé, et que la musique indique par son *crescendo* que Mohameg doit être satisfait.

C'est le moment où les *lions* du pays se lèvent gravement et vont placer sur le front ruisselant de sueur de la danseuse, de petites piécettes d'argent ou d'or, selon le degré de plaisir que leur ont causé les danses, ou selon la générosité du galant. Ces piécettes tombent dans le foulard, et elles sont partagées entre les danseuses et les musiciens.

Après les femmes vint un gros farceur, un Maure, l'ancien *Triboulet* du dernier dey, qui dansa en les parodiant d'une manière grotesque et cynique; et on recommença à boire du café et à fumer.

A une heure, j'avais assez de plaisir comme cela, et je sortis, en jetant avec le plus de dignité que je pus deux pièces de cinq francs sur le tapis. C'est une manière de reconnaître l'honneur dont on a été l'objet. On me fit reconduire jusqu'au bas de la ville par des Arabes, sans le secours de qui je n'aurais jamais pu sortir de ces labyrinthes de rues noires et étroites.

En résumé, ces fêtes ont certainement un cachet d'originalité; mais c'est un genre de divertissement que je ne me donnerai pas souvent.

V

El-Biar. — Le colon sérieux.

Alger, 8 mars.

J'ai mis à profit deux ou trois jours de beau temps pour faire les excursions que je projetais. Comme je n'ai pas encore trouvé de cheval à ma convenance, un de mes amis m'en a prêté un, et j'ai eu l'agrément de faire plus de chemin sans me fatiguer. Je ne connaissais pas encore le bonheur qu'on éprouve à sentir dans ses jambes ces petits poulets si souples, si dociles et si vifs à la fois. Quelles réactions agréables! Il semble qu'on voyage dans son fauteuil. Sans être extrêmement distingués, quand on les recherche, les chevaux du pays ont beaucoup de *bouquet* et d'élégance; leur pied est d'une sûreté sans égale, et ils *manégeraient*, je crois, dans le fond d'une assiette.

Ainsi bien enfourché, j'ai vu, dès la première journée, Kouba, Birmandreis, Berkadem, villages délicieux à l'est d'Alger. Ces différents centres de population ont déjà une physionomie d'une certaine importance, et la culture elle-même commence à prendre l'aspect de nos campagnes européennes.

Le second jour, je me fis conduire chez M. de Franlieu, à El-Biar. Je l'avais rencontré à Alger, et il m'avait engagé à visiter son habitation. C'est un homme instruit et de relations agréables. Ancien officier du génie, il a consacré toute sa fortune à l'acquisition d'une propriété à trois lieues d'ici. Il y demeure avec un de ses frères, surnommé *Bas-de-Cuir*, parce que c'est le premier chasseur du pays; et un troisième frère, lieutenant de vaisseau, que j'avais connu à Toulon, vient quelquefois prendre pied à El-Biar.

L'habitation Franlieu est une petite forteresse. Comme elle est isolée, il faut que ses habitants puissent, au besoin, la défendre, et c'est ce qui est arrivé il n'y a pas longtemps.

Ce qu'ils ont fait pour transformer cette terre inculte est inimaginable. Il a fallu d'abord extirper ces palmiers nains qui s'emparent ici du sol aussitôt que le travail de l'homme fait défaut. Puis des dessèchements, des plantations innombrables, des chemins creusés, des fossés comblés, des fours à chaux, des tuileries, des établissements de tout genre construits. Eh bien, malgré tous ces travaux, il semble que tout reste encore à faire; car la vie de colon, de *colon sérieux*, n'est pas seulement semée de roses. Il mérite bien de recueillir le fruit de ses peines, et cependant il y en a bien peu qui réussissent, bien peu qui n'y laissent même plus qu'ils n'ont apporté.

J'ai parcouru, examiné, avec le plus grand intérêt, toutes les créations de ces courageux jeunes gens, et je faisais, en les quittant, les vœux les plus sincères pour le succès de leur entreprise.

Ils ont toutefois, au milieu de leurs sérieuses préoccupations, quelques plaisirs, et ce sont ceux auxquels je serais, comme eux, le plus sensible, la chasse, notamment. Ils sont entourés de gibier, mais de gibier de toute sorte, depuis la caille et la perdrix jusqu'au sanglier, jusqu'à la panthère. Ils ne font pas de ces chasses de primeur que nous faisons en France, et où on massacre, en un jour, tout le gibier qui aurait pu alimenter un mois de chasse : non ; mais, quand ils prennent leur fusil, ils savent, à quelque époque de l'année que ce soit, qu'ils tueront, et qu'ils tueront à peu près ce qu'ils voudront.

Il va sans dire que je dois revenir à El-Biar pour y chasser : nous devons commencer par forcer un chacal aux chiens courants.

En attendant, il faut que je me prépare à aller à Cherchell, où j'ai une mission à remplir. Mais depuis ce matin la bourrasque recommence, et je doute que le bateau puisse partir demain, ou, s'il part, qu'il puisse relâcher à Cherchell.

Le colonel Jusuf m'a fait une proposition que j'accepterai peut-être ; il ira à Cherchell dans quelques jours, en passant par Blidah, Médéah et Milianah. Il m'emmène dans son excursion, et je reviendrai avec lui à Alger. Si la mer est toujours mauvaise, il faudra bien prendre ce parti-là, qui, du reste, me sourit assez ; mais il faut que toutes ces combinaisons s'accordent avec le service, et cela dépend du temps que le colonel doit mettre à sa petite expédition.

Au moment où j'allais sortir, arrive chez moi un officier du *Tartare*, qui m'annonce que si le temps mollit un peu, nous partirons demain soir.

Adieu donc mes projets de pérégrination avec Jusuf.

VI

Cherchell. — Julia Cæsarea. — Restaurant de la *colonnie* — Ruines.
Les zéphirs.

Cherchell, 16 mars.

Le *Tartare* partait le 9 pour Oran, et je me suis fait déposer, en passant, à Cherchell.

A huit heures du matin, après avoir passé la nuit à bord, je débarquais dans l'ancien port de *Julia Cæsarea*.

N'y connaissant âme qui vive, je demandai au directeur du port où je pouvais me loger. Il me fit conduire par un matelot chez un colon, marchand de vins, épicier, cafetier, lequel, comme beaucoup d'autres, avait acheté quelques maisons inhabitées et en ruines. Cet honnête colon me conduisit dans une rue délabrée et déserte, et m'introduisit dans une espèce de maison mauresque dont il ne restait plus que les quatre murs, et une chambre toute crevassée par les tremblements de terre et la vétusté. Il n'y avait qu'un lit de sangle rempli de poussière et de toiles d'araignées. Je fis ajouter une paillasse et un banc pour compléter l'ameublement.

Je savais bien que je ne trouverais pas d'*hôtel des Princes* à Cherchell, pas plus que dans d'autres localités où je serai appelé par mes fonctions ; mais cet aspect de ruines et d'abandon, ces crevasses au mur, cette humidité grise et verte qui régnait sur toutes les parois et sur le sol, cette fenêtre fermée par un clou et sans vitres, cette porte mal jointe, assujettie par une pierre, ces rats qui nous passèrent dans les jambes à notre entrée, ces deux scorpions que j'examinai silencieusement avant de les écraser du bout de ma canne, tout cela, je l'avoue, ne m'égaya pas dans le premier moment. Ce fut l'affaire d'un instant, au surplus, et, ma toilette une fois faite, je m'acheminai vers l'intérieur de la ville, et j'allai chez le commandant supérieur, qui était alors en campagne. Je fis une première visite au payeur, et à onze heures il fallut bien songer à mettre quelque chose sous la dent. La traversée, l'air du matin, m'avaient donné bon appétit.

J'avisai, en fumant mon cigare, une maison blanchie à neuf, ornée d'une inscription de deux pieds de haut, ainsi conçue : *Restaurant de la colonnie; on sert à la porcion.* Parbleu ! dis-je, voilà mon affaire ! C'était un Espagnol qui tenait ce fameux restaurant. Coiffé d'un petit bonnet noir aux bords retroussés, le ventre couvert d'un large tablier d'une propreté équivoque, il fumait avec délices une petite cigarette sur le devant de sa porte. Aussitôt que je fus entré, il me proposa le verre d'absinthe obligé, cette absinthe qui joue un si grand et si funeste rôle dans l'Algérie. Je le refusai poliment, et je lui demandai du pain et ce dont il pourrait disposer pour compléter le repas.

Des ouvriers, des soldats, encombraient les tables. Il m'engagea à manger avec eux, mais je lui dis que j'avais l'habitude de manger seul, attendu que je mangeais trop vite. Je parvins, non sans peine, à trouver un petit coin à une table, et on me servit — *une porcion.* — C'était un composé fantastique, quelque chose qu'il est impossible d'analyser ou de décrire, et je suis encore à deviner ce que cela pourrait être en réalité. Mon repas fini, je recommençai mes travaux, et, avant mon dîner, j'allai me promener dans les rues de cette ville à moitié déserte, jonchée de ruines et de tronçons de colonnes, et qui ressemble aux descriptions que j'ai lues d'Herculanum.

Le soir, le payeur m'invita à passer quelques instants chez lui, et j'eus le plaisir d'entendre, parfaitement exécutés par sa femme, des morceaux de *Tancrède*, de la *Gazza* et de *Sémiramis*. A dix heures, je pris congé de mon payeur, qui voulut absolument me reconduire jusque *chez moi*. En voyant cette affreuse tanière, il insista pour me faire accepter une chambre, mais je tins bon; je voulais en tâter, et je lui souhaitai le bonsoir.

Comme la ville n'a pour garnison que des *zéphirs*, ou soldats de discipline, qui ont la réputation d'être plus voleurs que des chats et plus adroits que des singes, tout le monde se met en garde contre leurs escapades, et on m'avait conseillé de prendre mes précautions. Je consolidai le clou de ma fenêtre, je mis mon poignard sous la paillasse, et je m'endormis comme un bienheureux, malgré les promenades nocturnes des rats sur ma couverture, malgré les incursions des puces sur mes jambes, qu'elles n'entamèrent pas, je ne sais par quel caprice, malgré les glapissements des chacals qui envahissent les rues après dix heures du soir.

A mon réveil, mes vêtements étaient trempés par l'humidité, mes bottes mouillées, comme si j'avais marché dans l'eau. Je m'aperçus que mon calorique avait contribué étonnamment à sécher l'appartement du colon, et j'eus un instant l'envie de lui demander une indemnité; mais, dans l'intérêt de la colonisation, je crus devoir m'abstenir.

Pendant deux jours, mes repas et mon habitation furent les mêmes, et je ne m'en portais pas plus mal, grâce au café maure que je prenais deux fois par jour pour me donner du ton.

Le surlendemain, je racontai ma mésaventure à un officier que j'avais rencontré près d'un blockaus. Il eut pitié de moi, et me proposa de venir manger à la pension des officiers. J'acceptai de grand cœur. — J'avais faim. — Le payeur, de son côté, effrayé peut-être à l'idée d'avoir un inspecteur malade sur les bras, me trouva une chambre assez propre, et je fus installé aussi confortablement que possible. Alors, moins pressé de partir, je me promis de consacrer deux ou trois jours à visiter l'ancienne ville de Jules César.

VII

Cherchell (suite). — Antiquités. — Le port. — Les Hachem
Acqueducs. — Silos.

Cherchell, 18 mars.

L'année dernière encore on était en guerre aux environs de Cherchell, et l'on ne pouvait pas dépasser la ligne des blockaus. Aujourd'hui tout est pacifié, et les tribus voisines, les Kabyles des Beni-Menasser, et des Hachem, viennent journellement apporter leurs poules et leurs bestiaux à Cherchell.

L'ancienne ville de *Julia Cæsarea* devait être considérable, à en juger par le pourtour des murailles en ruines, par les colonnes énormes en marbre qui jonchent les rues et la campagne, par le Cirque, qui sert aujourd'hui de parc aux bœufs, et les débris des temples dont on a fait des mosquées, etc. De tout cela, il ne reste plus que des fragments épars çà et là, des tronçons et de grosses pierres dont le génie s'empare pour ses constructions, constructions qui, soit dit en passant, paraissent un peu aventurées, puisque la nouvelle caserne a trois étages, et que la ville a été détruite, il y a peu d'années, par un des tremblements de terre très-fréquents dans ces contrées. Mais l'avenir est ce dont on s'embarrasse le moins ici, et, pourvu qu'on pare aux nécessités du moment, on croit avoir tout fait.

Le port a été encombré par les ruines d'un temple immense qui couronnait un promontoire, à l'entrée de la ville. Il n'en reste plus que quelques vestiges, qui suffisent cependant pour donner une idée de ces grandioses constructions. Quelques mosaïques sont encore assez bien conservées, et je pense que le commandant supérieur les fera recueillir comme les autres échantillons que j'ai pu admirer chez lui. J'ai remarqué, entre autres antiquités, chez le colonel Admirault, c'est le nom du commandant de Cherchell, une charmante petite statue en marbre blanc, à laquelle il manque une partie de la tête et un bras. On l'appelle l'*Arracheur d'épines*. C'est une œuvre du style le plus correct et du plus pur antique.

Les zéphirs sont occupés à déblayer le port. Il en a grand besoin. Les bateaux sont obligés de se tenir au large, et, pour peu qu'il y ait de la mer, on court risque de voir passer la *diligence* sans pouvoir y monter. En résumé, sauf quelques maisons mauresques qu'on a épargnées, ou qui ont échappé par les tremblements de terre, et quelques constructions européennes de date récente, la ville n'est qu'un amas de ruines et de décombres.

J'ai fait hier, avec deux officiers, une excursion bien intéressante dans la tribu des Hachem. J'ai parcouru les lieux que plusieurs de nos succès ont rendus célèbres, et je m'explique maintenant toutes les difficultés d'une guerre dans un pays aussi aride, aussi escarpé, aussi accidenté. Il ne faut rien moins que des chevaux arabes pour se tirer des pas où nous nous sommes engagés. Selon l'avis qu'on m'avait donné, j'ai abandonné les rênes sur le cou de ma monture, et tantôt sa tête était plus bas que mes pieds, tantôt j'étais à plat ventre sur son dos, me retenant à sa crinière.

En traversant la plaine de l'Oued-Ger, nous avons vu deux ou trois habitations de Kabyles, appelées *gourbis*, dans lesquelles nous ne sommes pas entrés, parce que les Arabes n'aiment pas les visites domiciliaires, et nous sommes revenus par la ferme modèle que cultivent les zéphirs.

Ces zéphirs, qu'on retrouve à chaque pas, font toute sorte de métiers : leur industrie est passée en proverbe. Du reste, s'ils sont, dans la force du terme, les *faubouriens* de Paris, ils ne sont pas moins braves qu'eux. Voici ce que m'a raconté un des officiers qui m'accompagnaient, et qui lui-même commandait le détachement le jour où ce petit fait arriva.

Il avait avec lui une soixantaine d'hommes, et venait de repousser à une certaine distance les Kabyles en nombre considérable. C'était non loin de la ferme modèle. Ne voulant pas engager son monde plus longtemps, il fit sonner la retraite, et tous les zéphirs se replièrent en tirailleurs. C'est toujours à ce moment que les Arabes reviennent à la charge, et les Hachem n'y manquèrent pas. Ils se rapprochèrent, et déjà leurs coups de feu atteignaient quelques hommes plus en retard que les autres. L'officier en aperçut un notamment qui était resté fort en arrière et qui ne se pressait pas d'arriver. Il l'appela et lui fit signe de rejoindre ses camarades. « Ah! ma foi, dit notre zéphir en mettant bas son sac, il fait trop chaud, mon capitaine, il faut que je change de chemise. » Et, en effet, il tira une chemise de son sac, y replaça l'autre, et reprit son fusil, qu'il avait déposé par terre. Il était temps : trois Kabyles le suivaient de près. Il en étendit un de son coup de fusil, et revint au petit pas en chargeant tranquillement son arme.

Notre retour s'est effectué par le côté de la montagne où sont encore les anciens aqueducs qui menaient probablement l'eau du Ger à Cherchell. Ces constructions m'ont rappelé le pont du Gard, mais elles sont moins bien conservées.

Ce matin, en pavant une rue de Cherchell, on a découvert un immense *silos* rempli de grains. Ces silos sont des réservoirs sous terre où les Arabes enfouissent leurs blés. Ceux-ci datent d'une époque antérieure à l'occupation de la ville par les Français, et cependant ils sont parfaitement conservés. Trois voitures chargées de sacs étaient déjà parties pour la manutention, et il y en avait au moins trois fois autant.

J'ai pris un échantillon de blé pour le maréchal.

VIII

Les marsouins. — Le siroco. — Chasse aux sangliers.

Alger, 22 mars.

En revenant de Cherchell, j'ai eu la traversée la plus agréable : un soleil magnifique, une mer bleue, calme et transparente, et, pour comble de bonheur, la chance encore de revenir sur le *Tartare*. Décidément je saurai par cœur la *Marche du Tartare*.

Je me suis amusé, pendant près d'une heure, à voir folâtrer autour de notre bâtiment des myriades de marsouins qui se jouaient dans nos eaux, et presque sous la quille du navire, avec une grâce infinie. J'ai emprunté une carabine du bord, et je leur ai envoyé quatre ou cinq balles qui n'ont fait que redoubler leurs sauts et leur humeur joyeuse.

Nous venons de faire, avec les officiers du 1er chasseurs, la chasse aux sangliers, à laquelle j'avais été convié il y a quelques jours.

Partis dans un char à bancs attelé de quatre jolis chevaux et conduit par Carayon-Latour, lieutenant au régiment, nous sommes allés coucher à Bouffarick, au milieu de la Metidja. Là nous attendaient une douzaine de sous-officiers, enchantés d'avoir l'occasion de charger, ne fût-ce même que sur de vils sangliers.

Le lendemain, à la pointe du jour, nous étions en plaine une vingtaine de cavaliers. Des Arabes devaient pénétrer au milieu des marais pour en faire sortir les sangliers, et, ceux-ci débusqués, nos braves lévriers devaient ensuite les lancer.

On nous fit entourer d'abord un immense espace planté de roseaux, et nous attendîmes en silence les résultats de la battue. A peine étions-nous postés, que j'entendis les cris sauvages de nos traqueurs. Un instant après, je distinguais, de l'autre côté de mon embuscade, deux masses noires qui semblaient rouler avec la rapidité d'un tourbillon. Les lévriers furent lancés; les chevaux partirent au galop, et, comme j'étais à l'extrémité la plus éloignée, j'eus d'abord de la peine à rejoindre le gros de la charge. Je perdis même de vue mes compagnons, et ce ne fut qu'au bout d'un quart d'heure que j'aperçus, au milieu des palmiers nains, dans une gorge, le capitaine Vidalenc, poussant son cheval à fond de train, et criant comme un possédé : — Il est blessé ! il est blessé ! — Je n'avais pas entendu de coups de feu, et je ne pouvais comprendre comment l'animal avait pu être atteint. J'eus bientôt l'explication des cris et de la poursuite du capitaine Vidalenc.

Je découvris, au-dessus des palmiers nains, une espèce de petit mât qui semblait appartenir à une petite barque battue par les flots. Ce petit mât, ou plutôt ce bâton, fuyait très-vite et très-irrégulièrement. J'arrivai presque aussitôt que le capitaine dans un endroit où le fourré devenait plus épais, et nous vîmes un superbe sanglier qui emportait la lance que le capitaine lui avait plantée entre les épaules. M. Vidalenc n'a pas d'autre manière de tuer les sangliers, et il s'est fait une grande réputation de hardiesse et d'habileté dans ce périlleux exercice. Les chiens ne tardèrent pas à coiffer la malheureuse victime, et un des Arabes, qui était accouru, l'acheva d'un coup de son petit couteau dans la gorge.

Nous en chassâmes deux autres, qui furent tués, l'un d'un coup de carabine, l'autre coiffé par les lévriers et assommé par les Arabes. J'avais tiré celui-ci à ma botte, d'un coup de pistolet, et je l'avais bien et dûment manqué.

Je suis toujours dans l'admiration des chevaux arabes, surtout quand je les monte. Le mien passait, avec la légèreté d'un oiseau, au milieu des buissons, des pierres, des trous. Nous avons parcouru un terrain immense. Ce que nous avons fait lever de couples de perdrix est innombrable. Les poules de Carthage partaient sous les pieds de nos chevaux; les cailles filaient dans nos jambes, à chaque pas, et plusieurs chacals, que nous dédaignâmes, s'enfuirent vers la montagne. Je restai, en deux jours, dix-huit heures à cheval, et cette chasse me donna tant de plaisir, que je ne me sentais pas fatigué le moins du monde.

Notre retour se fit de la même manière que notre premier voyage, et l'on distribua au camp les trois sangliers, qui servirent de régal aux soldats du 1er chasseurs.

IX

Chasse au lion. — La nuit dans la tribu.

Alger, 4 avril.

Encore un récit de chasse. Au surplus, comme c'est à des chasseurs que je destine ces lignes, je ne leur demande pas trop pardon de mon bavardage. Il ne s'agit de rien moins, cette fois, que d'une chasse au lion; mais je commence par déclarer modestement que l'animal existe encore, et nous aussi. Or ce sera peut-être à recommencer.

Depuis quelque temps, les travailleurs de la Rassauta, camp situé près de l'Hamise, qui va se jeter dans la mer, non loin du cap Matifou, et qui coule au pied de l'Atlas, se plaignaient de l'apparition d'un lion énorme dont le voisinage les inquiétait beaucoup. Il avait déjà dévoré deux indigènes dans la montagne, et il s'était rapproché de la plaine, où l'abondance du bétail lui offrait l'agréable perspective de mettre plus de régularité dans ses repas et plus de variété dans son régime. La semaine dernière, deux officiers du 1er chasseurs le virent dévorer un sanglier qu'il venait d'abattre, en lui écrasant d'un seul coup de patte la tête comme une galette, et il n'y a pas plus de trois jours qu'il enleva un âne à la barbe de plusieurs colons, emportant le pauvre animal dans sa gueule aussi facilement qu'un loup emporte un agneau ou qu'un chien rapporte un lièvre. Enfin, les environs du camp étaient inquiétés au point qu'on n'osait plus s'en éloigner seul.

Le gouverneur décida qu'une battue générale serait faite; mais, voulant, autant que possible, prévenir les accidents et surtout n'être point responsable, il ne consentit pas à accorder des troupes régulières pour cette battue, et chargea le lieutenant-colonel du 1er chasseurs qui dirige les affaires arabes, M. Daumas, de faire prévenir les tribus de bonne volonté.

Avant-hier, il n'était donc question dans Alger que de la chasse au lion, et plusieurs *amateurs* s'apprêtèrent à se joindre à la battue. J'avais grande envie d'y aller, mais je ne voulais me hasarder qu'en bonne et nombreuse compagnie.

Pendant que j'hésitais, le commandant du stationnaire me fit dire le matin qu'il comptait emmener dix hommes de son bord armés de piques et de carabines, que quelques-uns de ses amis et lui formeraient, avec ces hommes, un peloton d'une vingtaine de tireurs, et que, si le cœur m'en disait, je serais le bienvenu. Il était convenu que les tireurs se mettraient derrière les hommes armés de piques, et qu'on garderait une position. Ces mesures de prudence me déterminèrent, et je fis mes apprêts.

Déjà une foule de cavaliers, de voitures, s'étaient dirigés vers la tribu des Hamises. Nos deux voitures étaient pleines : la première de tireurs, la seconde des matelots du stationnaire, dont l'allure solide et dégagée nous donnait, en cas d'événement, une certaine confiance. Nous allions partir, lorsque l'amiral envoya un ordre pour prévenir le commandant qu'il s'opposait expressément au départ des matelots, et que, puisque le gouverneur n'avait pas jugé à propos d'exposer ses soldats, il ne consentait pas davantage à exposer ses hommes. Grande consternation parmi nous. Nous fûmes obligés de renvoyer nos braves matelots, eux très-mécontents, nous très-déconfits, à tel point que deux ou trois chasseurs qui comptaient, sans doute, beaucoup sur le secours des piques, descendirent de voiture, et trouvèrent un prétexte pour n'y plus remonter.

Nous gardâmes cinq piques, et nous nous mîmes en route.

Le long du chemin jusqu'à la Maison Carrée, ce n'étaient que cavalcades d'Arabes, d'officiers, de chasseurs. Personne n'était en voiture, et par conséquent pas un chasseur n'avait le projet de rester à pied, et nous nous comptions déjà.

Parvenus près des tentes des Hamises, un spahi vint nous prévenir que le colonel Daumas nous attendait sous les tentes qu'il avait fait dresser à côté de celles de la tribu, et qu'il nous offrait un gîte. Nous acceptâmes avec plaisir, car nous avions compté coucher à la belle étoile.

Nous fûmes reçus par les Arabes avec leur hospitalité proverbiale. Un caïd fit évacuer sa tente et nous dit qu'elle était à nous. Il y fit apporter deux énormes jattes en bois. Dans l'une était la moitié d'un mouton rôti, dans l'autre une montagne de couscoussou, mets du pays, composé de petites boulettes de pâte avec du raisin, du mouton bouilli et du lait. J'y goûtai pour faire honneur au caïd, mais j'avoue que le couscoussou n'est guère de mon goût, et la manière de le manger avec les doigts encore moins. Le mouton rôti fut dépecé, en un clin d'œil, par les soins d'un Arabe, et il fallut bien me résigner à me servir de mes doigts à défaut de fourchette.

Après notre repas, — il était huit heures du soir environ, — on se rassembla autour de plusieurs feux, et l'on prit le café en fumant. A neuf heures, M. Daumas fit réunir les chefs des différentes tribus, et l'on s'assit en cercle autour d'un grand feu. Il s'agissait de s'entendre sur les mesures à prendre pour le lendemain matin, et de savoir où et comment on attaquerait le lion. M. Daumas parle parfaitement l'arabe. Il nous traduisait les réponses des indigènes, après être convenu avec nous des questions qu'il se chargeait de leur adresser.

Il y avait quelque chose de solennel et d'imposant à voir ce cercle, composé de chefs arabes accroupis en face de nous, et, derrière eux, une foule d'indigènes avançant la tête d'un air de curiosité et d'inquiétude. Des officiers, des chasseurs, en costumes plus ou moins pittoresques, formaient l'autre partie du tableau, qui, éclairé d'un côté par les rouges lueurs du feu, et de l'autre par la douce clarté de la lune, aurait été digne du pinceau de Vernet.

Je fais grâce au lecteur des mille petites questions obligées qui furent adressées aux Arabes et de leurs réponses. Seulement, la plupart furent d'avis que le lion était plus dangereux à attaquer en plaine que dans la montagne. Plusieurs l'avaient chassé, mais jamais en plaine.

Un d'eux, à qui on demanda où il croyait qu'on pourrait trouver le lion, parce qu'il l'avait vu la veille, répondit :

— Le lion est tantôt ici, tantôt là ; personne ne sait où il est : c'est une affaire de Dieu.

Un autre, interrogé sur la manière de poster les tireurs, répondit, après avoir jeté un coup d'œil significatif sur le peu de tireurs à pied qu'il voyait autour de lui :

— Je ne parle jamais inutilement. Quand tu auras des fusils, je te dirai ce qu'il faudra en faire.

Un troisième, à qui M. Daumas demanda s'il croyait qu'on pût abattre le lion sans courir la chance de la mort d'un homme, répondit :

— Le lion fuit d'autant moins que le danger pour lui est plus grand. J'habite une tribu dans la montagne où les femmes poursuivent le lion avec des bâtons lorsqu'il a enlevé une bête de leurs troupeaux, et finissent par lui faire lâcher prise. Mais, ici, le lion, se voyant cerné par les cavaliers, se blottira comme un chat, attendra le moment favorable, et, en trois bonds, il aura saisi sa victime. Ce n'est que sur le cadavre d'un homme qu'on pourra le tirer, et, si on ne le tue pas, il s'en ira sans se presser. Dans tous les cas, un bon cheval court plus vite que lui, et on peut toujours l'atteindre.

Ces renseignements nous donnèrent à réfléchir.

Pendant que nous étions à discuter, un indigène des tirailleurs vint nous prévenir qu'un de ses camarades de la Maison Carrée avait rencontré le lion le soir même, et qu'il avait tiré dessus, mais sans résultat, probablement.

Il fut donc résolu qu'on attaquerait le lion le lendemain à cinq heures, entre le Fort de l'Eau et la Maison Carrée, à une lieue environ de l'endroit où nous étions campés. On se sépara, et chacun songea à passer sa nuit le mieux possible.

Les tentes étaient rares. On nous avait logés dix dans celle du caïd, et je ne pus jamais trouver assez d'espace pour allonger mes jambes. Je cherchai le sommeil, mais inutilement. Les chacals faisaient un vacarme du diable, les chiens des tribus leur répondaient par de formidables aboiements; les chevaux attachés au pied des tentes hennissaient et se battaient; les arabes bavardaient comme des pies; ma foi, je pris mon parti; je me levai, j'allumai un cigare, et j'allai me promener.

Je n'y perdis rien. Je n'oublierai jamais la nuit merveilleuse que je passai dans cette tribu. Quelques feux qui s'éteignaient et la lune resplendissante jetaient assez de lumière pour éclairer la scène. Des Arabes étaient couchés aux pieds de leurs chevaux, enveloppés dans leurs larges bornous. Quelques-uns fumaient silencieusement la chibouque auprès des tisons à demi consumés. D'autres s'étaient réunis autour de la tente du caïd des Béni-Moussa, beau jeune homme à figure pâle et mélancolique, et qui jouait avec indifférence, sur un beau tapis de Turquie, des douros et des pièces d'or, qu'il laissait gagner à ses amis.

De temps en temps, des cavaliers arrivaient des tribus voisines, piquaient un pieu pour y attacher leur cheval, et se couchaient à ses pieds. Quelques amateurs d'Alger arrivèrent aussi, au milieu de la nuit, et une voiture où se trouvaient cinq tireurs fut la seule qui amena du renfort aux piétons. Par un hasard singulier, cette voiture était celle des MM. de Franlieu; et M. du Bos, leur cousin et celui de ma femme, était avec eux. Nous fûmes tous deux assez étonnés de nous rencontrer, pour la première fois, sur la terre d'Afrique, à la chasse au lion.

Peu de personnes dormirent. Aussi, vers les deux heures du matin, les plus alertes firent-ils lever les autres, et bientôt tout le monde était sur pied, réuni autour d'un bon feu, humant avec volupté le café qu'on versait à flots. Un des premiers soins des véritables chasseurs fut de faire sécher leurs armes, car la rosée avait été tellement abondante pendant la nuit, qu'en portant la main sur ma casquette, je me demandai si je ne l'avais pas laissée tomber dans l'eau

A trois heures, les cavaliers qui étaient allés jusqu'à la Rassauta étaient de retour, et il fut décidé qu'on se mettrait en marche une heure après.

Il fallut se compter pour disposer le plan d'attaque. Il y avait environ deux cents cavaliers, y compris les

Européens, et nous n'étions que vingt-quatre tireurs à pied. M. Daumas paraissait fort mécontent. Beaucoup d'Arabes lui avaient manqué de parole. Il comptait sur plus de monde, et surtout sur des hommes à pied, car eux seuls pouvaient pénétrer dans les épais fourrés où se tient ordinairement le lion. Il envoya immédiatement demander un détachement de tirailleurs indigènes à la Maison Carrée, et leur assigna un rendez-vous.

Enfin nous nous mîmes en marche. Un de nos amis, le commandant de Noue, avait eu l'intention de se joindre à notre peloton de tireurs; mais, quand il vit qu'il y avait si peu de monde à pied, il me conseilla de faire comme lui, de me retirer et de monter à cheval. Mais il avait eu la précaution d'envoyer son cheval par son ordonnance, et moi je n'avais pas même la ressource du plus petit criquet. D'ailleurs, de Codrosy était avec moi : il n'est pas chasseur; il n'était venu que sur mes instances, et parce que j'avais voulu qu'il pût avoir été, une fois dans sa vie, à la chasse au lion. Je ne pouvais donc pas l'abandonner. De Noue me serra la main, me recommanda d'être prudent, et partit avec la cavalerie.

Une fois le petit peloton de tireurs réuni, sachant que je me ferais l'interprète de beaucoup d'entre eux, je pris la parole, et je déclarai que je n'étais pas venu dans l'intention de servir de limier ou de traqueur, ainsi qu'on paraissait vouloir disposer de nous; que je n'entrerais pas dans les broussailles, et que mon avis était de prendre position sans nous séparer. Cette proposition fut accueillie unanimement. Aucun de nous ne se sentait le désir immodéré de servir de déjeuner au lion, fort entreprenant contre les hommes à pied, ni de spectacle à messieurs les Arabes, fort peu entreprenants contre le terrible animal.

Nous parcourûmes donc une grande partie du terrain sans nous diviser. Arrivés au sommet d'un mamelon, nous découvrîmes toute la plaine, légèrement accidentée, où nous allions chercher le roi des animaux. C'était des lentisques, des palmiers nains, des arbousiers, des genêts, des épines, serrés, enchevêtrés de telle sorte, qu'à peine si on pouvait distinguer au-dessus des arbrisseaux les bornous blancs qui défilaient lentement à la suite les uns des autres. Nous suivîmes à peu près le même tracé que les chevaux, et nous parvînmes sur un plateau, au lieu du rendez-vous. Les tirailleurs de la Maison Carrée venaient d'arriver; mais, quand ils apprirent qu'on voulait les faire entrer dans le fourré, où ne pouvaient pénétrer les chevaux, afin de débusquer le lion, ils se débandèrent et s'enfuirent jusque sur les hauteurs environnantes, sans que rien pût les arrêter.

Sur ces entrefaites, deux Arabes, qui s'étaient avancés à vingt pas dans le fourré, appelèrent du monde et nous montrèrent un sanglier fraîchement tué, à moitié dévoré. Le sol, à l'entour, était foulé, et l'empreinte de la patte du lion était visible, comme celle d'un lapin sur les dunes de sable. A cette trace, que nous rencontrâmes plusieurs fois encore pendant la chasse, nous vîmes que nous avions affaire à un animal de forte taille.

Après quelques pourparlers, il fut résolu qu'on entrerait immédiatement dans cette partie du fourré. Le colonel Daumas donnait ses ordres, disposait son monde, et n'osait pas nous engager à pénétrer dans les broussailles, voyant notre petit nombre de tireurs.

Comme il hésitait encore, un rugissement épouvantable se fit entendre, et un silence profond lui succéda. Tout le monde resta muet : on se regardait avec effroi, sans oser bouger. Les chevaux frissonnaient entre les jambes des cavaliers, et les chiens, la queue basse, venaient en tremblant se cacher derrière nous.

Ce premier moment de surprise passé, on se regarda silencieusement, et chacun semblait dire : — Le lion est là. — Il n'y avait plus à en douter. Mais comment pénétrer dans cet immense fourré avec des chevaux ? A peine si des hommes à pied pouvaient y entrer sans se meurtrir. Toutes les instances, toutes les menaces du colonel Daumas ne purent décider les Arabes et quelques tirailleurs indigènes qui étaient restés à se risquer plus avant. Indigné de leur lâcheté, le colonel eut alors un beau mouvement, qui, malheureusement, n'entraîna que deux chefs arabes, mais qui nous força à renoncer à nos projets de prudence. Il mit pied à terre, prit une carabine, et nous dit :

— Messieurs, le lion est là, tout le prouve, mais ce n'est qu'à pied qu'on peut le débusquer. Combien êtes-vous ?

— Dix-sept.

Sept ou huit chasseurs étaient restés en arrière et ne nous avaient pas rejoints.

— Eh bien, dit-il, que huit d'entre vous viennent avec moi, les neuf autres formeront un second peloton ; nous allons faire deux percées dans le fourré. Pendant ce temps-là, la cavalerie va entourer le massif, et, si le lion débuche, elle fera son affaire.

Il n'y eut qu'une seconde d'hésitation, je le dis à notre honneur. J'avoue que, pour ma part, je n'étais guère disposé à me faire dévorer ; mais, quand je vis le colonel donner un si noble exemple, lui qui surtout, en qualité de chef de l'expédition, pouvait rester à cheval, je n'hésitai plus, et nous entrâmes, ou plutôt nous disparûmes au milieu de l'épais fourré.

Dans le premier moment, les branches, les épines, les racines, embarrassaient tellement nos pas, qu'assurément, si messire lion s'était présenté, aucun de nous n'aurait pu tirer. Nous défilions à la suite les uns des autres, et chacun, soit dit en passant, avec le plus de précaution possible, pour ne pas faire de bruit, ou, comme on dit vulgairement, « ne pas éveiller le chat qui dort. » Ce pauvre de Codrosy, que j'avais embarqué avec moi dans cette maudite galère, empêtré de son fusil, tirant avec peine ses grandes jambes du milieu des ronces, me répétait d'un air de reproche qui m'allait au cœur :

— Ah! cher ami, pourquoi diable m'avez-vous fait venir?

— Laissez faire, disais-je, du courage ; et d'ailleurs, si quelqu'un doit être mangé, ce ne sera ni vous, ni moi.

Et je lui désignais du doigt un de nos malheureux compagnons que son embonpoint empêchait de marcher, et qui eût été pour notre ennemi un morceau plus friand que nous.

Plusieurs fois, chemin faisant, nous rencontrâmes la trace du lion, dont le quartier général était évidemment dans notre voisinage. Alors notre prudence redoublait, et, si nous l'avions pu, nous aurions marché sur la pointe du pied.

Enfin nous terminâmes notre première trouée, ou, si l'on veut, notre première battue, et nous arrivâmes, le cœur dégonflé, sur le plateau qui dominait l'extrémité de cette espèce de vallée. Le colonel et ses compagnons ne tardèrent pas à nous rejoindre.

Quand les cavaliers furent disposés convenablement, nous recommençâmes une seconde battue, si on peut appeler cette procession — une battue, — et nous nous enfonçâmes dans le milieu de la vallée. Nous n'avions pas fait deux cents mètres, que des coups de fusils partirent à l'extrémité du taillis, et nous attendîmes en silence les suites de cette première attaque, dirigée contre une hyène que deux Arabes avaient manquée et qui s'était réfugiée dans la partie du bois où nous étions. Mais je dois dire qu'elle m'intimida peu, et que l'émotion que j'avais eue, depuis mon entrée en battue, avait été trop grande pour laisser place à celle qu'aurait pu me causer la présence d'une hyène en toute autre circonstance.

La seconde battue, Dieu merci! — je le dis sans la moindre honte, — se termina comme la première. Nous étions d'ailleurs épuisés de chaleur et de fatigue. M. Daumas remonta à cheval, en nous engageant à suivre la colonne de cavalerie de vallée en vallée.

Nous fîmes un chemin d'enfer, pendant lequel nous retrouvâmes souvent la trace plus ou moins fraîche de l'animal que nous cherchions. Nous étions tous persuadés, sans nous être communiqué notre opinion, que nous avions laissé le lion dans le premier fourré où avaient pénétré les deux pelotons. Nous serions passés à vingt pas de lui, qu'il ne se serait pas donné la peine de se déranger. Il aurait fallu là plus de deux cents hommes à pied, et nous étions — dix-huit!

Vers les midi, éreintés, n'en pouvant plus, — nous n'avions pris que le café à trois heures du matin, — je proposai à nos compagnons de rejoindre nos tentes. Il n'y eut aucune opposition.

Chemin faisant, pendant que nous étions sur une hauteur, nous vîmes la cavalerie tirer, charger, et des attroupements se former. Cette fois, c'étaient deux sangliers qu'on venait d'abattre.

Nous laissâmes la cavalerie continuer sa course, et nous arrivâmes sous la tente, où de bonnes provisions nous attendaient. Les cavaliers revinrent deux heures après avec une hyène et deux sangliers.

A quatre heures, nous reprenions la route d'Alger, enchantés du résultat de la chasse, car, en définitive, nous aurions eu quelque malheur à déplorer si nous avions eu affaire au lion, et, à coup sûr, les victimes se fussent trouvées dans nos rangs, — les Arabes ont trop peur du *seigneur à la grosse tête* pour s'aventurer jamais.

Quant à moi, j'en ai assez. J'ai eu des émotions suffisantes. J'étais convaincu que notre peloton ou celui du colonel allait rencontrer le lion. Naturellement, et empêtrés comme nous l'étions, les idées qui étaient la conséquence de cette conviction n'étaient pas des plus rassurantes. Or donc, c'est fini de la chasse au lion pour moi, et, si j'y retourne, ce sera à cheval, en amateur, et j'aurai pour toute arme, — une lunette d'approche.

Ce n'est pas l'embarras, je connais quelqu'un qui, bien monté, a éprouvé une émotion plus vive que la mienne. De Noue, qui m'avait quitté pour se joindre à la cavalerie, et dont la bravoure d'ailleurs ne peut être mise en doute par personne, voyant à notre seconde battue que tout était tranquille, s'avança de quelques pas dans les éclaircies du bois. Mais, à peine y était-il, que son cheval se cabra, les crins hérissés ; un cri rauque et sourd sortit de derrière un buisson, et il vit une bête énorme et d'un roux fauve, qui y était couchée, se dresser sur ses pieds. Il ne se rendit pas bien compte d'abord de cette apparition ; mais d'un coup de talon il fit volter son cheval, et partit au galop en retournant sur ses pas, convaincu qu'il était suivi par le monstre en personne. Une fois hors du fourré, il s'arrêta, et il vit alors qu'il avait eu affaire à un pacifique chameau qui grognait probablement de ce qu'on était venu le déranger. De Noue m'a assuré n'avoir jamais été si effrayé de sa vie. — J'ai eu positivement, m'a-t-il dit, la *peur du lion.*

Du reste, sauf un coup de crosse de pistolet qu'un jeune officier a reçu dans le front par le recul de son arme, et la chute d'un amateur qui s'est fendu le crâne en tombant de cheval, il n'y a pas eu d'autre accident. J'espère que ce dernier n'en mourra pas, et que la chasse au lion aura été aussi innocente que possible.

X

Les promenades à cheval. — Les *Hdrh*. — Les convulsionnaires. — Le duc de Montpensier. — Le soleil d'Afrique.

Alger, 14 avril.

Depuis mes dernières chasses, ma vie s'est écoulée assez paisiblement. J'ai fait l'acquisition d'un nouveau cheval ; — le premier avait failli me casser le cou, — il avait peur des chameaux, comme le cheval de de Noue,— et je varie mes courses tous les jours.

Alger est la terre classique des promenades à cheval. Les montagnes, les bords de la mer, la plaine, vous offrent des points de vue toujours plus nouveaux, toujours plus pittoresques. La plupart de mes connaissances sont déjà parties pour la campagne, et je vais les visiter, sans prendre jamais le même chemin.

Je ne vois plus grand monde, le colonel Jusuf et deux de ses officiers, Fleury et Weyer, que je rencontrais le plus souvent, étant partis avec lui en expédition. Les jours sont encore courts, et le soir j'aide ce brave de Codrosy à vider une caisse de cigares qui avec nous n'a pas longue durée. Il y fait lui-même de larges brèches, — je lui rends cette justice ; — mais je crois qu'il se fâcherait tout rouge contre son meilleur ami, s'il osait chez lui fumer d'autres cigares que les siens.

Un soir, après avoir bourré nos poches des cigares extraits de ladite caisse, nous sommes allés voir les Hdrh — prononcez *adrx* — ou mangeurs de feu. C'est une secte de mahométans qui se réunissent à certaines époques de l'année, pour célébrer, à leur manière, une fête qui doit tirer son origine de la religion chrétienne, car ces individus s'appellent aussi Beni-Aïssa, ce qui veut dire fils de Jésus.

On raconte que Jésus étant dans le désert avec ses disciples, et ceux-ci se plaignant et murmurant de n'avoir rien à manger, il leur dit : — Pourquoi murmurez-vous ? Ayez la foi, et vous aurez ce que vous désirez. Mangez des pierres, des insectes, du feu même, et, si vous avez la foi, ce feu, ces insectes, ces pierres, se changeront en nourriture pour vous. — C'est ce miracle que célèbrent les Beni-Aïssa.

La réunion n'est pas publique. C'est la police qui nous

y a fait entrer. Il est bon d'avoir des amis partout.

Plus de quinze musiciens, avec des tambours de basque d'une énorme dimension, étaient accroupis en cercle dans la cour intérieure d'une maison mauresque. Leur musique infernale mit en branle deux ou trois individus, qui bientôt firent des contorsions et remuèrent la tête avec une rapidité effrayante, en lui imprimant un mouvement circulaire. La musique augmentant la vitesse de son mouvement, leur rage s'accroissait, ainsi que le nombre des convulsionnaires, qui, en peu d'instants, furent une vingtaine. Alors ce fut un tintamarre épouvantable. Les femmes, qui étaient au-dessus de nous, dans les galeries, dansaient aussi, les cheveux en désordre, en poussant des gloussements sauvages et aigus.

Au bout de quelque temps, lorsque l'écume sortait de la bouche d'un des inspirés, il demandait du feu à grands cris. Alors on lui présentait une pelle plate, rougie à blanc. Il l'empoignait avec fureur, la mordait convulsivement, et passait sa langue dessus.

Puis d'autres, en mugissant, imitaient le chameau. Ils se précipitaient sur des feuilles de cactus couvertes d'épines très-pénétrantes, et dévoraient ces feuilles comme du gâteau.

Un autre jouait avec un serpent, dont il se faisait des bracelets et un turban.

Celui-ci avalait des scorpions avec un air de béatitude ineffable.

Celui-là s'enfonçait des pointes de fer dans les yeux.

D'autres se tenaient en équilibre, le ventre nu, sur le tranchant d'un sabre nu. Enfin ils se livraient tous aux folies les plus extravagantes, et toujours avec des rugissements et des convulsions capables de vous rendre fou.

Deux personnes qui étaient avec nous ont été obligées de se retirer. Moi-même, je me suis senti impressionné au commencement, mais j'ai fini par m'y habituer, et j'ai écouté leurs cris et examiné toutes leurs contorsions de sang-froid.

On a reçu un jeune néophyte de dix à douze ans. Le pauvre enfant m'a fait peine quand on lui a présenté le feu, — qu'il demandait cependant. Il a pleuré deux ou trois larmes, et puis il s'est remis à secouer la tête et à danser comme un frénétique. Tout cela s'est fait d'une manière solennelle. Pendant qu'on recevait ce petit Maure, les anciens récitaient des prières comme des litanies, en se tirant la barbe, et les femmes poussaient un cri perçant. Le tout accompagné du bruit du tambour, résonnant sourdement dans cette salle à demi éclairée ; on se serait facilement cru dans quelque antichambre de Satan.

On m'a fait prévenir tout à l'heure que le duc de Montpensier, qui est mon voisin dans l'hôtel, était disposé à nous recevoir. J'ai revêtu à la hâte l'uniforme de rigueur, et je me suis rendu chez le prince, qui a pris de l'aplomb et même du corps. Il a aujourd'hui un petit air militaire qui lui va à merveille. Il revient de Biskarah, où il a été légèrement blessé à la joue.

On a tort de nous plaindre à Paris au sujet du soi-disant soleil d'Afrique. Je suis très-mécontent de cet astre hypocrite qui se cache continuellement. A part quelques beaux jours où il faisait chaud comme au mois d'août à Paris, depuis mon arrivée, rarement nous avons eu une série de trois belles journées, et j'ai jusqu'ici presque toujours fait du feu.

XI

Fêtes à Alger. — Fantasia. — Les Hadjoutes. — La polka.

Alger, 18 avril.

Le duc de Montpensier est toujours ici. Sa présence remue tout Alger et les environs, et je pourrais même ajouter qu'elle a jeté quelque trouble dans certains cœurs de ma connaissance, soit dit sans calomnie.

Ce ne sont que fêtes, banquets, spectacles, bals, revues. Les Arabes eux-mêmes viennent de loin pour apporter au fils du sultan des Français le tribut de leurs hommages et les présents qu'ils lui destinent.

L'appartement du prince est en face du mien. Ce voisinage est cause que presque tous les matins, en sortant de chez moi, je m'embarrasse les jambes dans les pattes d'une autruche, ou que je manque de tomber dans les griffes d'une panthère ou d'un lionceau. Si le prince emporte avec lui les présents qu'on lui a faits, il aura l'air d'un véritable propriétaire de ménagerie ; et, s'il n'est pas dévoré en route, il jouera de bonheur. Il devrait se rappeler le vers de Virgile :

.... timeo Danaos, et dona ferentes.

Dimanche dernier, nous avons assisté à une magnifique revue des troupes de toute la garnison, et, après le défilé, les Arabes des tribus voisines, parmi lesquels on remarquait le caïd des fameux Hadjoutes, sont venus faire de la *fantasia*. Cela consiste à lancer les chevaux de toute leur vitesse en avant de la personne à qui on veut rendre honneur, à brandir son fusil par-dessus sa tête en poussant des cris de guerre, et, lorsqu'on est tout près, à lui tirer le coup de fusil dans les jambes. C'est un agréable jeu qui cause souvent des accidents, attendu que les Arabes trouvent plus distingué de laisser des balles dans leurs cartouches. Ils sont d'ailleurs admirables quand la poudre et les cris les ont un peu échauffés. Le bras nu, la jambe nue, le bornous au vent, les uns couverts d'or, d'autres, dans toute la simplicité du costume numide, ils s'élancent avec la rapidité du vent et disparaissent comme l'éclair.

Ce spectacle a failli coûter cher au duc de Montpensier. A la première course, les coups de fusil arrivant trop près du nez de son cheval, l'animal effrayé s'est cabré et s'est renversé sur lui. Je l'ai vu traîné pendant dix pas au moins, le pied dans son étrier. Le cheval a bientôt été entouré, et le prince et nous en avons été quittes pour la peur.

Avant-hier a eu lieu un grand bal au profit des pauvres.

Le prince a dansé ; mais qu'il se soit amusé, j'en doute.

Quant à moi, comme toujours, je me suis borné à regarder et à me promener. Mais peut-être ai-je tort, et je crains d'être fort arriéré à mon retour en France. On ne parle que *polka*. Si je ne danse pas la polka, que deviendrai-je ? Or, il y a quelques semaines, une charmante petite dame nous est arrivée de Paris : elle est folle aussi de polka. Elle veut l'apprendre à ceux qu'elle en juge dignes, et elle me persécute. Il faudra bien me laisser faire, sauf à m'en tenir à la théorie.

Il est grandement question d'une expédition dans l'Est, et, comme des propositions dont je parlerai plus loin m'ont été faites, je ne quitte plus mon cabinet, afin d'être en mesure et d'avoir terminé mes travaux avant mon départ.

Je m'en dédommage en montant à cheval de cinq à six heures, et je compense par la vitesse le temps que je ne puis donner à mes promenades.

XII

Expédition chez les Kabyles. — L'espion. — Fête du roi. Expédition du duc d'Aumale.

Alger, 30 avril.

Il était convenu que toutes les colonnes devaient partir le 15 avril. Mais les pluies continuelles avaient défoncé le terrain et auraient rendu la marche des troupes impossible au milieu du pays marécageux qu'elles devaient traverser. On a dû attendre.

Le gouverneur a profité de ce répit pour répandre ses proclamations dans les tribus insoumises. Quelques-unes ont envoyé leurs chevaux de soumission; d'autres ont répondu avec hauteur, et particulièrement celle des Flittas, où s'est réfugié Ben-Salem, un des lieutenants de l'émir. Il a écrit au maréchal et lui a dit :

« Je me rendrai dans un lieu que tu me désigneras, avec six cents cavaliers. Prends, de ton côté, six cents de tes meilleurs chevaux, et là nous en viendrons aux mains. Si je suis le plus fort, tu me laisseras tranquille, et je ne payerai pas l'impôt, — car c'est là le but, comme c'est le nerf de la guerre, — et, si je suis vaincu, je me soumettrai et payerai l'impôt. »

Le maréchal lui a fait répondre :

« La partie ne serait pas égale telle que tu me la proposes. Viens sur les bords de l'Isser avec tes six cents chevaux. Moi, j'enverrai deux cents cavaliers, et je te promets à l'avance que mon artillerie et mon infanterie ne vous troubleront pas. »

Le défi est donc porté de part et d'autre. Reste à savoir si Ben-Salem tiendra bon.

Or le chef d'escadron qui commande ces deux cents chevaux est précisément de Noue, celui qui a eu la *peur du lion*. Il m'engagea à partir avec eux, me proposa de coucher sous sa tente, de manger avec lui et M. de Bourgon, son colonel, et me promit que mon cheval et moi trouverions tout ce qu'il nous faudrait. C'était tentant : j'acceptai.

La colonne devait se mettre en marche le 26. Le départ du maréchal et de sa cavalerie était fixé au 27 pour la rejoindre au premier bivac, et l'on devait aller camper près de l'ancienne ferme du bey de Constantine, Haouch-el-Dey.

Le 27 donc, de grand matin, je montai à cheval, et j'allai me réunir aux chasseurs, à côté de mon brave de Noue. Nous assistâmes à la levée du camp de la colonne qui nous avait précédés, et ce fut, je dois le dire, un spectacle plein d'intérêt.

Quelle différence avec ces troupes bien ficelées, bien fraîches, sortant des casernes, ne portant que leur sac et leur fusil, qu'on voit parader à nos camps de Saint-Omer ou de Châlons, près de petites baraques, bien closes, bien jointes, où elles trouvent un abri contre le mauvais temps, et un fourneau pour faire la soupe !

Ici, ce sont des visages noircis, hâlés, la barbe longue ; la capote retroussée à droite, pour ne pas gêner la cartouchière placée sur la taille ; le petit képi rouge — ou rouge jadis — sur le coin de l'oreille. Un sac chargé de *sept* jours de vivres, les malheureux ! un bidon d'un côté, une casserole de l'autre, enfin tout l'attirail pour vivre et se tirer d'affaire seul, car on ne peut trouver ces ressources qu'on est toujours sûr de rencontrer en Europe.

Le camp était établi dans les broussailles, au milieu des lauriers-roses et des palmiers nains. Ceux qui avaient trouvé le moyen de se former des nids sous ces épaisses végétations n'avaient pas dressé de tentes. Les autres, au moyen de leurs sacs de campement cousus ensemble, et de quatre fusils, avaient formé de petits abris très-confortables où ils pouvaient tenir trois fort à l'aise. L'expérience sert à quelque chose, surtout ici. Autrefois, nous perdions beaucoup de monde, parce que les hommes couchaient sans abri, exposés à une rosée d'autant plus abondante que la chaleur avait été plus forte. Aujourd'hui, les hommes ont su imaginer des espèces de tentes qui en valent bien d'autres, et l'on n'a plus à redouter ces pertes qui ont rendu les premiers temps de notre occupation si déplorables et si coûteux.

A un signal donné, tout notre monde fut debout. Les tambours, les clairons, la musique, tout annonça le moment du départ. Le gouverneur prit la tête de la colonne avec son état-major.

Ce brave maréchal est encore d'une activité incroyable. Il a l'air aussi heureux de *faire expédition* que nos plus jeunes sous-lieutenants. S'il faut l'en croire d'ailleurs, c'est tout profit pour lui. — Quand je reviens d'expédition, disait-il un jour, je retrouve toujours ma femme plus jeune et mon vin plus vieux. — Il est très-aimé du soldat, qu'il aime beaucoup aussi, et pour qui il a une sollicitude paternelle.

Je ne veux pas faire l'énumération de tous les corps de troupes qui défilèrent, — ce serait un peu long. Je dirai seulement que les régiments d'infanterie, avec leur pesant fardeau sur les épaules, avaient très-bonne façon. Puis venaient les pontonniers et leurs mulets chargés de l'attirail des ponts. L'artillerie de montagne suivait avec ses mulets portant de petits obusiers. Puis le bataillon des zouaves, qu'on a surnommés les chacals. Enfin la brillante gendarmerie, les plus beaux hommes de l'armée.

Venaient ensuite les vivres, les munitions, les bagages, à dos de mulets, à dos de chameaux conduits par douze cents Arabes. C'était un singulier spectacle que ce chapelet de douze cents bêtes de somme formant une caravane d'une couleur tout à fait locale. Un régiment d'infanterie protégeait ce convoi, escorté sur les flancs par la gendarmerie.

Séparée par un léger espace, la cavalerie se mit en marche, précédée par les spahis, ornés de leurs bornous rouges, faisant piaffer et caracoler leurs chevaux, et marchant un peu en désordre, malgré leur désir d'imiter notre cavalerie régulière.

Enfin les chasseurs s'ébranlèrent aussi. Nous étions à l'arrière-garde, et, soit dit en passant, le plus beau poste en Afrique, c'est l'arrière-garde, attendu que les attaques viennent toujours de ce côté, les Arabes n'ayant jamais su aborder une colonne en tête.

Nous devions donc aller bivaquer à Haouch-el-Dey; mais les marécages dans lesquels on s'engagea, rendus plus impraticables encore par les dernières pluies, étaient si difficiles pour les chevaux et les convois, que nous dûmes faire halte plusieurs fois dans la journée. Les chameaux refusaient de marcher; les mulets tombaient et disparaissaient dans la boue; quelques hommes s'en mettaient par-dessus les oreilles. C'étaient des cris, des jurements, un bruit confus de voix humaines et de mugissements. Il fallait dégager les embourbés, et la marche était retardée d'autant. Quelques malades, quelques traînards, restaient en chemin. Le soir on nous en ramena quatre, dont un mort.

Il nous fallut faire aussi beaucoup de détours pour nous tirer d'affaire, car les meilleurs passages avaient été défoncés par le corps d'armée qui nous précédait. Nous laissâmes plusieurs tribus sur notre gauche, et, après bien des obstacles franchis, nous arrivâmes à Haouch-el-Dey. Mais là, on reconnut que le terrain était encore trop mouillé pour pouvoir y bivaquer, et le maréchal fit faire une reconnaissance vers l'Hamise, fleuve qui prend sa source dans l'Atlas et se perd dans la mer au-dessus du cap Matifou. Ses bords sont très-escarpés, et l'eau y est très-abondante à cette époque de l'année.

On se dirigea de ce côté, et bientôt un emplacement favorable ayant été reconnu par le génie, le camp se forma en un clin d'œil. Chacun se mit à l'œuvre, et une ville de toile s'éleva comme par enchantement. On nettoya les armes, on fit un bout de toilette, les feux s'allumèrent, les troupeaux livrèrent leur contingent, les distributions de viandes furent faites, et plus de deux mille pot-au-feu bouillonnèrent en même temps. C'était l'heure du triomphe de la soupe, et chacun était disposé à lui faire fête.

J'avais un furieux appétit, un appétit de *chasseur* enfin. Le colonel, de Noue et moi, prîmes place sous une bonne tente, et j'avoue que je n'eusse pas mieux dîné au Café de Paris, servi dans de la vaisselle plate. Le vin de Champagne égaya mon premier bivac, et moi je bus à la rencontre de messire Ben Salem.

Le dîner fini, je parcourus le camp à la clarté de la lune et des mille feux qui pétillaient encore. Presque tout le monde, fatigué de la journée, dormait et ronflait. Un silence profond avait succédé à l'agitation générale. Les tentes seules de quelques officiers et celle du maréchal, laissaient entrevoir des lueurs qui annonçaient qu'on songeait au lendemain. Les chevaux faisaient un vacarme épouvantable : ils se battaient, ils s'échappaient, ils trépignaient de joie de se trouver au milieu du vert et de l'abondance, car la campagne est admirable dans cette saison. Les sentinelles poussaient de temps en temps leur cri de veille, et les chacals leur répondaient par leurs glapissements aigus.

Le moment de me coucher était venu. Je me dirigeai vers la tente de de Noue, et, après avoir examiné s'il ne manquait rien à mon cheval, j'allai m'étendre sur la peau de mouton qui devait me servir de lit. Je ne pus dormir, et, dans notre quartier, je ne fus pas le seul. A chaque instant les chevaux s'échappaient, les hommes couraient, les officiers juraient ; enfin trois heures et demie arrivèrent, et la *diane* se fit entendre.

Non, il n'y a pas de musique de Rossini, il n'y a pas

de mise en scène à l'Opéra, éclairée par mille bougies, qui vaille une *diane* sonnée dans le désert, au soleil levant; c'est électrisant, on se sent enlevé.

Les tambours, les trompettes, les musiques de tous les régiments, sonnèrent aux quatre coins du camp, et chacun fut bientôt sur pied. Les bêtes de somme furent chargées; les bataillons se formèrent, et toute la colonne s'ébranla pour passer l'Hamise. Deux ponts avaient été jetés; ils réussirent parfaitement, et j'entendis les petits fantassins, ravis de passer le fleuve à pied sec, répéter:

— A la bonne heure, au moins! avec celui-là, nous ne mourrons pas d'un rhume de cerveau.

C'était magnifique de voir ces huit mille hommes se déployer sur la rive opposée, et s'enfoncer dans les sinuosités de la montagne au son de la musique et des tambours. Le soleil commençait à jeter plus d'éclat, et ses rayons faisaient briller au loin les baïonnettes et les armes.

Quand tout ce monde fut passé, je revins aux chasseurs qui devaient partir une heure après. Je mangeai une soupe à l'oignon délicieuse; je pris une bonne tasse de café; j'allumai un cigare, et, après avoir remercié le colonel de son hospitalité, et serré la main de mon brave de Noue, j'enfourchai mon cheval pour retourner à Alger, le cœur gros de ne pouvoir aller plus loin, car, une fois l'Hamise passée, il eût fallu faire toute l'expédition avec eux.

J'étais seul; je ne voulais pas, comme la veille, m'enfoncer dans les marais, et je demandai qu'on me fît connaître une autre route. Des Arabes m'indiquèrent, tant bien que mal mon chemin. Je devais traverser une petite rivière, et puis, après avoir laissé un bois à ma gauche, je devais me trouver en plaine.

Pendant qu'on me donnait ces indications, un nègre d'une tribu de la montagne vint se réfugier dans notre camp. Il avait faim, et s'offrit pour panser les chevaux, disant qu'il était trop maltraité où il était, et qu'il ne demandait, pour suivre et servir, qu'un morceau de pain tous les jours. On lui répondit qu'on l'emmènerait, mais qu'à la moindre démarche un peu douteuse de sa part, on lui couperait la tête. Il parut enchanté de la condition, et il s'installa comme le domestique de tous les chasseurs, qui commencèrent à s'en amuser. J'ai su depuis que ce malheureux n'était qu'un espion de Ben-Salem, et qu'à la suite d'une confidence faite par un prisonnier, la terrible menace avait été exécutée deux jours après.

Je pris donc le chemin qu'on m'avait indiqué. Je traversai encore une lieue de marais, disparaissant presque tout entier dans les joncs avec mon cheval, et je ne trouvais pas encore cette rivière qui devait servir à m'orienter. Je n'étais pas inquiet cependant, quoique je fusse seul dans un pays parfaitement inconnu et peut-être peu ami, mais j'étais ennuyé et fatigué. J'avais une bonne paire de pistolets dans mes fontes, un bon cheval entre les jambes, et je ne pouvais, tout au plus, avoir à redouter que quelque maraudeur isolé.

Je vis enfin des broussailles, des al 'es tamarins et des lauriers-roses. Cette végétation me fit supposer que la rivière n'était pas loin. Je ne me trompais pas : c'était bien elle. Mais mon diable de cheval fit de la fantasia; il avait eu, à ce qu'il paraît, assez d'eau comme cela; impossible de le faire traverser. Il se cabrait, renâclait, si bien, qu'après avoir usé de tous les moyens de douceur et de persuasion, furieux, je lui enfonçai dans les flancs mes éperons avec une telle force, qu'il se précipita dans l'eau d'un seul bond, et que j'en eus jusqu'à mes fontes. Je finis par en sortir; mais, une fois de l'autre côté, je recommençai ma correction, et le récalcitrant partit ventre à terre.

Cette course désordonnée faillit me jouer un mauvais tour. J'allais tout droit sans savoir où je me dirigeais, et le fait est que j'arrivai près d'un douar que je n'avais pas aperçu. Quelques habitants étaient dans la plaine, et, quand ils virent un cavalier fondre sur eux tout à coup dans le voisinage, la peur les prit, et ils s'enfuirent vers les tentes en poussant des cris d'effroi. Je détournai immédiatement mon cheval en voyant tous ces coquins-là sortir au galop de leurs tentes avec des intentions dont je ne fus pas curieux de me rendre compte, et, au milieu des cris des femmes, des injures des hommes, des aboiements des chiens, et, à travers les troupeaux en désordre, je me dirigeai rapidement vers les hauteurs, afin de mieux m'orienter.

Je reconnus à ma droite la plaine où nous étions venus chasser le lion quelques jours auparavant, et, une fois entré dans les broussailles, je me tirai parfaitement d'affaire. Je passai devant la Maison Carrée, et le soir j'étais de retour à Alger avec un violent mal de tête. J'avais reçu toute la chaleur sur la nuque, et j'avais un coup de soleil magnifique sur le nez.

Le mauvais temps a repris depuis deux jours. On ne peut voir trois journées de suite sans nuages, et je commence très-sérieusement à douter de l'astre africain, malgré mon coup de soleil, que j'ai déjà oublié. — Attendez, me dit-on, bientôt vous n'aurez plus une goutte d'eau. — Peu m'importe, je défie la chaleur.

J'ai déjà des nouvelles de la colonne que j'ai accompagnée à deux journées d'ici. Il a fait, le lendemain de mon départ, une si forte chaleur de siroco, que deux sapeurs du génie sont morts asphyxiés. La colonne est arrivée à Dellys; il n'y a pas eu d'engagement sérieux. Ben-Salem n'a pas encore paru.

Nous avons eu ces jours-ci, pour célébrer la fête du roi, des réjouissances en plein air, de toute espèce. Musique arabe dans tous les quartiers de la ville, fantasia à pied, et danse des nègres. Ce dernier divertissement est la chose du monde la plus ébouriffante. Si les singes dansaient, ils ne seraient pas plus burlesques.

Pendant que notre colonne de l'Atlas est arrêtée dans les environs de Dellys par les torrents débordés, celle du duc d'Aumale, dans la province de Constantine, est tombée dans une embuscade, au milieu des brouillards. Quatorze officiers de son état-major ont été blessés; deux ont été tués. Le prince lui-même a eu son cheval blessé : quinze mille rations sont restées au pouvoir des Kabyles. Mais le lendemain, 1ᵉʳ mai, jour de la fête du roi, on a pris une revanche éclatante. L'ennemi a été abordé à la baïonnette, et on en a fait un terrible massacre. C'est autant de mauvais voisins de moins quand je serai dans le pays.

Nous avions le projet, de Codrosy et moi, de partir pour l'Est vers le 15 de ce mois; mais des lettres de Constantine nous annoncent que les chemins sont impraticables. Comme nous n'avons pas envie de tomber aussi dans une embuscade, et que nous ne voulons pas nous faire prendre nos rations, nous attendrons.

XIII

Blidah. — La Metidja. — Douéra. — Bouffarick. — Beni-Mered.
Bain maure. — Environs de Blidah. — La Chiffa.

Blidah, 14 mai.

Blidah, la ville des fleurs! Blidah, la ville des amours! Blidah, le petit Versailles, le Saint-Cloud d'Alger! La ville des *petites maisons*, où chaque grand seigneur venait se délasser des fatigues de la ville et des affaires de l'administration! Blidah, la ville embaumée, la ville des plaisirs! Et c'est là que j'écris ces lignes, sous l'impression de ces pensées désolantes qui m'assiégent quand je suis seul.

C'est précisément lorsque mes plaisirs pourraient être les plus vifs, mes jouissances les plus douces, que je regrette l'absence d'un ami. Je ne trouve plus aucun charme dans mes promenades, où je n'ai pour compagnons que mes regrets. Ici surtout le plus grand plaisir que je puisse goûter, celui que m'offrent à chaque instant les grands spectacles de la nature, n'est pas complet pour moi, parce qu'il n'est pas partagé.

Avant-hier dimanche, vers neuf heures, j'étais seul, dans ma petite chambre mauresque. Sous mes yeux se déroulaient toutes les vieilles masures blanches de la vieille ville, — car j'habite le quartier des Maures. — Pas un cri, pas une voix, pas un bruit, pas une lumière. Je pensais qu'à la même heure, dans ce jour consacré à la famille, heureux et réunis sous le toit paternel, mes amis, mes parents, chacun enfin jouissait de ce bonheur de l'intimité qui me manque ici bien souvent, et je me demandais si quelqu'un songeait à mon absence, à mon complet isolement.

C'est une triste chose, dans une ville de quatre ou cinq mille habitants, d'être le seul peut-être qui n'ait pas une seule personne à qui confier ses sentiments, à qui adresser une parole affectueuse, et cela surtout, loin de son pays, à cinq cents lieues de ceux qu'on aime.

Il ne s'est pas passé un dimanche, jour consacré à la famille, sans que, de huit à dix heures, je ne me sois, par la pensée, réuni à elle. Je devais, j'en étais sûr, y rencontrer mon père et ma mère. Les autres jours, je pense bien à eux, à tous les miens, mais vaguement, sans savoir où les trouver. Aussi mes soirées du dimanche, malgré les doux souvenirs qui s'y rattachent, me laissent-elles toujours une profonde tristesse.

Mais laissons là mes jérémiades. Aussi bien, il me semble que le siroco qui diminue emporte avec lui quelque chose de mon spleen. J'avais les nerfs agacés, la tête brûlante, le corps épuisé par cette étouffante chaleur. Je respire mieux depuis quelques instants : une brise douce entre par ma fenêtre, et je sens les suaves exhalaisons des fleurs d'orangers qu'elle m'apporte.

D'Alger à Blidah on compte environ quatorze ou quinze lieues. La route est belle, et les voitures font facilement le trajet en quatre ou cinq heures. Pour mieux juger du pays, j'ai préféré m'y rendre à cheval.

Jusqu'à Doueira, au tiers de la route, il n'y a rien qui mérite d'être cité. C'est un pays accidenté, montagneux, et les habitations, à droite et à gauche, y sont encore rares.

De Douëira à Bouffarick, on commence à entrer dans la Metidja, et les montagnes, qu'on laisse derrière soi, font place aux plaines immenses, aux marais à perte de vue. Ces marais, ces plaines, ressemblent de loin à un vaste lac, sur lequel on aperçoit, de temps en temps, quelques blanches cigognes, et des millions d'étourneaux. Ces oiseaux voyagent en bandes si serrées, que j'ai souvent pris des vols d'étourneaux pour des nuages. Bouffarick est le camp où je suis allé faire la chasse aux sangliers.

Je laissai derrière moi le camp d'Erlon, et j'arrivai bientôt à Beni-Mered, colonie agricole militaire, fondée par le maréchal. C'est un de ses essais de colonisation, jusqu'à présent assez coûteux, et l'on peut dire que les produits de nos braves soldats nous sont chers.

En quittant Beni-Mered, l'odeur de l'oranger, du citronnier, et mille autres parfums embaumaient l'air. A mesure que j'avançais, ces émanations devenaient plus intenses, et bientôt, le siroco aidant, j'ai cru que j'allais en perdre la tête.

Je ne tardai pas à apercevoir Blidah, qui s'annonce de si loin, Blidah entourée de ses bois d'orangers et de citronniers, précédé par des bouquets de palmiers en avant-garde. Mille ruisseaux vont, viennent, serpentent, disparaissent sous l'herbe épaisse et reparaissent en murmurant à l'extrémité de chaque vallée, de chaque jardin. Les fleurs sont si abondantes et si variées, qu'il semble qu'on foule un immense tapis de Turquie. Du côté de la Chiffa la plaine est si éblouissante, les montagnes d'un bleu foncé se dessinent avec tant de netteté et d'harmonie en même temps, les bestiaux sont si nombreux, les pâturages si verts, les bandes d'oiseaux si variées, les rossignols, les pinsons, les fauvettes, tous hôtes que je n'avais entendus ni vus aux environs d'Alger, si animés, si bavards; le soleil était si pur, le ciel si bleu, que je me crus transporté dans le paradis terrestre.

Cette illusion fut de courte durée. A peine entré dans Blidah, j'y rencontrai encore ces affreuses figures de Biskris, et il fallut m'occuper de chercher un gîte pour moi et un abri pour mon cheval.

J'étais couvert de poussière, abîmé de chaleur. Je me fis conduire au bain, et j'en sortis avec le bien-être qu'on ressent toujours après ces sortes d'opérations. Je dis *opérations*, parce que le bain maure est un véritable travail pour celui qui le donne; celui qui le reçoit devient entre ses mains une chose passive.

On vous introduit dans une première salle fort obscure, fort humide. A l'entrée, on distingue à peine la barbe blanche d'un vieux Maure, entre les mains duquel on dépose or et bijoux. Vous franchissez le seuil de cette noire entrée, et dès lors vous ne vous appartenez plus.

Deux Mozabites, enfants du désert, à la peau cuivrée, s'emparent de vous, et vous dépouillent de vos vêtement des pieds à la tête. Ils vous jettent sur les épaules un grand drap, et vous entraînent dans une troisième salle, saturée de vapeurs tellement chaudes, que votre première impression est de croire qu'on se trompe, et qu'on vous met dans la bouilloire du diable. Quatre ou cinq gaillards, nus comme des vers, noirs comme des taupes, luisants comme des serpents, et laids comme des singes, vous prennent des mains de vos deux conducteurs, et, vous soutenant par-dessous les bras pour vous empêcher de glisser sur ces dalles ruisselantes de vapeurs, ils vous conduisent jusqu'au milieu de cet antre, où se trouve une espèce de tabernacle, d'autel, de pierre tumulaire sur laquelle ils vous couchent tout du long. Il semble que ce soit le lieu choisi pour le sacrifice, et que vous n'avez plus qu'à recommander votre âme à tous les saints.

Bientôt, en effet, une chaleur brûlante vous enveloppe, la respiration est étouffée par ces vapeurs chaudes qui vous inondent, et vous entendez, autour de vous et dans les angles de cet obscur réduit, sortir comme des gémissements et psalmodier des chants funèbres.

Au bout de quelques instants, lorsqu'on trouve que votre corps est à la température voulue, on vient vous retirer de votre pierre, on vous conduit dans un de ces angles d'où s'échappaient les plaintes qui ont frappé vos oreilles, et où étaient d'autres patients comme vous, et on vous étend sur une dalle luisante au-dessus de laquelle coule un robinet d'eau bouillante.

On est alors dans la position de ces noyés exposés à la Morgue, et sur la tête desquels coule incessamment un filet d'eau.

Un Mozabite vous met entre ses jambes, vous couvre de savon noir, vous rince, vous frotte, vous tortille, vous disloque, fait craquer vos os, vous allonge les membres, vous tourne, vous retourne, vous plie, vous replie dans tous les sens, avec accompagnement de chants, peut-être très-gais dans la langue du pays, mais qui ressemblent à s'y tromper à des chants d'enterrement.

Après quoi vous passez sous un autre robinet d'eau qui vous débarrasse du savon qui vous couvre, et d'autres singes viennent vous envelopper de linges souples et doux, et vous faire artistement un turban très-confortable. Dans cet accoutrement, vous êtes le portrait fidèle d'une momie d'Égypte.

On vous couche dans une quatrième chambre, enveloppé de couvertures, sur un matelas étendu à terre. Vous éprouvez alors un bien-être indéfinissable. Le sang commence à circuler doucement ; une température molle et tiède pénètre vos membres ; la tête se dégage et une quiétude inconnue s'empare de vous. Vous restez ainsi pendant un quart d'heure, et un esclave vient vous présenter une longue pipe allumée et vous offrir le café ou un sorbet. La pipe fumée, on remet ses vêtements, et, après avoir donné, tout compris, la modique somme de soixante-quinze centimes, on rentre chez soi, frais et dispos, sans le moindre souvenir de la fatigue du jour.

Hier, j'ai parcouru ces alentours charmants, ces jardins délicieux, ces forêts d'orangers que je n'avais fait que traverser le premier jour. J'ai été visiter des tombeaux maures situés dans la gorge de la Chiffa, aux sources de l'Oued-Kebir. C'est la sépulture de Sidi-Ben-Kassem, et de Sidi-Abdallah, marabouts célèbres, que viennent visiter avec ferveur les croyants.

Je jouis, à mon retour, d'un de ces spectacles qu'on ne peut avoir qu'ici. Le soleil commençait à descendre vers la montagne, et des bandes de feu s'allongeaient au loin dans la plaine. Tous les objets, accentués fortement par des ombres basses et prolongées, étaient encore assez accusés pour qu'on pût les distinguer. J'arrivais justement à ce fameux bois des Oliviers, si célèbre dans nos fastes militaires, et planté d'arbres trois fois séculaires. Leurs vieux troncs tourmentés de mille manières se dessinaient rudement sur le fond rouge du ciel. A droite, la Chiffa roulait en grondant au milieu d'un lit de cailloux, planté de lauriers-roses en fleurs; à gauche, s'étendait l'immense plaine de la Metidja, unie comme une mer, noire comme un abîme, et à l'extrémité de laquelle s'élevait le tombeau de la Chrétienne comme un îlot au milieu des flots. En me retournant, j'apercevais la chaîne du petit Atlas, la Mouzaïa, le col de Teniah. Des nuées d'oiseaux aquatiques, de canards, de vanneaux, de pluviers se déroulaient à l'horizon et gagnaient leurs gîtes ou leurs pâturages. Un pâtre adossé contre le tronc d'un olivier soufflait nonchalamment dans une sorte de chalumeau, et paraissait beaucoup plus occupé des deux ou trois notes mélancoliques qu'il obtenait de son sauvage et primitif instrument que de ses bestiaux, qui disparaissaient sous l'herbe épaisse. Enfin, il ne manquait qu'un cadre à cet immense tableau pour en faire un Claude Lorrain ravissant.

Demain, je serai levé avant le soleil, et je reprendrai avec la fraîcheur la route d'Alger.

XIV

Nouvelles de la colonne. — Les oreilles de kabyle.

Alger, 17 mai.

Je viens de recevoir, à la date du 15 mai, des nouvelles de la colonne du maréchal. Le commandant de Noue m'écrit qu'ils n'ont pas fait grand'chose depuis notre séparation. Le gouverneur les avait laissés à Bordji-Menaiel, dans l'espoir qu'ils seraient attaqués, et il s'en est bien repenti, car, au lieu d'un succès ordinaire qu'il a obtenu à quelques lieues de là, s'il avait eu sa cavalerie avec lui, il eût tué au moins six cents Kabyles. — Quel malheur ! — m'écrit de Noue.

Ils rejoignent bientôt la colonne, et vont pénétrer dans les montagnes. Jusqu'à présent ils ont été dans la plaine, autrement dit dans les marais, les chevaux embourbés jusqu'au ventre. Si le temps ne s'était pas mis au beau, les fièvres et les dyssenteries auraient emporté beaucoup de monde; mais le soleil s'est montré, et il a tout réparé.

Outre la lettre de de Noue, je reçus pendant que j'étais à déjeuner, au milieu de l'état-major, une dépêche contre-signée *Jusuf*. Quel ne fut pas mon étonnement, en ouvrant cette dépêche, lorsque j'en retirai deux objets informes et d'un aspect repoussant. J'avais peine à comprendre ce que ce pouvait être, et je pensais presque que c'étaient des champignons ou morilles d'une nouvelle espèce, lorsque je me rappelai qu'à son départ, le colonel m'ayant demandé ce qu'il devait m'envoyer de son expédition, je lui avais répondu en plaisantant : — Envoyez-moi les oreilles du premier Kabyle que vous tuerez. — Il a tenu parole, et ces deux morilles ne sont autre chose que deux oreilles de Kabyle.

J'en restai là de mon déjeuner.

Mais, le bruit de la plaisanterie ayant couru parmi les officiers qui se trouvaient présents, le colonel chef d'état-major prit la chose au sérieux, et se promit bien de faire connaître au colonel Jusuf que les ordonnances n'étaient pas faites pour porter les oreilles de ses victimes. Je conviens avec lui que si elles étaient obligées de les porter toutes, elles auraient trop à faire.

Cette mode de couper les oreilles n'est pas d'ailleurs très-ancienne chez nos spahis. Dans le principe et pour les encourager, on leur allouait tant par tête rapportée du combat, de sorte qu'après avoir abattu un ennemi, ils lui coupaient la tête, qu'ils pendaient avec soin à leur selle. Ils en avaient souvent plusieurs qui ballottaient à leurs arçons, et, le payement effectué, les têtes étaient séparées des oreilles ; j'aurais mieux fait de dire, les oreilles étaient séparées des têtes, afin de ne pas payer deux fois la même tête.

On a reconnu, il y a peu de temps, que ce mode de comptabilité avait des inconvénients, et on a trouvé qu'il suffisait d'apporter à l'état-major les deux oreilles d'une tête, comme pièces justificatives. Aussi les spahis sont-ils devenus très-habiles à les couper proprement.

On cite, à ce sujet, deux indigènes qui, ayant voulu s'approprier la rémunération accordée en pareil cas, se sont cotisés pour fournir chacun une de leurs oreilles. L'un d'eux fut chargé de porter la paire à l'état-major. Malheureusement on reconnut deux oreilles du côté gauche, et le chef du bureau arabe attend encore celles du côté droit pour les payer double. Ils ne s'en sont pas souciés, et ils en sont quittes aujourd'hui pour mettre leur turban en tapageur, c'est-à-dire sur l'oreille gauche — qu'ils n'ont plus.

XV

Dellys. — Bougie. — Gigelly. — Philippeville. — Biskara.

Philippeville, 22 mai.

Embarqué sur l'*Euphrate*, avant-hier 20 mai, à dix heures du matin, nous laissions Alger derrière nous, et à quatre heures du soir nous étions devant Dellys, nouveau point d'occupation depuis l'expédition du maréchal.

C'est un village de mauvaise apparence, de trois à quatre cents maisons environ. On y a établi un camp de ravitaillement, mais on y manque encore de tout. C'est cependant là qu'on a déposé nos blessés. Il y avait eu, l'avant-veille de notre arrivée, une affaire assez chaude, où nous avons perdu cinquante hommes. Cent quarante blessés ont été transportés à Dellys. Ces pauvres diables, parmi lesquels plusieurs officiers et beaucoup de sous-officiers, sont obligés de coucher par terre, privés de linge et de médicaments. Notre bateau a donné tout ce qu'il possédait en provisions, et, s'il n'avait pas été si tard, nous aurions ramené les blessés à Alger; mais nous savions qu'un navire viendrait les prendre le lendemain.

Les Kabyles, de leur côté, ont perdu beaucoup de monde. J'ai entretenu quelques officiers, qui m'ont dit n'avoir jamais vu une pareille résistance. C'est qu'aussi c'est une guerre toute nouvelle. Chaque jardin, chaque habitation, est une petite forteresse qu'il faut enlever ; et ces forteresses sont vigoureusement défendues, même par les femmes, qui se battent comme des furies.

On n'était pas encore entré dans les massifs de Dellys et de Bougie. Le maréchal vient seulement d'y pénétrer avec la colonne ; il veut, dit-il, faire des Kabyles une déconfiture complète.

De Dellys nous sommes arrivés le lendemain matin à Bougie. Je n'ai guère vu d'aussi jolie position. Couronnée par d'immenses montagnes à pic, dominée par un petit fortin, la ville s'étend à droite et à gauche en amphithéâtre, de la façon la plus pittoresque. Malheureusement les belles campagnes qui l'environnent ne sont pas à nous, et on ne peut, sans danger, franchir la ligne des blockaus. La rade est vaste, mais elle est peu sûre, notamment par le vent d'est.

Nous fîmes une station d'une heure à Bougie, et nous arrivâmes à deux heures de l'après-midi à Gigelly. C'est une mauvaise petite ville, bâtie en pointe, sur un promontoire. Elle est resserrée dans une ligne très-étroite de blockaus, qu'on ne peut dépasser sous peine d'avoir la tête coupée.

Il y avait quelque chose de singulier à penser que ces Arabes, que nous distinguions parfaitement à quelques centaines de mètres, allant et venant dans la plaine, nous auraient lâché une balle le mieux du monde, si nous avions été à portée ; et cependant, à quelques coups de fusil près, l'on vit ainsi, au jour le jour, sans que pour cela Gigelly en soit ni plus gai, ni plus pittoresque.

De Gigelly nous partîmes pour Philippeville. Nous aurions pu y arriver pendant la nuit ; mais, le temps étant menaçant, l'obscurité profonde et la rade peu sûre, nous avons gagné le large pour n'y arriver que le matin, après avoir laissé à notre droite Stora et son petit port, théâtre sinistre du naufrage de la *Marne*.

Notre débarquement s'est fait sans encombre, quoique la chose du monde qui manque le plus dans le port de Philippeville, ce soit le port lui-même. La ville est tout entière de la main des Français, elle ressemble à une ville quelconque de France. Je suis dans un cabaret qui se pare du nom d'hôtel de la Régence, et je remplace, dans une délabrée petite chambre, un pauvre officier atteint de quatre balles à l'expédition de Biskara.

A propos de Biskara, nos affaires ne vont pas bien de ce côté. Le prince avait laissé dans cette place dix Français, dont deux officiers et trois artilleurs, pour commander à un bataillon de Turcos chargés de la défense de la place. Les Turcos se sont révoltés. Ils ont égorgé les deux officiers et les cinq soldats, et ont emmené avec eux les artilleurs pour servir la pièce qu'ils ont enlevée, ainsi que cent cinquante mille cartouches, quatre-vingt-treize mille francs et les objets de matériel. Le prince est reparti pour reprendre Biskara et châtier les rebelles.

On a également des nouvelles de l'Ouest. Sur la frontière du Maroc, l'insurrection prenait un développement menaçant, et on avait été obligé de se replier sur Oran. Le maréchal a affaire à forte partie. Sur les trois points la guerre semble se rallumer avec plus d'ardeur que jamais.

Les tribus voisines de Philippeville viennent aussi de se soulever, et il paraît que nous arrivons dans un mauvais moment pour faire notre petite excursion. Notre projet était de revenir de Constantine à Bone; mais on nous dit qu'aujourd'hui cela serait impraticable. Il nous faudra donc de Constantine revenir ici, et nous tâcherons d'aller par terre jusqu'à Bone, en suivant la côte. De là nous pousserons toujours par terre jusqu'à la Calle, où nous devons visiter des forêts, et nous reviendrons à Bone, d'où nous effectuerons notre retour.

Voilà bien des projets; je doute que nous puissions les réaliser tous.

XVI

Nouvelles des expéditions. — Stora. — Philippeville. — Ruines.

Philippeville, 2 juin.

On s'est opposé à notre départ avec une simple escorte, et ce n'est qu'après-demain que nous nous mettons en route sous la protection d'un convoi militaire.

Nous avons reçu ce matin de tristes nouvelles de l'expédition du prince, qui a éprouvé plusieurs échecs dans les montagnes. Il a été obligé de se replier sur Constantine, où il arrivera peut-être en même temps que nous.

Le maréchal, au contraire, dans son expédition chez les Kabyles, a fait merveille. On le dit même, à l'heure qu'il est, à Bougie. Il se pourrait qu'il allât à la rencontre du prince pour lui porter secours et venger nos pertes.

J'ai mis à profit mon séjour forcé ici pour visiter Stora et la plaine du Safsaff, malgré une chaleur de quarante-deux degrés.

J'ai commencé par Stora, ancien port romain, à trois kilomètres de Philippeville. On y retrouve encore la trace de l'occupation des Romains. Les citernes grandioses, à voûtes colossales, sont dans un très-bon état de conservation. Le port y est profond, et c'est là que vont mouiller tous les navires qui chargent à Philippeville. Il est préservé à l'ouest et au nord par de grandes montagnes qui sont remplies de singes; mais à l'est il est complétement à découvert, et même, lorsque le vent souffle de ce côté, il est très-dangereux. La *Marne* et bien d'autres navires ne l'ont malheureusement que trop prouvé.

Philippeville est abritée au sud par une chaîne de montagnes boisées, refuge ordinaire de la population kabyle des environs. A l'est s'étend l'immense et belle plaine du Safsaff, qui doit devenir un jour un riche terrain d'exploitation.

Elle est aujourd'hui parsemée de petites maisonnettes qui servent, la plupart, de guinguettes pour les soldats.

Non loin de Philippeville, dans cette plaine même du Safsaff, se trouve l'abattoir, où les issues des animaux attirent des nuées de vautours de la petite espèce, à bec rouge, et d'un blanc sale. Ces oiseaux paraissaient si familiers et si peu craindre l'homme, que l'idée ne m'est pas venue d'en tirer quelques-uns.

La ville est entourée d'un mur d'enceinte, qui ne préserve pas toujours ses habitants des agressions kabyles. Car, malgré ce mur, dominé en quelques endroits par des hauteurs voisines, avant-hier, un employé des vivres, fumant un cigare dans son jardin, a reçu dans la cuisse une balle envoyée par un indigène.

Je sors de chez le commandant du port, M. de

Marquet, capitaine de corvette. Il habite une jolie petite maison, sur une des hauteurs de la ville, appartenant à M. de Nobelly. Cette maison est construite sur l'emplacement d'un temple ancien. On y a déjà découvert plusieurs ruines intéressantes, et on a mis à jour dernièrement, en piochant dans le jardin, une mosaïque magnifique et d'une conservation surprenante. Cette mosaïque était probablement dans une salle de bain, car on a trouvé alentour quelques vestiges qui semblent l'indiquer. Elle représente deux figures de trois mètres environ : l'une à cheval, poursuivant une panthère; l'autre sur un griffon entouré de poissons. Une troisième figure est à moitié enlevée. Le dessin de cette mosaïque est très-correct et très-pur, et les couleurs sont encore d'une vivacité merveilleuse.

Décidément nos voisins ne sont pas de bonne humeur. Je viens de voir, en rentrant chez moi, un malheureux cheik, escorté de plusieurs cavaliers, couvert de sang, et qui vient annoncer au commandant de la place que son frère a été tué par Ali-Aboum, parce que, comme lui, il avait refusé de se joindre à l'insurrection.

XVII

Départ de Philippeville. — Le convoi. — Les tourterelles. — La lionne d'El-Arouch. — La ferme modèle. — Le camp d'El-Smendou.

El-Smendou, 5 juin.

Voici deux jours que je chevauche par la plus grande chaleur, et, Dieu merci, je goûte aujourd'hui, avec satisfaction, l'abri d'un toit, tout humble qu'il puisse être.

Hier, à quatre heures du matin, nous avons quitté Philippeville. Les événements précédents commandaient la prudence, et notre détachement avait une mine assez imposante pour rassurer les plus timorés. Les chasseurs, en tête, étaient précédés de quelques spahis pour éclairer la route. Après eux venaient les officiers, tous bien armés, et plus ou moins bien montés. Pour moi, j'avais un cheval appartenant à un Arabe, lequel cheval voyait pour la première fois des voitures, de sorte qu'il a fallu me battre avec lui depuis mon départ jusqu'à mon arrivée ici, ce qui n'a pas peu contribué à me fatiguer.

Après nous, venaient les *civils*, tous étrangement affublés : les uns vêtus et coiffés de bornous et armés de pistolets et de sabres ; les autres habillés en chasseurs, la plupart ayant l'air de véritables bandits.

Venaient ensuite, roulant lourdement, les fourgons du trésor, escortés par vingt hommes d'infanterie, suivis des fourgons militaires, des prolonges du train, des voitures des civils, et des ambulances. Les Maltais, les Arabes, avec les mulets, fermaient la marche.

Tout cet attirail tenait bien un bon quart de lieue.

Pendant une heure environ, notre convoi chemina sans incident. Arrivés près d'un petit pont situé sur un ravin, dans un endroit nommé Sidi-Ali-el-Dib, nous fûmes arrêtés par des Arabes qui déclarèrent qu'un homme venait d'être tué à cent pas de là par des indigènes qu'ils ne purent faire connaître. On fit quelques recherches, on ne trouva que le cadavre du malheureux, qui s'était écarté de la route pour boire dans le ruisseau.

Après une petite halte, où l'on recommanda de tenir l'escorte serrée, on s'avança du côté d'un bois d'oliviers, où plusieurs fois le convoi avait été attaqué. On fit vider le bois par les spahis, et, comme ils n'y trouvèrent que quelques Arabes isolés qu'on éloigna, un capitaine de chasseurs et moi nous pénétrâmes dans l'intérieur du massif, où je fis lestement un abattis de sept tourterelles. J'en tuai encore le long de la route, et toujours à cheval, assez pour en distribuer aux soldats de notre escorte.

Depuis ce passage jusqu'à El-Arouch, où nous arrivâmes vers les deux heures, notre marche ne fut ralentie que par deux ou trois voitures qui se brisèrent, ou quelques mulets qui s'abattirent. Nous ne rencontrâmes personne. Le pays est désert, quoique beau et pittoresque ; mais les tribus hostiles de cette localité se sont éloignées.

Aux approches d'El-Arouch, je me détachai du convoi avec mon capitaine de chasseurs, et nous allâmes en avant pour abattre quelques nouvelles victimes destinées à notre dîner. Nous arrivâmes au camp les poches pleines de différentes pièces de gibier, et le convoi ne tarda pas à nous y rejoindre.

En descendant de cheval, quelle ne fut pas ma surprise, je dois dire même mon effroi, en me trouvant nez à nez avec une lionne magnifique et qui ouvrait une gueule énorme ornée d'une rangée de dents pointues comme des crocs, blanches comme de l'ivoire. Je fus bientôt rassuré, quand je vis cette superbe bête faire le gros dos comme un chat, et chacun qui passait lui porter la main sur la tête pour la caresser. Je me hasardai à en faire autant, et je devins un des bons amis de *Jacqueline*, qui m'a fort amusé pendant mon séjour à El-Arouch.

Le cantinier à qui elle appartient l'a eue toute jeune,

et l'a fait élever avec les petits que nourrissait sa chienne. C'était vraiment admirable de voir cette énorme bête, qui a plus d'un an, et qui par conséquent est de la taille d'un de nos plus grands chiens de basse-cour, teter encore sa mère nourrice avec les petits chiens d'une seconde portée. On paye bien cher en France pour voir des choses qui n'ont pas cette couleur-là.

Je devais dîner le soir chez le commandant du camp, M. Peyssard, qui nous conduisit dans une ferme construite et gérée par ses soldats.

C'est un plaisir qu'on goûte avec indifférence dans un pays civilisé, que la visite d'une exploitation de ce genre, quelque complète qu'elle soit; mais là, au milieu des montagnes peuplées de sauvages et d'animaux féroces, dans un pays où l'homme isolé ne peut s'éloigner sans exposer sa vie, lorsqu'on voit une bonne ferme avec tous ses accessoires, vaches, moutons, poules, canards, cochons, etc., etc.; des cultures, des jardins, la classique mare au milieu de la cour; et tout cela créé par nos soldats, qui ont toujours le fusil à côté de la pioche ou de la charrue, il est difficile de ne pas se sentir impressionné, de ne pas être heureux des succès qu'obtiennent les propriétaires de l'établissement, de ne pas partager leur orgueil si naturel, quand ils vous montrent leurs richesses. Il va sans dire que le tout était entouré de murs bastionnés et crénelés, sauf les champs, qui sont cultivés à une assez grande distance.

Le soir, on nous ménagea un autre genre de surprise, mais à laquelle je fus moins sensible. Nous eûmes spectacle. Les zéphirs, ces mêmes zéphirs que j'ai déjà fait connaître à Cherchell, ont organisé un théâtre et une troupe. Costumes, décors, ils ont tout fait, sauf les pièces, qui sont de pitoyables vaudevilles du Palais-Royal ou des Variétés.

Il y avait, ma foi, une jeune première, frais caporal de vingt ans, qui aurait rendu jalouse plus d'une actrice de nos grands théâtres. Un jeune Hongrois, qui était avec nous, en est devenu éperdument amoureux. Il a fallu lui montrer la *prima donna* en caporal pour le désabuser, et encore, craignait-il quelque supercherie.

Nous reposâmes tant bien que mal sur des lits de camp, où nous fûmes assaillis de puces. A quatre heures du matin, on sonna le boute-selle, et l'on se mit en route.

Notre seconde journée devait nous conduire ici, à El-Smendou. D'El-Arouch à El-Smendou, c'est bien le pays le plus triste, le plus sauvage qu'on puisse parcourir. Des plateaux et des montagnes à perte de vue, nus, desséchés, sans la moindre trace d'habitation; quelques troupeaux conduits par des Arabes émigrants, quelques douars en voyage, voilà ce que nous aperçûmes sur notre route. Aux approches d'El-Smendou, des nuées de vautours et d'aigles, voilà les seuls êtres animés que nous vîmes.

Le camp d'El-Smendou est moins bien situé que celui que nous avons quitté hier. Le pays est nu alentour, et on ne peut se hasarder au dehors. C'est cependant la saison des foins, et j'ai vu rentrer ce soir quelques bandes de moissonneurs armés.

Après mon dîner, les chacals ayant commencé leurs cris accoutumés, je demandai au commandant s'il n'y aurait pas d'inconvénient à ce que j'allasse en tirer un. Il n'y consentit qu'à la condition que je me ferais accompagner par deux hommes, à cause des maraudeurs. Un sous-lieutenant et un aide-major voulurent être de la partie, et nous allâmes, par l'obscurité, nous poster à deux ou trois cents pas, en avant du camp, non loin de l'endroit où l'on abat les moutons, ce qui nous donnait plus de chances d'y voir venir quelque chacal.

La nuit était sombre, et nous marchions côte à côte pour éviter les accidents. Lorsque nous jugeâmes que le terrain était favorable, nous fîmes halte, et, après avoir placé nos soldats en faction à quelque distance, nous nous assîmes, le sous-lieutenant, l'aide-major et moi, et attendîmes en silence.

Il y avait près d'une heure que nous étions ainsi, et je crois même que je commençais à dormir, lorsque je fus tout d'un coup tiré de mon assoupissement par un cri d'effroi poussé par mon voisin de gauche, qui se leva convulsivement, laissant son manteau, jetant son fusil, et fuyant à toutes jambes.

— Une bête ! une bête horrible !

Je n'entendis que cela, et je me levai aussi précipitamment, croyant que nous allions avoir affaire à un lion, ou tout au moins à une panthère.

— Où donc? où donc? disais-je en suivant notre sous-lieutenant effrayé. — Où donc? de quel côté? — Là, là, répétait-il avec une voix suffoquée. Et l'obscurité nous empêchait de voir l'endroit qu'il désignait.

Enfin, les soldats étant accourus à ses cris : — Otez-la-moi, disait-il, ôtez-la-moi. Nous comprîmes enfin que c'était sur lui qu'était la bête sujet de tant d'effroi ; et un soldat ayant allongé la main sur le dos du patient, nous entendîmes la chute à terre d'un corps lourd, et nous vîmes un crapaud, large comme une assiette, regagner, aussi rapidement que le lui permettaient ses courtes jambes, le lieu où l'on était venu troubler son repos.

Cette affreuse bête, sentant probablement la chaleur de nos corps, et notre immobilité prolongée lui ayant donné de la confiance, avait monté tout doucement sur le manteau, puis s'était blottie contre la nuque du sous-lieutenant, qui, en portant la main derrière sa tête, sentit cette masse visqueuse et froide frissonner sous ses doigts. Je compris alors sa terreur et son dégoût, et je crois qu'à sa place j'aurais aussi abandonné armes et bagages.

Notre sous-lieutenant remis de sa frayeur, on alla ramasser le manteau et le fusil, et nous rejoignîmes le camp, riant beaucoup de l'épisode et de notre singulier affût.

Il est déjà tard; toutes les lumières sont éteintes, je vais tâcher de me reposer et de ne pas rêver crapaud, pour entrer dispos et bien portant à Constantine.

XVIII

Départ d'El-Smendou. — Le pays. — Le Rummel. — Le nid d'aigles. — Coudiat-Ati. — La porte de la brèche. — Souvenir du siége. — Constantine. — El-Kanthra. — Le Mansourah. — La chute du Rummel

Constantine, 9 juin.

Je ne suis à Constantine que depuis peu de jours; mais j'ai déjà vu tant de choses, mes impressions ont été si vives, tout ce qui m'environnait, tout ce que je rencontrais à chaque pas, frappait tellement mes yeux et excitait si puissamment ma curiosité, que tous les rêves de mon imagination ont été dépassés.

J'aurai bien de la peine à mettre un peu d'ordre dans

ma narration. J'aurai surtout bien de la peine à représenter ce que j'ai vu, avec la couleur locale et chaude, avec les traits accentués, avec les lignes prononcées qui distinguent cette puissante nature. Loin de craindre, en peignant les objets qui frappent mes yeux sous un ciel de feu, au milieu d'un océan de lumière, d'abuser des tons éclatants, j'ai peur que mes descriptions ne soient bien décolorées, et que mes peintures ne soient que de la grisaille. Tout ce que je puis faire, c'est de tâcher de racheter, par l'exactitude du dessin, la pauvreté du coloris.

Il faut d'abord remonter à notre départ d'El-Smendou. Il faisait déjà une extrême chaleur, et nous partîmes à trois heures du matin, la journée devant être très-longue et très-fatigante.

Pendant les trois ou quatre premières lieues, le pays offrit le même aspect que la veille. Toujours même sécheresse, même nudité. Horizon immense, chaînes de montagnes à perte de vue, et pas le moindre vestige d'habitation.

Mais, à mesure que nous approchions de Constantine, les coteaux se peuplaient de gourbis, les vallons de troupeaux. La terre était cultivée, les moissons s'élevaient en épis magnifiques, et des Arabes étaient occupés aux travaux des champs. On voyait enfin plus de confiance chez les indigènes.

Le paysage présentait aussi un aspect différent et plus varié. D'arides rochers aux tons chauds servaient d'abri aux prairies vertes et grasses; des champs d'aloës et de cactus formaient l'enclos des gourbis; des plaines immenses étaient circonscrites par des montagnes bleues et des arbres au sombre feuillage; enfin l'œil se reposait sur des formes mieux dessinées sur des contours plus arrêtés.

Mais tout à coup, lorsque le Rummel furieux s'offrit à nos yeux, roulant en grondant ses eaux au fond d'une vallée où les orangers, les lauriers-roses, les palmiers, les mangliers, les arbousiers, formaient des bouquets ravissants, le paysage changea encore une fois, comme une décoration d'Opéra, et nous fûmes obligés de lever la tête, pour apercevoir, à droite et à gauche de notre route, les crêtes des montagnes immenses, ardues, déchirées, qui surplombaient au-dessus de nous.

Cependant nous suivions, en remontant le Rummel, les détours qu'il formait au pied de ces montagnes. Bientôt nous parvînmes à l'endroit où il fallait le traverser pour arriver à notre destination.

Quel sublime tableau! La Bible, l'Ancien Testament, le siècle de Jacob et d'Abraham, tout se déroula devant moi. J'avais deux mille ans de plus, ou plutôt deux mille ans de moins. Le soleil était ardent, les lumières étaient vives, les ombres fortement prononcées. Tout était coloré et chaud, tout avait pris la teinte que je rêvais depuis cinq mois en Afrique.

De l'autre côté du Rummel, des Maures vêtus du costume oriental pur, des Arabes à bornous blancs, rayés noirs, des coulouglis habillés de cent façons différentes, des familles de juifs, comme on n'en voit que dans les vieux tableaux peints sur bois; les femmes vêtues de robes de soie jaune, avec des broderies d'or ornées de mousseline, les jambes entourées de gros bracelets d'argent qui, lorsqu'elles marchent, tintent comme des sonnettes; ceux-ci à pied, portant sur leurs épaules de riches tapis; ceux-là montés sur des ânes ou des mulets, avec tout l'attirail d'un ménage de patriarche; tous enfin occupés à chercher un passage dans le Rummel que les pluies précédentes avaient considérablement grossi.

Des enfants se débattaient dans les bras de leurs mères; des bêtes de somme se couchaient dans l'eau; des soldats tombaient des fourgons; enfin un brouhaha dont le souvenir m'étourdit encore.

Mais, sauf nos soldats et nos uniformes, combien tout ce que je voyais avait de cachet et d'originalité! Les juives, je dois en convenir, étaient plus belles qu'à Alger. Ces malheureuses n'osaient pas s'aventurer sur des ânes pour passer le torrent, et, quoique d'ordinaire, lorsque personne n'est là, elles relèvent sans scrupule leur robe pour ne pas la mouiller, elles montraient de l'hésitation, entraient dans l'eau jusqu'au mollet, puis revenaient bien vite sur le rivage, voyant qu'il fallait lever la robe plus haut que le genou.

Enfin l'une, la plus jolie, ma foi! une véritable Rebecca, se décida à sacrifier le bout de sa robe de soie; une seconde la suivit, et toutes finirent par se plonger dans le torrent en se tenant par la main.

Au milieu de cette scène intéressante, mon cheval, dont je ne m'occupais plus, et pour cause, eut un caprice au moment d'entrer dans l'eau, et peu s'en fallut qu'il ne me précipitât dans le torrent. Heureusement je pus me jeter de côté à temps, et le cheval seul tomba, sans se blesser.

Notre convoi avait franchi la rivière, et moi-même je parvins de l'autre côté. Alors je découvris Constantine, sur son rocher, comme un nid d'aigle planté sur une muraille à pic, d'une hauteur prodigieuse; au-dessus de laquelle quelques points noirs et carrés indiquaient la forme des toits. Il faut savoir qu'une ville est perchée là pour se douter que l'homme ait eu l'audace de s'y faire une habitation.

Nous gravîmes péniblement la montagne blanche et aride qui mène jusqu'à la porte de la Brèche, et nous arrivâmes sur le plateau de Coudiat-Ati, où le général Danrémont fut tué au second siége. Là nous découvrîmes la porte de Constantine, appelée dans le pays Bab-el-Oued, la porte de la rivière, et à laquelle nous avons donné le nom de porte de la Brèche.

C'est là qu'eurent lieu les principaux faits d'armes du siége, c'est là que s'amoncelèrent les cadavres, par-dessus lesquels il fallut passer pour pénétrer dans les rues étroites; c'est là qu'après la mort du colonel Combes, dont la rue porte le nom, le commandant Lamoricière forçait intrépidement le passage à la tête de ses zouaves, dont la moitié sautèrent au milieu de l'explosion qui eut lieu.

Nous traversâmes tous ces lieux remplis de tant de souvenirs, et l'on nous conduisit à l'hôtel de l'Europe, tenu par une Provençale, où deux bonnes chambres mauresques, à divan, à marabout, nous avaient été retenues.

Après les ablutions obligées, je me jetai sur le divan, que je ne quittai qu'à six heures pour dîner. Le soleil d'Afrique, le vrai soleil qui vous perce le crâne à travers le képi; la poussière, la fatigue, la nouveauté des objets soumis à mes regards, tout cela avait rendu nécessaires quelques instants de repos, et je les goûtai avec délices.

Le soir, après dîner, malgré notre fatigue, nous

nous fîmes conduire dans les rues de la ville, que le reflet du soleil couchant éclairait encore. Des maisons de boue, noires, enfumées, des vestiges de la puissance et de l'occupation romaines, des traces du siége, tout cela occupa nos yeux, satisfit notre curiosité.

Nous visitâmes la rue des Juifs, espèce de Palais-Royal, ou plutôt de bazar, composé de petites boutiques d'un mètre carré, sous des arcades à plein cintre, toutes éclairées par une lampe sépulcrale, qui pendait du centre de l'ogive, de telle sorte qu'il me semblait parcourir une longue suite de tombeaux. Les Arabes qui y étaient couchés, immobiles et couverts de leurs bornous, me représentaient les morts ensevelis dans des linceuls.

Le lendemain, à cinq heures du matin, je sortais de l'hôtel. J'avais hâte de pénétrer dans l'intérieur des rues tortueuses et sombres de la ville.

A la bonne heure! au moins, voilà de la couleur locale! voilà Constantine! voilà l'Afrique! Durant ma promenade, je ne rencontrai pas un Européen, mais des fourmilières d'Arabes, de Kabyles, de Turcos, de Maures, de spahis, de coulouglis, de juifs. Je remarquai avec plaisir que leur physionomie était plus heureuse, plus prévenante qu'à Alger. C'est qu'ici on ne les a pas maltraités, dépossédés. Ils sont chez eux; ils occupent leurs maisons; ils sont dix-huit mille, et nous sommes douze cents.

A force de descendre, je me trouvai près de la porte d'El-Kanthra, la porte du pont, vers laquelle fut dirigé le premier siége, par le maréchal Clausel, et vis-à-vis du fameux Mansourah, où étaient établies nos batteries, et d'où nous partîmes dans la déroute la plus pitoyable.

Un pont gigantesque à deux étages est jeté sur le

Rummel, qu'on entend gronder dans un abîme dont on n'aperçoit pas le fond. A gauche, un rocher à pic et noir comme la porte de l'enfer, à droite, un escarpement qui va se perdre dans le précipice. En face de vous, le Mansourah, avec ses abords tristes, sauvages, d'un blanc gris et rouge, et, derrière, Constantine, sur son rocher.

Mon cœur se serra à cet aspect. Je me demandai comment les premiers qui avaient construit cette ville avaient eu le courage de l'habiter; comment ceux qui vinrent ensuite eurent l'audace de vouloir la conquérir. On ne peut rien imaginer qui ressemble à cette position formidable.

Je gravis la roche qui se trouve à la gauche de Constantine, et qui est séparée d'elle comme si une lame immense l'en avait détachée, et, quand je fus à moitié chemin, je m'assis pour mieux contempler ce terrible tableau.

Malgré moi, mes pensées me reportèrent à plusieurs siècles en arrière; j'oubliai complètement le présent, et je vis passer à mes pieds, sur les pentes rougeâtres et nues du Mansourah, des générations de Berbères, d'Hébreux, de Romains. Je vis Bélisaire entrer triomphalement sur un cheval fougueux, escorté d'une foule d'esclaves; je le vis, plus tard, sortir couvert d'un sale manteau, la besace sur le dos, appuyé sur un bâton; je vis des migrations de juifs; je reconnus très-distinctement Rachel, Judith, Rebecca et tant d'autres, car les juives, ici, ne manquent pas, et, comme je l'ai dit déjà, elles ont conservé leur type antique et régulier, leurs traits accentués, leurs yeux noirs et largement fendus et leurs costumes aux riches couleurs.

Quand je plongeais ensuite mes regards plus bas, dans

l'abîme, je voyais des nuées d'oiseaux de toute espèce qui s'y précipitaient pour reparaître à une autre extrémité : corbeaux, vautours, éperviers, aigles, gypaètes, martinets, tout cela va, vient, avec des cris aigus, se croise, plane, décrit des zigzags et assombrit le ciel. Et puis la vieille et mélancolique cigogne qui passait lentement avec une poignée d'herbes ou un serpent dans le bec, et allait se poser, comme un oiseau sacré, sur le faîte des maisons en faisant entendre son cri qui ressemble au bruit de la crécelle.

Combien j'aurais voulu ne pas être seul à admirer tant de choses, si belles, si tristes, d'une si sublime horreur !

J'y revins le soir pour jouir du même spectacle, et le soir, c'était, s'il est possible, encore plus beau. Le soleil couchant imprimait au loin aux montagnes une teinte mélancolique, dont on n'a aucune idée dans nos pays froids et brumeux.

Le lendemain, de grand matin encore, je me dirigeai vers la porte de la Brèche, et j'allai voir la chute du Rummel. Chemin faisant, je contemplai ces immenses murailles de rochers, par où les habitants de Constantine cherchèrent à se sauver, lors du second siége, au moyen de cordes qui rompirent sous le poids qu'elles avaient à supporter, et d'où furent précipités de plusieurs centaines de pieds, sur les pointes aiguës des rochers, des milliers de femmes, d'enfants et de vieillards.

Pendant que j'escaladais ces rochers, un aigle magnifique vint à passer au-dessus de ma tête, et si près de moi, que je distinguais son œil brillant et son bec crochu. J'enlevai lestement mon fusil, qui était en bandoulière, et le roi des oiseaux reçut dans le corps toute la charge de mon arme. Le plomb siffla dans les plumes de ses ailes, il fit deux ou trois pirouettes et tomba sur le dos, en se débattant, l'œil ouvert et les serres crispées. J'étais fort embarrassé de ma victoire, car je n'osais pas approcher du redoutable oiseau. Je ne voulais pas l'achever, et j'étais curieux de le rapporter vivant encore.

Un jeune Maure vint à passer. Il vit mon embarras et vint à mon secours. Il fit un nœud coulant avec une ficelle qu'il tira de sa veste, le glissa adroitement au-dessus des pattes de l'aigle, et, quand il fut maître des griffes, il appuya avec dextérité son pied sur une des ailes étendues, et parvint à les réunir toutes deux dans sa main, en tenant l'animal par-dessus le dos. Nous le rapportâmes ainsi à l'hôtel de l'Europe, où le jeune fils de Mohamed reçut un boudjou pour sa peine.

A force de descendre, non sans avoir mis plus d'une fois les pieds dans les innombrables ruisseaux qui circulent à travers ce labyrinthe, j'arrivai au lit du Rummel, et vis-à-vis de moi j'aperçus une chute d'eau en cascade, de plus de deux cents pieds d'élévation. Tout le monde a vu des cascades, mais celle-ci ne peut être comparée à aucune autre. L'eau sort avec fracas, blanche et écumeuse, d'un antre noir, profond, grandiose et taillé comme la voûte d'une cathédrale gothique. Tous les alentours sont peuplés de jardins et d'oasis, et ce n'est pas sans regret que l'on quitte cette verdure et cette fraîcheur pour remonter dans la prison sauvage et brûlante de Constantine. Il faut une heure et demie pour remonter, et malheureusement le plaisir se paye si cher par la chaleur, que l'on descend rarement dans ces jardins qu'habitent des Maures et une ou deux familles de colons.

XIX

Le duc d'Aumale. — Le palais d'Achmed-Bey. — Les Ouled-Sultan. — Les renards. — Le cancan. — Le commandant du Tremblay. — Les autruches. — Le colonel Bouscarin. — Le lieutenant Bonnemain. — Belloul. — Monseigneur Dupuch.

Constantine, 18 juin.

Le jour de notre arrivée, à peine débottés, nous avions reçu du duc d'Aumale une invitation à dîner pour le lendemain.

Le colonel Jamin, premier aide de camp du prince, nous introduisit le matin chez Son Altesse.

Le prince nous reçut avec beaucoup d'affabilité. Il s'entretint longtemps avec nous des ressources et de l'avenir du pays qui était soumis à son commandement, entra dans des considérations étendues sur les diverses branches de l'administration, et traita certaines questions avec des connaissances réelles et même une expérience qu'on ne rencontre pas souvent chez les hommes de son âge.

Un seul mot me parut faire allusion à ses malheureuses expéditions.

— Le temps a été bien extraordinaire cette année, dit-il.

C'est vrai, et c'est même au temps qu'on doit principalement attribuer les désastres qui nous ont affligés, notamment la perte qui a précédé la révolte de Biskara.

Le palais qu'habite le duc d'Aumale est tel que nous l'a laissé Achmed-Bey. C'est une oasis au milieu de cette ville de ruines et de décombres : des colonnades de marbre, des murs peints à l'orientale, c'est-à-dire en rouge et en vert, avec des dessins baroques, représentant des flottes, des forteresses, des canons, et comme pourrait les dessiner un écolier de douze ans.

On raconte à ce sujet une anecdote qui prouve qu'avec de la bonne volonté, de la patience et — des coups de fouet, — on peut arriver à tout.

Le prédécesseur d'Achmed-Bey, trouvant les murs de son palais d'une couleur trop monotone, et voulant égayer ses yeux par des allégories ou des symboles qui rappelassent sa toute-puissance, fit venir l'intendant général de sa maison et de ses menus plaisirs, et lui ordonna de faire peindre à fresque toutes les murailles intérieures de ses cours.

L'intendant reçut l'ordre sans murmurer, mais l'exécution lui en parut impraticable, attendu qu'il ne se trouvait pas à Constantine un seul artiste indigène capable de répondre au désir du bey.

Une idée lumineuse jaillit du cerveau de l'intendant, au moment où le désespoir allait s'emparer de lui. Il se rappela qu'un *chien de chrétien* gémissait depuis deux ans dans une des prisons de la ville. Il le fit venir, lui fit donner couleurs, brosses et pinceaux, et, après lui avoir expliqué ce que désirait le bey, il ordonna au Raphaël improvisé de se mettre à l'œuvre sans désemparer.

— Mais Votre Seigneurie se trompe, lui dit avec effroi le malheureux prisonnier. Je n'ai jamais peint ni dessiné de ma vie, je suis cordonnier de mon état, et je n'ai jamais manié d'autre instrument que l'aiguille et le tranchet.

— Tu vas te mettre à peindre, répondait l'intendant à toutes ses observations ; demain matin je reviendrai voir ton ouvrage, et, si je ne suis pas content, je te ferai administrer vingt-cinq coups de fouet. Si, au contraire, tu exécutes mes ordres, je te promets la liberté.

Le pauvre cordonnier passa les deux premiers jours entre les larmes et les coups de fouet, sans toucher aux brosses et aux couleurs.

Cependant, au troisième jour, la réflexion lui vint avec les coups de fouet. Il se mit à brosser sur le mur des images représentant des bateaux, des arbres, des canons, comme en ferait un enfant à l'école quand il dessine des *bons hommes ;* il enlumina tout cela à sa manière, et il attendit la visite de l'intendant, dans une anxiété horrible, craignant qu'il ne s'avisât de doubler la dose des coups de fouet, pour le punir de s'être permis une aussi mauvaise plaisanterie.

L'intendant parut émerveillé. Des encouragements furent donnés à l'artiste, qui bientôt eut terminé son œuvre, et reçut pour prix sa liberté, qu'il avait si bien gagnée.

Trois cours spacieuses décorées de la sorte et entourées de colonnades sont plantées de jardins délicieux, d'arbres de toute espèce.

Les appartements sont fort simples, et meublés sans luxe. Je remarquai avec intérêt sur les tables plusieurs caisses de cigares, qui nous présageaient quelque bonne fumerie pour le soir.

A sept heures nous revînmes au palais. Le dîner, auquel assistaient le général de la Rue, le général Noël, le colonel Lebreton, qui revenait de Biskara avec le prince, se passa gaiement et avec plus d'entrain qu'on ne doit s'attendre à en rencontrer généralement aux dîners princiers.

Le soir, les cheiks et les caïds des Ouled-Sultan, tribus soumises dans la dernière expédition, et qui étaient arrivés la veille, furent admis à présenter leurs hommages au prince.

C'était chose curieuse de voir ces vieux montagnards, qui n'avaient jamais quitté leurs rochers, venir se prosterner aux pieds du fils du sultan, comme ils l'appellent, et lui baiser respectueusement la main. Ils paraissaient émerveillés de ce qu'ils voyaient, et faisaient beaucoup de questions singulières à l'interprète, M. Urbain, qui nous les transmettait.

Le prince a, *pour ses récréations*, un orgue expressif, dont il s'amuse quand il est seul. On fit jouer cet orgue, et il fallait voir tous ces sauvages étonnés se baisser et chercher à deviner s'il n'y avait pas quelqu'un caché dans l'instrument. M. Urbain leur expliqua le jeu et le mécanisme des tuyaux, et l'un d'eux dit aux autres :

— Et ce sont les hommes qui font de pareilles choses que nous voulions combattre à coups de pierres !

Le reste de la soirée se passa en causeries fort intéressantes ; le prince, sans flatterie aucune, est une des personnes qu'on écoute avec le plus de plaisir. Il sait beaucoup, et il raconte avec verve et esprit.

Toutes ces causeries étaient accompagnées d'une fumée qui aurait fait pâlir les brouillards de la Tamise.

J'ai fait quelques promenades aux environs de Constantine. C'est le soir ordinairement qu'ont lieu mes plus longues excursions, parce qu'il fait moins chaud, et c'est souvent sur le Mansourah que je dirige mes pas.

Dernièrement, en revenant de parcourir un des côtés les plus sauvages et les plus escarpés de la montagne, le soleil commençait à baisser, je crus voir entrer précipitamment, dans les anfractuosités des rochers, des animaux que l'obscurité m'empêcha d'abord de reconnaître. Je me cachai derrière une grosse pierre, et j'attendis.

J'en vis sortir un, puis deux, puis trois, et enfin plusieurs qui se rapprochèrent assez de l'endroit où j'étais pour que je fusse certain que c'étaient de beaux renards, et de la grande espèce. A peine m'eurent-ils aperçu qu'ils regagnèrent au plus vite leur tanière. Mais je me promis bien de venir leur rendre prochainement une autre visite.

Le lendemain, je devais aller passer la soirée au palais. J'y arrivai de bonne heure. Le prince était seul, au fond de son grand salon, et il jouait sur son orgue des contredanses de Musard. Je m'approchai doucement, et j'étais déjà derrière lui, quand il se retourna :

— Ah ! c'est vous, monsieur M., me dit-il sans quitter son orgue ; eh bien, que pensez-vous de cela ?

Et il continua une contredanse à laquelle était imprimé un de ces mouvements particuliers à Musard, et qui mettent en branle le cœur et les jambes de notre jeunesse de Paris.

— Que pensez-vous de cela ?

Cette question m'embarrassait, car je n'osais pas dire la vérité.

— Mais....., monseigneur, répondis-je en hésitant, c'est fort joli, cela me rappelle. ...

— N'est-ce pas? cela vous rappelle le cancan? Eh bien, à moi aussi.

Il termina la contredanse en riant.

Quelques officiers arrivèrent ensuite, et il quitta son orgue pour causer avec nous.

La conversation vint à tomber sur la chasse; je profitai de l'occasion pour placer mon mot. Je racontai que la veille, en me promenant, j'avais vu des renards sur le Mansourah.

A peine avais-je lâché cette malheureuse phrase, que tous ces messieurs se regardèrent en souriant, attendant le signal que leur donna le prince pour rire aux éclats.

— Des renards! des renards sur le Mansourah! des renards en Afrique!

Et les rires de recommencer.

Décidément, on me traitait en conscrit, en *roumi*, et mon amour-propre, mon amour-propre de chasseur surtout, fut piqué au vif.

— Ce que vous avez pris pour des renards, monsieur M., me dit avec bonté le prince, qui voyait ma confusion, ce sont des chacals, très-abondants ici comme dans toute l'Afrique.

— Si monseigneur veut m'autoriser à aller à l'affût sur le Mansourah, avant deux jours je lui donnerai la preuve de ce que j'ai avancé.

— Ah! cela ne me regarde pas. Tenez, me dit-il en me désignant un chef d'escadron de chasseurs, demandez cela à du Tremblay.

Du Tremblay est le commandant de place qui donne les permissions pour sortir de la ville avec un fusil. C'est un charmant homme, d'humeur très-enjouée, et il me promit pour le lendemain matin la permission d'aller tuer tous les renards du Mansourah.

J'avais ma réputation à rétablir et mon petit amour-propre à venger. J'étais parfaitement sûr de ne pas m'être trompé, mais je tenais à en administrer une preuve palpable aux mauvais plaisants qui avaient si bien ri à mes dépens.

Le lendemain donc, aussitôt après mon dîner, je sortis par la porte d'El-Kanthra, le fusil sur l'épaule, et j'allai m'embusquer derrière deux rochers, à l'endroit où, l'avant-veille, j'avais aperçu mes renards.

Il ne tarda pas à s'en présenter. Mais quelle fut ma surprise! Le premier qui vint à trente pas, sous mon fusil, était..... un superbe chacal, un véritable chacal! je le laissai filer, attendant mieux. Un second parut après lui, ce fut encore un chacal!

Je commençais à me sentir défaillir : ma vue devenait trouble, le sang allait m'étouffer, lorsque je vis s'allonger, entre deux fentes de rochers, un petit museau pointu, surmonté de deux yeux verts et d'une paire d'oreilles triangulaires. Après avoir regardé à droite et à gauche, le petit museau s'allongea encore, puis le cou sortit, puis enfin l'animal tout entier, se terminant par une queue comme jamais chacal n'a pu se vanter d'en porter.

Mon cœur recommença à battre, mes yeux s'éclaircirent, mon bras se raffermit, et à peine avait-il fait deux pas hors de son trou, que notre animal reçut toute la charge de mon fusil en pleine poitrine.

Je me jetai en bas des rochers, au risque de me rompre dix fois le cou, et je relevai un renard magnifique. J'ai rarement fait un coup de fusil qui m'ait causé autant de plaisir. C'est que ce coup de fusil me donnait le droit de rire, à mon tour, aux dépens des rieurs, et ce droit est toujours doux à exercer.

Je pris mon renard par la queue, et le, fusil sur l'épaule, je regagnai mon gîte, où de Codrosy était fort inquiet de mon expédition, lui qui avait partagé l'hilarité de ces messieurs, tout en me plaignant d'en être l'objet.

Le lendemain matin, j'envoyai le renard au palais, comme pièce de conviction, et je m'y rendis le soir, pour jouir de mon triomphe. J'étais le premier qui eusse tué un renard dans le pays, tout le monde en convint, et ma petite vanité fut satisfaite.

Ce qui explique pourquoi l'on n'avait jamais tué de renards, et pourquoi l'on croyait qu'il n'y avait que des chacals au Mansourah, c'est que les renards et les chacals habitent les mêmes rochers, et que ceux-ci, beaucoup moins prudents que les renards, se mettent en campagne aussitôt le soleil à l'horizon, de sorte que les premiers coups de fusil sont toujours pour eux, et qu'ils servent d'avertissement aux renards, qui ne s'aventurent qu'avec beaucoup plus de précautions.

J'employai d'autres soirées à faire quelques excursions dans la vallée, à l'est du Mansourah. Je croquai sur mon album tout ce que je pus, malgré l'ardeur du soleil, qui, depuis que je suis à Constantine, a pris largement sa revanche, et cherche à me faire repentir de mes médisances à son égard. Mais quand j'en dirai du mal maintenant, — *il fera chaud*.

Je visitai l'ancien parc aux bœufs, au delà du Mansourah, où le prince a une petite ménagerie, composée de gazelles et d'autruches qu'il a ramenées de ses expéditions, ou qui lui ont été données par les chefs de tribus.

La voracité des autruches est proverbiale, mais, cette fois, le proverbe n'a pas menti. Ces énormes oiseaux avalent avec une complaisance infinie tout ce qu'on leur présente, les pierres, les clous, et généralement tout ce qui brille. Si je ne m'étais pas tenu à une distance respectueuse, tous les boutons de ma capote y auraient passé.

Presque tous les jours, je dînais hors de chez moi, et, comme les constructions françaises ne sont pas encore très-communes, c'était toujours dans des maisons mauresques d'un style original, et souvent dans de petites cours ombragées par de beaux figuiers ou des pampres admirables; enfin, nous avions le plaisir, pendant nos repas, de voir l'Orient se dessiner autour de nous, sous ses couleurs véritables et ses formes naturelles.

Le colonel Bouscarin, à qui j'avais été recommandé par Jusuf, m'invita aussi à dîner.

Cette fois, ce ne fut pas seulement dans la maison mauresque la plus recherchée et la plus confortable, mais le dîner fut un véritable repas arabe, avec accompagnement de la musique du régiment de spahis.

Tous les mets avaient été apprêtés par la femme de M. Bonnemain, sous-lieutenant au régiment, enfant prodigue, qui après avoir passé plusieurs années de sa jeunesse dans les tribus, avait fini par revenir au bercail, c'est-à-dire au régiment, avec une femme de plus, et quelque chose de moins, dit-on, dont il avait fait hommage à Mohamed.

Après le dîner, nous nous étendîmes sur des coussins moelleux jetés sur une peau de panthère, et Belloul, le nègre du colonel, vint, un genou en terre, nous offrir le café et nous présenter la chibouque.

Ce Belloul est un être mixte, amphibie, moitié chrétien, moitié musulman ; tantôt l'un, tantôt l'autre, suivant que sa tête est compromise ou que sa bourse est à sec. Il s'est fait baptiser trois fois par l'évêque d'Alger, qui fait des prosélytes au christianisme moyennant 25 fr. par tête. Il a même, pendant quelque temps, été au service du digne prélat, et il vous débite, de la façon la plus grotesque, des fragments de ses discours, dans lesquels on ne distingue que ces deux mots qui reviennent sans cesse dans la bouche de Belloul :

« — La civilisation. — La barbarie. »

Le tout prononcé avec ce grasseyement et cette petite voix fausse des nègres, et en faisant rouler, de la manière la plus burlesque, des yeux dont on ne voit que le blanc.

Comme il jouait la timidité et qu'il se faisait prier pour nous réciter son prêche, deux coups de cravache, solidement appliqués sur les reins, lui rendirent immédiatement la mémoire.

Malgré l'hospitalité et le bon accueil, nos affaires marchent et le temps s'avance. Il a donc été déjà question du retour, et nous avons grande envie de prendre la route de Bone, quoique plus longue et plus difficile.

Un touriste qui habite le même hôtel que nous et sa compagne veulent absolument être du voyage, et, quoi que nous ayons pu faire pour dissuader cette petite lionne en lui dépeignant les fatigues et les privations qu'elle aura à supporter, elle n'en démord pas, et nous avons dû céder.

Nous sommes donc allés avant-hier prendre congé du duc d'Aumale, et le prier de nous donner l'escorte qui nous est nécessaire. Quand il sut qu'une dame devait nous accompagner, il nous demanda si elle était jolie.

— Très-jolie, monseigneur, lui répondis-je.

— En ce cas, au lieu de huit spahis, vous en aurez quinze.

Il eut la bonté de nous dire qu'il allait envoyer des ordres dans toutes les tribus que nous devions traverser, et il nous engagea vivement à nous arrêter à M'jez-el-Hammar, pour aller voir les bains chauds d'Hammam-Mescoutin, anciens bains romains qu'il avait fait restaurer, et où il compte établir des bains militaires pour nos blessés.

Faisons donc nos adieux à Constantine, à cette ville qui me laissera de si profonds souvenirs, et qui a gravé, au milieu des impressions que je rapporterai de mes voyages, sa trace la plus vive et la plus colorée.

XX

La petite caravane. — Oued-Zenati. — El-Haouchet. — Ben-Ali. — M'jez-el-Hammar. — Horrible découverte. — Hammam-Mescoutin. — Bains thermaux. — Ghelma. — M. de Tourville. — Neschmeya. — La *Mère coupe à trèfle*. — Gérard le tueur de lions. — Le rocher du Lion. — Le lac Fetzara. — Dréan. — La porte des caravanes. — Bone.

Bone, 30 juin.

On ne fait pas tous les jours le voyage de Constantine à Bone, et surtout par quarante degrés de chaleur; aussi me pardonnera-t-on de m'étendre sur le récit de nos tribulations et de nos fatigues.

Notre départ, qui devait s'effectuer à quatre heures

du matin, n'eut définitivement lieu qu'à sept heures. Les apprêts, les chargements, les cantines, une foule de riens qu'on oublie, tout cela nous retarda trois heures.

Enfin notre petite caravane se mit en marche.

Autour de nous cavalcadaient quelques officiers qui avaient voulu nous faire la politesse de nous escorter un bout de chemin. Il y avait entre autres M. Bonnemain, dont j'ai déjà parlé ; c'est le meilleur cavalier de la province.

Nous fîmes notre première halte à quatre lieues de Constantine, à El-Heria, petite tribu d'où les femmes et les enfants s'empressèrent de nous apporter des poules, des œufs, du beurre et du lait, le tout peu ragoûtant ; mais la chaleur était grande, et nous prîmes du lait auquel nous ajoutâmes du kirsch. Je recommande cette boisson à l'occasion, ainsi que le café froid étendu d'eau avec un peu d'eau-de-vie.

Nous établîmes notre petit bivac ; nous fîmes chauffer notre café et nous nous reposâmes — trop longtemps.

A deux heures seulement nous fîmes lever notre tente.

On nous avait trompés sur la distance qu'il nous fallait franchir pour arriver près d'Oued-Zenati, où nous devions coucher chez un chef de nos amis. La route fut longue, pénible. En voulant prendre un chemin plus court dans les montagnes, les spahis nous égarèrent, et nous marchâmes jusqu'à sept heures du soir sur un terrain nu et brûlé, sans une goutte d'eau, tirant la langue, et nos montures épuisées.

Oued-Zenati ne paraissait pas. L'obscurité nous enveloppait, il fallait prendre un parti. Nous n'apercevions aucun feu, aucune tente. L'inquiétude commençait à s'emparer de nous. La malheureuse femme qui nous accompagnait mourait de soif, nous avions épuisé notre café, et nous n'avions que du vin et de l'eau-de-vie, dont elle ne voulait pas. Nous aurions payé bien cher une goutte d'eau.

Au détour d'un ravin, vers huit heures, nous tombâmes sur une tribu, mais que nous ne connaissions pas, ni les spahis non plus. Avant de nous confier à des gens douteux, je proposai d'établir notre tente au pied de la montagne, d'envoyer un spahi prévenir le chef que nous nous mettions sous sa sauvegarde, et que nous le rendrions responsable de ce qui arriverait.

Tout le monde était de mon avis, sauf notre touriste, qui préféra causer un peu plus de fatigue à sa charmante compagne pour la mettre à l'abri de tout coup de main.

Une heure après, nous arrivions à Oued-Zenati; mais, le cheik Ben-Ali étant absent, la lettre que nous avions pour lui nous fut inutile. Nous fîmes cependant dresser notre tente près de celles de sa tribu, et, après nous être trempés dans l'eau qu'on nous apporta dans une peau de bouc, nous mangeâmes fort peu, et nous nous enveloppâmes de nos bornous pour passer la nuit. Nous avions eu la précaution de faire faire un petit matelas et un petit oreiller pour la femme qui partageait nos aventures, et son lit fut aussi confortable qu'on peut l'espérer au bivac.

A trois heures du matin j'étais hors de la tente, et, après avoir avalé la moitié de l'eau contenue dans une peau de bouc, je réveillai tout notre monde, et le convoi se mit en marche. Les chefs de la tribu nous accompagnèrent quelques pas et nous aidèrent à traverser l'Oued-Zenati. Avant de se séparer de nous, ils nous demandèrent si nous étions contents, et nous leur témoignâmes notre satisfaction par la distribution de quelques petites bimbeloteries, telles que miroirs, ou couteaux, dont nous avions fait provision.

La journée devait être encore plus chaude que la veille. Le siroco avait soufflé toute la nuit et soufflait encore. Les chevaux et les mulets baissaient tristement la tête, et nous-mêmes nous cheminions sans mot dire. C'était toujours un horizon sec, dénudé. Des pierres grises, des formes arides et du gazon desséché. Pas d'eau, pas la moindre goutte d'eau. Bientôt toutes les provisions que nous avions faites, en quittant Oued-Zenati, dans nos bouteilles vides, furent épuisées, et plus nous avions bu, plus nous voulions boire. Jamais je n'ai tant souffert de la soif que pendant ces trois premiers jours.

Avant d'arriver à notre halte d'El-Haouchet, la mule de madame*** eut peur de je ne sais quoi, et la renversa. Elle ne fut pas blessée ; mais la mule s'échappa, et les spahis mirent une heure avant de pouvoir la rattraper.

Le soleil devenait toujours plus ardent, et notre langue plus épaisse. Notre provision d'oranges y avait passé comme le reste, et nous en étions réduits à mettre des cailloux dans notre bouche pour tromper la soif. Enfin, non loin d'El-Haouchet, un petit ruisseau s'offrit à nous, et hommes, chevaux et mules, ne firent qu'un bond jusqu'au milieu. Je ne comprends pas comment nous ne l'avons pas mis à sec.

Arrivés vers dix heures à la tribu, nous campâmes près d'une petite source, et là encore les femmes et les enfants nous apportèrent des œufs et du lait. Le lait, toujours dans des peaux de bouc bien grasses, ne me tentait guère ; mais j'avalai coup sur coup six œufs tout crus, et je m'en trouvai bien.

Ben-Ali, qui avait appris notre passage et qui se trouvait dans les environs, vint au-devant de nous avec son goum. Nous lui remîmes la lettre du prince, et il nous exprima tout son regret de ne pas nous avoir reçus lui-même dans sa tribu.

Le cheik de la tribu d'El-Haouchet nous fit préparer du couscoussou, des galettes et du mouton grillé. Le tout nous fut servi sur de grands plateaux de bois. Nous n'y fîmes pas grande fête, mais nos domestiques et nos Arabes se ruèrent dessus.

Pendant ce temps-là, madame*** était allée visiter la femme du cheik, à qui elle fit présent d'un foulard, et elle nous assura que c'était une femme d'une remarquable beauté. Il fallut bien nous en rapporter à elle.

A deux heures, les chevaux repus et délassés, les spahis enchantés du couscoussou, nous nous remîmes en route.

Les recommandations particulières du prince, notre escorte considérable, notre attirail de campement, avaient fait croire aux gens du pays que nous étions de grands personnages, et plusieurs même s'imaginèrent que la femme qui était avec nous, et qui, sans doute, avait été l'objet d'une recommandation toute spéciale, n'était rien moins qu'une sœur du prince lui-même. Aussi fûmes-nous entourés à notre départ par une foule de cavaliers, qui, pendant tout le long du chemin, faisaient de la fantasia, tiraient des coups de fusil dans les jambes de nos chevaux, et nous témoignaient leur satisfaction et leur respect à leur manière.

Tout cela allait au mieux et nous amusait beaucoup,

lorsque, près d'une pente très-rapide, au milieu des pierres et des ronces, cette mauvaise petite mule qui avait déjà renversé sa cavalière s'effraya une seconde fois, fit un saut de mouton, et précipita la malheureuse femme dans le ravin. Elle tomba en arrière, en faisant deux culbutes sur la tête. Je la crus perdue.

On la releva, elle souriait, et tâchait de nous rassurer, malgré le sang qui inondait son visage. Elle avait la figure labourée par les pierres et les ronces; mais elle prétendait, malgré la pâleur de ses traits, qu'elle n'avait pas d'autre blessure.

On changea sa monture, et on continua la route un peu moins gaiement. Au déclin du jour, nous découvrîmes, de l'autre côté de la rivière appelée Hammam-Mescoutin, une ancienne construction possédée aujourd'hui par le caïd de M'jez-el-Hammar. C'est là que nous devions coucher.

Au pied de cette habitation, dans un ravin parsemé de lauriers-roses, où les tourterelles voltigeaient plus abondantes que les moineaux près de nos granges de France, coulaient les eaux de la rivière, que nous traversâmes à gué. A mesure que ma monture entrait dans l'eau, je la regardais d'un air de convoitise et d'envie, et je me promettais de faire bientôt comme nos pauvres chevaux et mules.

En effet, après notre installation chez le caïd, qui nous accueillit avec empressement, et dont j'eus l'ingratitude de ne pas me rappeler le nom, me contentant de le désigner sous le nom du *caïd borgne*, parce qu'il n'avait qu'un œil, mes compagnons de voyage et moi, nous nous dirigeâmes sur les bords de la rivière, dépouillés de nos habits, et n'ayant conservé que l'indispensable bornous, qui est bien, lorsqu'il fait chaud, le vêtement le plus commode que je connaisse.

Avec quel bonheur nous nous précipitâmes dans cette adorable rivière d'Hammam-Mescoutin! quelles délices! Je m'y plongeais, je m'y replongeais, je ne voulais plus en sortir. Il fallut cependant remonter et quitter ces excellentes eaux, d'autant meilleures qu'elles n'étaient pas froides, car, malgré leur trajet de quatre lieues, depuis leur sortie de la source thermale que nous devions visiter le lendemain, elles conservaient encore plus de vingt-huit degrés, même température qu'un bain de baignoire.

Quand nous fûmes rentrés au logis, notre pauvre compagne de voyage, qui, pendant notre bain, s'était retirée dans une espèce de chambre que lui avait offerte le caïd borgne, nous fit l'aveu qu'elle avait les reins tout contusionnés, le pied foulé, et le genou décharné; mais tout cela n'était rien : son domestique avait trouvé dans les vêtements qu'elle avait quittés — cent quatre-vingt-douze poux! — car il faut bien les appeler par leur nom.

Il les avait comptés, le malheureux!

Madame *** en avait trouvé sept autres sur elle, total : cent quatre-vingt-dix-neuf! Il n'en manquait qu'un pour faire les deux cents.

Il fallait voir notre figure quand nous apprîmes cette affreuse nouvelle. Nous rentrâmes, de Codrosy et moi, dans notre réduit, et, inspection faite de nos vêtements, nous ne découvrîmes, à notre grande satisfaction, rien de semblable aux cent quatre-vingt-dix-neuf. Les puces, par exemple, sautillaient à qui mieux mieux.

Nous eûmes sans peine l'explication de la préférence dont la pauvre femme avait été l'objet. Nous autres hommes avions couché hors de la tente, enveloppés dans nos bornous, pendant qu'elle s'était étendue sur les tapis offerts par l'hospitalité arabe, et dans lesquels se trouvait sans doute la fourmilière.

Ce petit incident ne nous empêcha pas de songer à la visite de la source d'Hammam-Mescoutin, que nous avait recommandée le prince.

Le lendemain, à quatre heures du matin, nous traversions la forêt de chênes verts qui y conduit. Après deux heures de marche au milieu de buissons rabougris et d'une végétation désolée, le pays prit encore un aspect plus sévère, plus sauvage. Le terrain était coupé çà et là par des éboulements de sable, et crevassé par la sécheresse. En avançant toujours, nous découvrîmes, s'élevant au-dessus de terre comme des pains de sucre de trois à six mètres, des cônes blanchâtres, formés par les sédiments des eaux thermales qui bouillonnaient sous le terrain que nous foulions.

Nous choisîmes, sur les bords de la rivière et sous l'abri de quelques vieux chênes séculaires, un emplacement convenable, et nous installâmes nos cantines pour déjeuner.

J'ai vu bien des sources chaudes, des eaux thermales, des bains de toute sorte ; je n'ai jamais vu d'eaux plus abondantes, plus chaudes que celles-ci. Il me suffira de dire que cette source, au sortir de terre, forme déjà une rivière de plus de dix mètres de large, et de deux ou trois de profondeur; que nous mîmes notre bouteille de café dans l'eau, des œufs dans un filet plongé dans la source, et qu'au bout de cinq minutes, l'un était bouillant et les autres étaient durs. On peut, comme on le voit, faire ici la cuisine à bon marché.

Hammam-Mescoutin peut devenir d'une grande ressource pour notre armée d'Afrique. Les Romains y avaient établi des bains dont il reste encore quelques vestiges réparés par les soins du duc d'Aumale; et aujourd'hui on peut disposer déjà de quatre baignoires, sans compter une espèce de piscine dans laquelle plusieurs personnes peuvent entrer à la fois. Je ne serais pas étonné qu'avant peu de temps, au lieu d'aller à Plombières, à Luxeuil ou à Bourbonne, les dames mêmes vinssent à Hammam-Mescoutin.

Nous reprîmes, vers trois heures, la route de Ghelma. Nous traversâmes trois fois la Seybouse, toujours à gué, bien entendu. Nous rencontrâmes des fontaines, des sources, et chaque fois nous bûmes des litres d'eau.

La journée avait été fatigante : nous étions harassés, et l'abus que nous avions fait de l'eau qui s'était offerte à nous en si grande abondance, après en avoir été privés, avait épuisé nos forces. Enfin parurent les vieilles murailles de Ghelma, construction romaine et d'assez bonne conservation.

Le commandant supérieur, prévenu de notre visite, mit à notre disposition, avec toute la grâce possible, les ressources de son installation. Il se montrait aussi heureux de voir quelques visages humains que nous de rencontrer, au milieu de ces déserts, un compatriote qui nous faisait un véritable accueil de châtelain.

Avec quelle jouissance, avec quelle avidité nous mangeâmes des légumes, des herbes, des fruits, de la salade! Avec quel plaisir nous bûmes de l'orgeat! Oui, de l'orgeat, car il y en avait.

Nous étions si heureux, nous, de trouver un lit de camp, et notre compagne de voyage de pouvoir disposer d'une chambre pour sa toilette et pour dormir sans craindre l'invasion des barbares, — ou pis encore — que notre départ, fixé au lendemain matin à quatre heures, ne s'effectua qu'à trois heures de l'après-midi.

Nous sortîmes de Ghelma comme des princes. Notre escorte avait été changée, ainsi que nos mulets du train et nos montures. Mais les spahis, qui nous avaient amenés jusque-là, rangés en bataille en dehors du camp, nous accompagnèrent encore, par leurs fantasia et leurs coups de fusil, jusqu'au premier passage de la Seybouse.

Le commandant supérieur nous conduisit lui-même jusqu'aux anciens bains romains d'Hammam-Sberda, et là nous nous séparâmes, lui, bien triste de nous quitter, — il y a treize ans qu'il est en Afrique sans avoir mis les pieds en France, — nous bien reconnaissants de tous ses excellents soins. M. de Tourville aura une bonne part dans nos souvenirs d'excursion.

Après avoir traversé plusieurs ruisseaux qui sont tous appelés, dans la langue du pays, *ruisseaux d'or*, parce qu'ils sont bordés par les lauriers-roses et les arbousiers, de même qu'ils appellent toutes les rivières Oued-el-K'bir, la *grande rivière*; après avoir laissé derrière nous Mou-Alfa, plaine immense, couverte d'un pâturage dans lequel les chevaux entraient jusqu'au poitrail, nous campions à six heures du soir à Neschmeya, dit le *camp des scorpions*, où sont établies quelques baraques de faucheurs pour la saison.

Une bonne vieille cantinière, surnommée par les soldats la *mère Coupe-à-trèfle*, probablement en l'honneur des faucheurs dont elle était la cuisinière, la lingère, la garde-malade, la conseillère, la *mère*, enfin; — la mère

Coupe-à-trèfle nous fit une excellente soupe à l'oignon, et nous arrangea une espèce de fricassée à sa façon qui me parut délicieuse.

Le soir, selon mon habitude quand je n'étais pas trop fatigué, je demandai quelqu'un pour aller à l'affût des chacals, et la mère Coupe-à-trèfle m'indiqua un jeune brigadier de spahis, appelé Gérard [1], qui, depuis qu'il commandait le détachement de Neschmeya, n'avait jamais manqué une nuit d'aller à l'affût, prétendant qu'il finirait par tuer un lion.

Gérard m'offrit poliment une place non loin d'une charogne qui était à cent pas du camp, et à minuit nous nous installâmes. Mais nos chevaux, nos hommes et nous-mêmes avions fait tant de train en arrivant au camp, qu'il ne me dissimula pas qu'il avait peu d'espoir de voir autre chose que des chacals. Cependant, au bout d'une heure, à un signe dont nous étions convenus et qu'il me fit, nous déchargeâmes ensemble nos fusils sur un groupe d'animaux qui se vautraient dans les flancs de la charogne. Un chacal et une hyène restèrent sur le coup, et, le lendemain matin, on retrouva un autre chacal blessé auprès du ruisseau.

Je revins sous la tente, où dormait paisiblement de Codrosy. A peine y étais-je installé, que des cris affreux réveillèrent mon camarade de lit. Nous nous levâmes, croyant que nous allions avoir à repousser une attaque en règle.

Madame *** accourait vers nous, enveloppée dans son bornous, comme un fantôme. Une couleuvre, un serpent, un lézard, un scorpion, une bête quelconque, lui

---

[1] C'est le fameux Jules Gérard, que l'on ne désigne plus que sous le nom du *tueur de lions*.

avait passé sur la figure pendant son sommeil : elle était plus morte que vive.

Nous rîmes de sa mésaventure, mais nous résolûmes d'en profiter pour partir plus tôt. A trois heures, tout le monde était prêt, et notre caravane se mettait en marche.

Dans cet endroit perdu de Neschmeya, dans ce trou, au milieu des montagnes, je trouvai un brave garçon des environs de la campagne qu'habite mon père. C'est à la mère Coupe-à-trèfle que je dus cette rencontre. Elle apprit d'un de nos domestiques mon nom et ma qualité ; elle en parla devant *ses enfants* les faucheurs, dont l'un d'eux, entendant prononcer mon nom, s'écria qu'il me connaissait. La joie du pauvre diable ne put se contenir, et il vint à moi en me disant :

— Monsieur Charles, est-ce que vous ne me reconnaissez pas? Je suis Paul, Paul, le garçon boucher de chez Caloin. Je connais toute votre famille, je connais vos domestiques, Catherine, François, Duhamel ; je connais le jardinier.

Je me hâtai d'opposer une digue à ces flots de mémoire, et je lui fis la galanterie de lui dire que je le reconnaissais aussi, ce qui n'était pas vrai du tout. Mais je tenais à ne pas diminuer le plaisir que le brave garçon avait eu à rencontrer dans ces déserts un quasi-compatriote.

Il me conta ses misères et ses désappointements. Il était venu pour gagner sa vie dans la boucherie à Alger, et on l'avait envoyé couper du foin à Neschmeya. Je lui mis dans la main deux pièces de cinq francs, ce à quoi il parut très-sensible, et je lui promis de m'intéresser à lui s'il y avait moyen de le faire partir pour la France, ce que je n'espère pas.

De Neschmeya jusqu'à Dréan, la route se fit merveilleusement. Le temps était frais, les chevaux marchaient bien, et nous traversâmes, dans un certain silence, la fameuse plaine du Rocher du Lion, où le roi des animaux fait de très-fréquentes visites, et qui est si célèbre par la chasse qu'y fit Jusuf, en 1836, où quatorze hommes furent mis hors de combat, huit hommes blessés, et six tués par un seul lion.

Nous découvrîmes, au soleil levant, sur notre gauche, le beau lac Fetzara, qui s'étendait comme une mer en feu, au milieu des montagnes bleues qui l'environnent. Ses rives paraissaient la proie d'un vaste incendie.

Nous eûmes, en nous rapprochant, l'explication de ces lignes de feu. C'étaient des bandes innombrables de flamants au plumage étincelant qui peuplaient le bord du lac, couvert lui-même d'une foule de cigognes, de grues, de canards et de toute espèce d'oiseaux aquatiques.

Vers neuf heures du matin, nous arrivâmes au camp de Dréan, surnommé, lui, le *camp des puces*. Le commandant voulut nous offrir l'hospitalité; mais M. de Tourville nous avait prévenus, et nous savions que le camp de Dréan était renommé par toute l'Afrique pour sa piquante population.

Nous fîmes donc dresser notre tente à un kilomètre de là, près d'une fontaine, car les fontaines ont à nos yeux un prix inexprimable. Nous déjeunâmes très-bien, et nous fîmes déjeuner à discrétion nos hommes et nos Arabes, attendu que c'était notre dernier repas avant Bone, et qu'il fallait vider nos cantines. On fit une sieste jusqu'à deux heures, et nous nous remîmes en route avec une nouvelle escorte qui avait été changée à Dréan.

A mesure que nous approchions de Bone, par la

route des caravanes, le pays prenait des formes ravissantes, et offrait à nos yeux des points de vue délicieux. C'étaient des oasis plantées de palmiers majestueux au milieu de jardins luxuriants de végétation et d'ombrages. Toute la route se dessine en blanc, sur un fond de montagnes bien découpées, et les premiers plans sont arrêtés par quelques marabouts isolés, toujours entourés d'une verdure dont nous avions perdu, depuis quelque temps, le souvenir.

A six heures et demie nous faisions notre entrée à Bone par la porte des Caravanes, aux environs de laquelle se pressaient chameaux, mulets, chevaux, bouricauts, Arabes, Bédouins, nègres, allant, venant, criant, hurlant, jappant et dans un mouvement perpétuel. C'était jour de marché.

Notre hôtel de Bone ne vaut pas celui de Constantine, il s'en faut. Cependant nous commençons à nous caser et à retrouver la vie calme et ordinaire : nous sommes tous plus ou moins fatigués et nous avons besoin de repos; mais la civilisation a fait si peu de progrès sous certains rapports, et nos lits sont si mauvais et si *accidentés*, que nous en sommes réduits quelquefois à regretter la terre et notre bornous.

Je ne sais comment j'ai pu entrer dans tous les détails de notre excursion, étant encore sous l'impression d'un fatal accident qui vient d'avoir lieu, et qui a, pour ainsi dire, signalé notre arrivée ici.

L'inspecteur des forêts, M. Renoux, ancien camarade de mon frère à l'école forestière, à qui nous avions donné rendez-vous pour aller ensemble visiter les forêts de la Calle, avait voulu profiter de son séjour à Bone pour inspecter la forêt de l'Edough. Il y était allé le jour même de notre arrivée, avec le général Randon, l'aide de camp du général et quelques autres personnes.

Le soir, en revenant de la forêt, le cheval de Renoux s'est emporté, celui de l'aide de camp l'a suivi, et tous deux, on ne sait comment, ont été précipités sur les rochers qui bordent la route. Ce n'est que trois heures après qu'on a retrouvé leurs corps.

J'étais là lorsqu'on a ramené ce malheureux Renoux, pâle, défiguré, un trou dans la tête, et ne prononçant que quelques mots inintelligibles. J'ai aidé à le déshabiller. Je lui ai rendu les soins dont on m'avait entouré dans une circonstance semblable, il y a cinq ans, et j'espérais qu'on le sauverait, comme on m'avait sauvé moi-même. Le malheureux est mort ce matin, sans avoir repris connaissance.

Pauvre jeune homme ! et c'est pour ainsi dire à cause de nous qu'il avait fait le voyage de Bone ! cette cruelle pensée me poursuit sans cesse, et j'ai peine à me persuader que nous sommes innocents de cet affreux événement.

M. de Suleau, l'aide de camp du général Randon, quoique en apparence plus gravement meurtri que Renoux, se tirera d'affaire.

La chaleur ne nous a pas quittés depuis près d'un mois, c'est-à-dire depuis notre départ de Philippeville. Il fait étouffant : mais cela ne m'effraye pas tant que je trouve de l'eau. Toutefois j'ai reçu le conseil de boire moins à l'avenir, afin d'éviter les fièvres. J'ai, — qu'on me permette le mot, — sué comme un fleuve qui déborde. Aussi, suis-je presque à sec aujourd'hui, et j'aurai besoin des pluies et des rosées de l'automne pour ramener le peu d'embonpoint que j'avais avant mon départ.

XXI

Environs de Bone. — Prise de la Kasbah. — Général Randon. — Hippone. — Tombeau de saint Augustin. — Les oiseaux de Fetzara.

Bone, 15 juillet.

Bone est une des localités importantes de nos possessions africaines, et les diverses branches de service y ont pris un développement que l'heureuse situation de la ville et du port ne fera qu'augmenter.

Le commerce y est non-seulement alimenté par les navires français de notre colonie, mais encore par la marine marchande sarde et tunisienne. La pêche du corail est une branche intéressante qui se rattache au service des douanes.

Les forêts sont plus belles dans cette province que partout ailleurs, et celle de l'Edough, entre autres, si fatale à ce pauvre Renoux, ne le cède en rien à nos plus belles forêts de France, malgré l'état sauvage dans lequel elle se trouve encore, malgré les destructions et les vols qu'y commettent sans obstacle les Kabyles des environs. C'est comme une jeune fille qui n'a besoin que d'un coup de peigne pour faire valoir la belle chevelure dont elle est ornée

Quant aux domaines, c'est encore ici, et plus ici qu'autre part, la bouteille à l'encre.

Puis viennent tous les impôts communaux, locaux, arabes, sous une foule de dénominations et sous le titre commun de *contributions diverses*.

J'ai donc bien fait de laisser reposer mes amis pendant une quinzaine de jours, sans les initier aux travaux très-prosaïques dans lesquels j'étais plongé. S'ils m'ont cru perdu, ils peuvent se rassurer, je n'étais perdu que dans les chiffres.

Le colonel Jusuf est ici depuis quelques jours. Bone est le théâtre d'un de ses principaux exploits, d'un fait d'armes qui a été cité avec honneur à la tribune française.

Je suis allé avec lui parcourir les lieux qui avaient été témoins de cet acte inconcevable d'intrépidité. Il m'a raconté lui-même comment, le 25 mars 1832, secondé par le capitaine d'artillerie d'Armandy, et à la tête d'une trentaine de marins, il s'empara du fort de la Caramba, et, par suite, de la ville de Bone.

Se jeter au milieu d'une place assiégée par une armée nombreuse, lorsqu'on ne fait soi-même partie ni des assiégeants ni des assiégés ; y planter résolûment le pavillon français, soutenu par trente braves, au grand étonnement des milliers d'hommes qui, d'un côté comme de l'autre, ne se rendaient pas bien compte de ce trait d'audace, voilà un de ces faits comparables à ceux qu'on retrouve dans l'histoire de notre marine française, où l'on voit souvent une chaloupe montée par quelques loups de mer aborder et prendre les plus gros navires.

Nos petits marins avaient traité la Kasbah comme un vaisseau de ligne.

J'ai dîné, il y a trois jours, chez le général Raudon, et, après le dîner, nous sommes allés faire une promenade à cheval du côté d'Hippone. Nous étions suivis par deux daims de grande taille que le général a ramenés d'une de ses expéditions dans l'Est. Rien n'est gracieux comme ces charmantes bêtes en liberté, gambadant, sautant, disparaissant et revenant au moindre rappel.

J'ai vu les ruines d'Hippone et le tombeau de saint Augustin, sur lequel sont plantés des oliviers séculaires, dont j'ai eu soin de couper quelques branches pour en faire une distribution aux bonnes âmes qui tiennent à ces sortes de reliques. Il va sans dire que je n'avouerai pas aux personnes pieuses à qui je ferai cette largesse que ces arbres saints ont moins souvent servi d'ombrage à de dignes pèlerins qu'aux bohémiens d'une moralité quelque peu équivoque qui trouvent un asile dans les citernes profondes et les ruines d'Hippone.

J'ai bien médit du temps et même du soleil au commencement de mon séjour en Afrique; mais aujourd'hui je lui rends complétement justice. Aussi les délicieuses soirées ! et comme ces tièdes vapeurs du soir terminent bien les journées brûlantes qui nous accableraient si nous n'avions pas nos promenades dans la rade, nos bains au fort Génois, et nos pêches aux flambeaux vers les rochers du Lion !

Cette campagne de Bone, ces vastes prairies, ces majestueuses forêts, ces cours d'eau fréquents, tout cet ensemble de richesses naturelles me laissera le regret de n'avoir pu en jouir comme je l'aurais voulu. Le temps me manque pour faire une de ces parties de chasse comme on n'en fait qu'au lac Fetzara. Un jeune homme, employé dans une administration, m'a montré deux vastes salles remplies des dépouilles de ses victimes, et d'une variété innombrable d'oiseaux qu'il a empaillés lui-même, et qui proviennent du lac.

Quand il peut disposer de deux jours, il fait charger sur un mulet une petite nacelle de deux mètres et demi de long, prend la route du lac avec un indigène, et va s'installer dans les roseaux qui bordent ses rives. Les habitants aquatiques du lac sont si nombreux et si variés, qu'il choisit à son aise ceux qui manquent à sa collection, et, à moins de l'avoir vu, on ne comprendrait pas comment il peut se rencontrer dans le même endroit autant d'espèces différentes d'oiseaux de toute taille, de toute forme, de tout plumage, dont la réunion, dans beaucoup de cabinets, est due au contingent des pays les plus divers et les plus éloignés.

J'allais oublier de dire que Paul est à mon service. — On se rappelle bien — Paul, Paul le faucheur. Je l'ai avec moi, — provisoirement, bien entendu, et voici comment.

La mort de ce pauvre Renoux avait fait un certain bruit dans le pays. On avait su qu'un inspecteur des forêts avait été tué en tombant de cheval; on avait parlé de l'accident, si bien que, de bouche en bouche et d'étape en étape, le bruit de l'événement arriva à Neschmeya le lendemain même de la mort de Renoux. La mère Coupe-à-trèfle se chargea d'apprendre à Paul la mort fatale de son compatriote, car elle croyait, la bonne femme, qu'il n'y avait qu'un inspecteur au monde, et, après quelques circonlocutions pour ménager la sensibilité de Paul, elle finit par lui avouer que son pauvre inspecteur de rencontre avait été tué en arrivant à Bone.

Paul fut atterré à cette affreuse nouvelle. Il se jeta en pleurant dans les bras de la mère Coupe-à-trèfle, et lui dit que, malgré la fièvre qui le minait, et quoi qu'il eût peu de force pour tenter une route aussi longue, il allait partir pour Bone, afin, disait-il, de me rendre les derniers devoirs.

Il arriva donc le lendemain même à Bone, et demanda l'hôtel où nous étions descendus. Quel ne fut pas son étonnement, en y entrant, de voir, sous la porte même, en chair et en os, et d'ailleurs très-bien portant, celui qu'il était venu enterrer.

S'il joua la surprise, il la joua bien, car le malheureux fut sur le point de tomber à la renverse, et puis il se mit à fondre en larmes. Il me donna bientôt l'explication de son voyage et de son attendrissement, et j'eus la bêtise d'en être si touché, que je lui déclarai qu'il ne reprendrait pas le chemin de Neschmeya, et que je me chargeais de lui.

Le voilà donc installé chez moi, logé, nourri, et à peu près habillé à mes frais, car le pauvre diable grelottait la fièvre en arrivant, et, depuis que je lui ai fait don d'un caban, sa mine revient et ses forces reprennent. Enfin j'espère qu'il se console de ne pas m'avoir enterré, car il hérite de moi, de mon vivant.

J'ai déjà pris des mesures pour le faire embarquer avec nous, et, une fois à Alger, je l'expédierai *franco* pour son pays, d'où, j'espère, il ne partira plus pour aller faire ses foins en Algérie.

XXII

Blidah. — La coupure de la Chiffa. — L'Oued-Ger. — Sidi-Abdel-Kader-Bou-Medfa. — La famille piémontaise. — Les Bédouins. — Les tortues d'eau. — Les sangsues. — Bivac des trembles. — Milianah. — La manufacture d'armes et le moulin à blé. — Le général Reveu.

Milianah, 23 juillet.

A peine arrivé à Alger, où j'espérais me reposer un peu, je fus de nouveau obligé d'enfourcher la selle auglaise, et de me mettre en route pour Milianah et Médéah.

Je passai par Blidah, où mon premier soin fut d'aller demander au général une escorte de cavaliers qu'il me promit pour le lendemain.

En attendant le moment de mon départ, je profitai de la fin du jour pour aller visiter, avec trois ou quatre personnes, la coupure de la Chiffa et la nouvelle route taillée près du torrent qui mène à Médéah. Une dame était de la partie.

En pressant mon cheval dans une descente et sur des cailloux ronds, il s'abattit des quatre jambes, et je roulai par-dessus lui sans me faire le moindre mal. Ma montre et mes vêtements furent seuls endommagés.

La dame qui nous accompagnait, déjà fatiguée à moitié chemin, demanda grâce et voulut nous attendre à l'ombre d'un petit bois adossé à la montagne. Il fallut lui laisser une garde; un de nous se dévoua et renonça au plaisir d'aller voir la fameuse chute d'eau de la Chiffa, but de notre promenade. Il paraît, s'il faut en croire la chronique, qu'il trouva une compensation à son sacrifice; leur tête-à-tête fut cependant troublé par une scène assez bizarre : pendant qu'ils devisaient à l'ombre du petit bois, des cailloux, des pierres, des racines, roulèrent à côté d'eux, et troublèrent le fil de leur conversation. Ils se retournèrent quelque peu inquiets, et aperçurent derrière eux, sur les rochers, sur les branches, une bande de singes qui semblaient les narguer et leur montraient leurs dents blanches en leur faisant des grimaces diaboliques. Ces démonstrations étaient accompagnées de projectiles qui devinrent si abondants, que le couple fut obligé de battre en retraite et de leur abandonner la place.

Quand nous revînmes de la cascade, nous les trouvâmes encore tout émus du siége qu'ils avaient eu à soutenir.

Le lendemain matin, à quatre heures, je partis à la tête de mon petit détachement, et, triste que j'étais de voyager seul, je pressais le pas de mon cheval, qui, Dieu merci, était frais et vigoureux.

La première partie de la route se fit au milieu de la plaine de la Mitidja, longeant la Chiffa, et laissant à ma gauche le Téniah. Au bout de trois heures de marche, j'atteignis les montagnes. Bientôt nous fûmes sur les bords de l'Oued-Ger, petite rivière qui coule au pied de l'Afroun et l'enveloppe comme un bracelet, et notre route fut tellement encaissée jusqu'à la première halte, que, pour en donner une idée, il me suffira de dire que nous passâmes et repassâmes l'Oued-Ger *trente-sept fois!*

Dans un de ces passages, le mulet qui portait mes cantines s'abattit au beau milieu de l'eau et des rochers, et une des cantines fut crevée. J'eus grand'peur pour le liquide ; heureusement, les bouteilles résistèrent au choc.

Au bout de quelques heures, l'horizon commença à s'étendre, et alors ce ne fut que bois, prairies, lauriers-roses et ravins fleuris. Nous suivîmes quelque temps un sentier à peine tracé sur une pente très-escarpée, et nous parvînmes sur un plateau situé au pied d'une haute montagne, au sommet de laquelle nous découvrîmes le marabout de Sidi-Abd-el-Kader-Bou-Medfa.

Il était temps d'arriver. Nos chevaux étaient fatigués, nous étions couverts de poussière et de sueur, et je n'avais rien mangé depuis mon départ de Blidah, ne m'arrêtant que pour faire souffler les chevaux.

Il était plus d'une heure lorsque nous fîmes halte. Je choisis un emplacement convenable pour ma tente, je me fis apporter des herbes et du foin sur lesquels j'étendis mon bornous, une outre remplie d'eau dans laquelle je pris un bain, puis je commençai mon repas — bien tristement, — en comparaison des repas si gais de notre campagne de Constantine.

J'avais la bouche tellement sèche, que je ne pouvais ni mâcher ni avaler. Mon déjeuner consista dans plusieurs grands verres d'eau, avec quelques gouttes de café et d'eau-de-vie. Le brigadier de mes spahis profita de mon déjeuner ; et, comme c'était un Coulougli d'humeur assez accommodante, il ne se fit pas prier pour faire disparaître lestement deux bonnes tranches de jambon qui lui seraient restées attachées au palais si je n'avais eu soin de les faire glisser avec deux verres de vin.

Il y avait, à cinquante pas de ma tente, une baraque en bois, où vivait une famille piémontaise tenant une cantine pour les rares voyageurs qui s'arrêtaient à Abd-el-Kader-Bou-Medfa. J'allai leur rendre visite ; mais la vue de ce misérable intérieur me fit bientôt revenir sur mes pas. Je cherchais des distractions, c'étaient de pénibles émotions que je venais de trouver.

Un homme d'une quarantaine d'années était étendu, pâle et hâve, sur un grabat. Une femme encore jeune, mais amaigrie par les privations et la souffrance, à genoux près de lui, chassait les mouches qui couvraient son visage. Un pauvre enfant de sept ou huit ans, pâle aussi et d'un aspect maladif, était roulé au pied du lit, enveloppé d'une couverture en lambeaux. Un autre grand garçon de vingt à vingt-deux ans, affaibli par la fièvre, restait seul sur ses pieds. Il vint à moi et me proposa ses services. Je lui fis apporter de l'eau *chez moi* pour avoir occasion de lui donner quelque chose.

Depuis deux mois, ces quatre malheureux étaient dévorés par la fièvre, sans avoir aucun moyen de quitter un séjour qui leur était si fatal. Le père, depuis la veille, était beaucoup plus mal, et le pauvre jeune homme ne me dissimulait pas, dans ses sombres réponses, le seul terme qu'il entrevoyait à la maladie dont ils étaient minés.

Il faut venir en Afrique pour avoir une idée de cette misère en plein désert, à la merci des indigènes ou des bêtes féroces, loin de son pays, privé de toute ressource, sans espoir de retour en Europe.

Il faisait une chaleur affreuse, et j'essayai de goûter quelque repos. Il y avait une heure à peine que j'étais étendu sur mon lit de camp, lorsque j'entendis des gémissements et des cris plaintifs. — *Mio Dio! mio Dio!* — Je me levai à la hâte et courus vers la cabane avec le pressentiment de la scène qui m'y attendait.

Le pauvre homme venait de mourir. La femme s'arrachait les cheveux et se roulait par terre en faisant entendre ces cris qui m'avaient frappé, — *mio Dio! mio Dio!* — Le grand garçon avait sa tête dans ses mains, appuyé sur une table, et le pauvre petit pleurait de voir pleurer tout le monde.

J'eus le cœur déchiré par ce spectacle. Je fis ce que je pus pour consoler ces malheureux, mais le désespoir de cette pauvre femme, grosse de six mois, était si grand, la misère où elle était plongée si profonde, toute cette scène, enfin, était si lugubre, que je sentis des larmes couler sur mes joues.

Comme il ne faut pas de faiblesse en Afrique, pas même les plus innocentes, j'essuyai vivement mon visage, je pris le garçon à part, je lui offris mes services pour envoyer chercher de Milianah le corps de son père, et je lui glissai dans la main une pièce de vingt francs, qui devait, comme ce pauvre garçon le comprit, être dépensée dans l'accomplissement d'un triste devoir.

Je ne quittai ces pauvres gens que lorsqu'ils furent un peu plus calmes, et je revins encore sous ma tente avec des idées plus sombres qu'auparavant. La nuit s'approchait. Je donnai mes ordres au brigadier, et je m'étendis dans mon bornous sans pouvoir fermer l'œil.

A trois heures du matin, je fis préparer les chevaux, et, après avoir été voir mes Piémontais, à qui je promis d'envoyer une voiture, je quittai le bivac d'Abdel-Kader-Bou-Medfa.

Il tombait une rosée — épaisse comme nos pluies de France. J'avais la tête en feu, et je reçus cette petite averse avec un bonheur indicible.

Nous cheminions ainsi depuis une demi-heure environ, moi plongé dans mes réflexions, et les spahis sifflotant un petit air arabe cadencé sur le pas monotone de nos chevaux, lorsque le brigadier s'approcha vivement de moi d'un air affairé, et me dit à demi-voix qu'il apercevait sur la hauteur, à notre gauche, une douzaine de Bédouins dont l'allure lui paraissait suspecte. Il me demanda la permission d'aller avec ses hommes voir de plus près ces espèces de maraudeurs.

Le soleil ne se levait pas encore, mais, à la lueur du crépuscule, je distinguai plusieurs cavaliers suivant parallèlement la même route que nous, sur les flancs de la montagne. J'avais besoin de distraction, j'avais besoin d'agitation et de mouvement, et je saisis avec empressement l'occasion de faire un peu diversion à mes idées noires.

Non-seulement j'accordai la permission demandée, mais je donnai l'exemple. Je laissai mon soldat du train avec son mulet en arrière, et, petit à petit, nous pressâmes l'allure de nos chevaux, sans nous diriger d'abord sur les cavaliers, qui filaient toujours. Quand nous fûmes à peu près à deux cents pas d'eux, je remarquai qu'après une légère hésitation ils mirent leurs chevaux à une allure très-vive, de manière à nous perdre bientôt de vue, si nous n'en avions fait autant.

J'ordonnai immédiatement au brigadier de les héler, et de les inviter à nous attendre. Trois fois il cria : nous ne reçûmes aucune réponse. Bien plus, à la troisième fois, toute la bande, comme si c'était chose convenue, partit au galop, pour tourner la montagne. Je fis signe alors au brigadier, qui donna vivement ses ordres aux quatre spahis, et nous chargeâmes tous les six, avec d'autant plus de vigueur, que nos chevaux étaient frais et que nous étions en plaine.

Cette course rapide me faisait un bien que je ne saurais dire. L'air frais du matin arrivait en plein dans ma poitrine, et je l'aspirais avec délices.

Au bout d'un quart heure nous avions gagné du terrain. Nos fuyards n'étaient plus qu'à une portée de pistolet de nous, mais j'avais défendu à nos hommes de tirer, à moins d'être obligés de riposter, et, ne sachant pas à qui nous avions affaire, je ne voulais pas que l'erreur ou la curiosité pussent causer un malheur.

Deux Bédouins, moins bien montés sans doute que leurs camarades, furent bientôt atteints. Les autres fuyaient toujours. Je me contentai de ces deux-là, et nous nous arrêtâmes pour les interroger.

Ils n'avaient fait aucune résistance pour se laisser

prendre, et ils paraissaient morts de frayeur. Ils nous dirent qu'ils étaient partis pendant la nuit de leur tribu, et qu'ils allaient payer l'*achour* au bureau arabe de Milianah; — qu'ayant entendu parler de quelques maraudeurs, ils s'étaient réunis plusieurs, et n'avaient voulu se mettre en route que bien armés;— qu'ils nous avaient pris, dans l'obscurité, pour une bande de ces dévaliseurs, et que c'était pour cela qu'ils avaient fui avec tant de vitesse quand ils nous avaient vus charger sur eux.

Toutes ces explications, appuyées par une pantomime très-animée, me furent traduites par le brigadier, qui hochait la tête d'un air incrédule; mais, comme après tout je n'étais pas chargé de faire la police dans les montagnes de Mouzaïa, j'engageai nos deux prisonniers à rejoindre, s'ils le pouvaient, leurs confrères, et nous rentrâmes sur la voie que devait suivre le soldat du train, sans doute fort inquiet de nous.

J'aurais pu recommander à ces aimables Bédouins de laisser à l'avenir leurs fusils chez eux, puisque ces armes les servaient si peu contre la peur qu'ils avaient des maraudeurs, mais je me contentai de nous féliciter *in petto* qu'ils n'en eussent pas fait usage contre nous, et je ne voulus pas leur donner des regrets inutiles. Je trouvais d'ailleurs la chose assez plaisante, et je leur pardonnais de bon cœur de nous avoir pris pour des voleurs.

Le soleil commençait à percer les brouillards, et, lorsque nous arrivâmes près des défilés de la traverse, je fis faire halte pour attendre notre homme.

La nature des lieux avait changé complétement. C'étaient des montagnes étagées les unes au-dessus des autres, et toutes couvertes de lentisques. A mesure que nous nous enfoncions dans le défilé, le sentier tracé disparaissait, et nos chevaux durent chercher leur passage au milieu des pierres énormes qui bordaient les précipices que nous côtoyions. Pendant trois heures, nous eûmes un chemin de l'autre monde; je ne mis cependant pied à terre qu'une fois, de peur de faire comme un spahi qui me précédait et qui s'était laissé choir avec son cheval.

A force de descendre de montagne en montagne, nous arrivâmes au fond d'une vallée plantée de petits bouquets de bois rabougris et sillonnée par un ruisseau d'un ou deux mètres de large. Au premier passage de ce ruisseau, le brigadier me fit remarquer qu'il était rempli de tortues d'eau, larges comme le fond de mon képi. Je descendis de cheval pour tâcher d'en pêcher une, mais il me dit qu'elles ne valaient rien, et qu'elles étaient aussi peu recherchées par les indigènes que l'étaient au contraire les petites tortues de terre, très-abondantes dans les prairies des environs d'Alger.

Au bout de quelques heures, je remarquai que mon cheval saignait abondamment de la bouche. J'eus peur qu'il ne se fût blessé au milieu de tous ces rochers que nous avions laissés derrière nous, et j'examinai ses lèvres et sa mâchoire. Je ne découvris rien; mais un spahi, qui lui tenait la bouche, me montra suspendue dans l'intérieur de son palais une énorme sangsue, qu'il avait sans doute humée en buvant lorsque nous nous étions arrêtés au ruisseau pour voir les tortues.

Ces pauvres chevaux ne peuvent pas faire comme nous et boire au travers d'un linge ou d'un mouchoir, précaution qu'il faut souvent prendre en voyageant dans ce pays-ci, où les sangsues, imperceptibles d'abord, finissent par devenir grosses comme le doigt lorsqu'elles trouvent un palais qui veut bien leur donner l'hospitalité. La sangsue fut détachée, et nous continuâmes notre route.

Enfin le pays s'étendit, la plaine s'élargit, et nous arrivâmes à un petit ruisseau, fort peu ombragé par quelques arbousiers ou lentisques semés çà et là. Cet endroit s'appelait cependant le *Bivac des trembles*, en mémoire sans doute de trembles qui y avaient fleuri autrefois.

A défaut d'arbres, il y avait une excellente fontaine, où les Arabes des environs venaient faire boire leurs troupeaux.

Nous nous arrêtâmes pour déjeuner; cette fois j'avais faim. La course du matin m'avait fait du bien.

De notre bivac on apercevait, à trois lieues de distance, Milianah perchée sur son coteau, au pied de la montagne du Zacchar. La plaine du Chéliff s'étendait sur la gauche à perte de vue, et dans le fond du tableau, bien loin, bien loin, on distinguait les montagnes qui séparent le Chéliff d'Orléansville.

A deux heures nous entrions à Milianah, ville en ruines, en reconstruction et mal peuplée. C'est triste et désert, et on ne rencontre çà et là que quelques soldats, des juifs, des Arabes, mais peu d'Européens.

Et cependant Milianah a été florissante. Elle a été occupée par Abd-el Kader, et on y retrouve encore des vestiges de son ancienne splendeur. Toutes les pentes du coteau sur lequel la ville est assise sont couvertes de jardins charmants arrosés par des eaux abondantes et des cascades nombreuses, qui donnent à ces ombrages une fraîcheur délicieuse.

A peu de distance de ces jardins, on trouve encore une

vaste construction en ruines, qui avait servi de manufacture d'armes à Abd-el-Kader, laquelle était mise en mouvement par une large nappe d'eau qui se perd aujourd'hui en bouillonnant au milieu de ces décombres.

Je crois qu'on doit utiliser cette chute d'eau, qui est une véritable richesse, et qu'on a le projet d'établir à la place de la manufacture d'armes un moulin à blé. — La nappe d'eau, après avoir servi à faire tuer les hommes, servira à les nourrir; — c'est une meilleure destination.

J'ai dîné hier chez le général Reveu. Il avait tous les aghas de la plaine, les Hachem, etc. Je me suis trouvé placé entre deux de ces indigènes, et je leur servais du vin de Champagne, qu'ils ingurgitaient très-lestement. Décidément je commence à croire que le vin de Champagne n'est autre chose qu'un sorbet, et que c'est nous qui nous trompons.

Je compte passer encore deux jours ici. Je veux en profiter pour refaire un peu ma santé avant de me mettre en route pour Médéah. — Je ne suis pas malade toutefois, parce que *je ne veux pas* l'être. Mais, malgré toute ma force de volonté, j'ai failli être pincé par la dyssenterie, qui avait commencé à m'étreindre au bivac d'Abd-el-Kader. Je me suis opposé à ses débordements, et aujourd'hui je suis Gros-Jean comme devant.

XXIII

La dyssenterie. — La plaine du Chélif. — 60 degrés. — Souk-el-Arba-el-Djendel. — Les voleurs et la police arabes. — Médéah. — Le général Marey. — *Sultan*. — Le lion et le lynx. — Les singes de la Chiffa. — Les soirées chez le K'bir. — Bataille d'Isly.

Alger, 8 août.

J'ai eu tort de faire le fanfaron, et de vanter la force de volonté que j'opposais aux premières atteintes d'un mal bien commun ici, surtout lorsqu'on mène une vie aussi peu régulière que la mienne. J'ai été vaincu, terrassé, je dois l'avouer, et je sens encore à la tête et sur tout le corps la lourde main de mon cruel et impitoyable vainqueur. En deux mots, je ne suis pas encore guéri.

Je m'étais moqué des rayons du soleil d'Afrique. — Il s'est vengé.

J'avais méprisé les attaques de la dyssenterie. — Elle s'est emparée de la place.

Mais, puisque je suis retenu prisonnier dans ma chambre, je veux en profiter pour mettre au courant mes notes de voyage, et pour raconter mon retour à Alger.

Le général Reveu m'avait dissuadé de partir par la chaleur affreuse qui surplombait sur nous. Malgré ses conseils, malgré l'expérience dont je fus témoin et qui donna cinquante-six degrés au thermomètre, le jeudi 1ᵉʳ août, à trois heures de l'après-midi, je descendais la pente rapide du Zacchar-Djebel, et j'entrais dans la plaine du Chéliff. Or, comme il n'y a pas seulement un aloès pendant les huit premières grandes lieues qu'il me fallut parcourir, je reçus, pendant tout cet espace, un léger rafraîchissement de soixante degrés sur la nuque et les épaules. Sans mon bornous, je ne sais ce que je serais devenu.

Vers les huit heures et demie, nous arrivions à Souck-el-Arba-el-Djendel. Tout le monde était couché dans ce douar. Les feux étaient éteints sous les tentes, et les chiens seuls accueillirent d'abord notre arrivée.

Je détachai un de mes cavaliers vers la tente du caïd, pour lui remetttre la lettre du général, et, en quelques secondes, toute la population de la tribu, dont la toilette n'était pas longue à faire, sortait de dessous les tentes, comme des lapins de leurs trous. En moins de cinq minutes, nous eûmes plus de deux cents personnes devant nous.

Le caïd arriva, me reconnut pour avoir dîné avec lui chez le général Reveu, me fit des salam-aleck, et, après un échange gracieux de mots que nous ne comprenions ni l'un ni l'autre, je lui fis dire par un spahi arabe qui parlait un peu français que je le priais de me désigner un endroit pour mes hommes et mes chevaux, et pour y piquer ma tente.

Suivi de toute sa bande, il me conduisit près d'un grand arbre situé à cinquante pas de son douar, et là, bientôt, des tapis furent étendus, des feux s'allumèrent, et des cafetières bouillonnèrent.

Je descendis de cheval. On me présenta une pipe, et je fumai avec un plaisir extrême.

Me rappelant ce qui nous était arrivé dans un de nos bivacs, en revenant de Constantine, je donnai l'ordre à mon soldat de ne pas laisser introduire de tapis dans mon domicile, et je me contentai d'une poignée de foin que j'étendis par terre.

Quand on me ramena mon cheval que j'avais laissé entre les mains des Arabes pour fumer plus à mon aise, mon soldat du train me prévint qu'une musette, qu'il avait placée derrière la selle, n'y était plus, qu'il l'avait cherchée en vain, ainsi que le licol de son mulet, disparu avec la musette.

J'avais déjà remarqué que nos hôtes étaient fort curieux et qu'ils touchaient à tout. L'un avait pris mes pistolets dans mes fontes; mais je les fis enlever et les plaçai sous ma tente. Un autre tirait mon sabre et le montrait à ses camarades qui se le passaient de main en main : je fus obligé de faire une vingtaine de pas pour le ravoir. Enfin, comme des sauvages, ils examinaient tout ce que je portais et me faisaient comprendre qu'ils désiraient avoir des couteaux. Comme je n'en avais pas à leur donner, je me contentai de dire : « *Mak'ache.* » Ce mot sert merveilleusement à vous tirer d'embarras dans mainte occasion ; c'est pour ainsi dire le fond de la langue indigène.

Je revins près de mes cantines avec le soldat pour faire quelques dispositions. Je cherchai vainement un de mes deux pistolets ; il était allé rejoindre la musette et le licol.

Cela devenait trop fort. Il n'y avait pas de raison pour qu'ils ne me volassent mon cheval.

Je fis revenir le caïd. Je le prévins des vols dont j'avais été victime, en le menaçant de toute la colère du général Reveu, si les trois objets qu'on m'avait dérobés ne m'étaient pas rendus avant mon départ. Il entra, ou feignit d'entrer dans une grande indignation, rassembla quelques-uns de ses hommes et parut leur donner des ordres.

En attendant, j'allai me coucher, ne comptant pas trop sur le retour du licol, de la musette et du pistolet.

Pendant toute la nuit, les Arabes se crurent obligés, pour me rendre honneur, de faire cercle autour de moi, de boire du café, de fumer et de causer. — Je ne connais pas de bavards comme les Arabes.

Selon mon habitude, je ne dormis pas, et à trois heures je faisais préparer tout pour le départ.

En quittant le tas de foin sur lequel j'étais étendu, je ne fus pas peu surpris de voir derrière ma tête le pistolet qui avait manqué à l'appel le soir. Je fis deux pas hors de ma tente, et j'aperçus mon soldat occupé à rattacher son licol et à placer sa musette. Il les avait retrouvés près de lui à son réveil.

Je ne sais ce qu'il faut admirer davantage de la police du caïdou de l'adresse des voleurs.

A quatre heures je quittais Djendel, et à compter de ce moment ma route, jusqu'à Médéah, où j'arrivai à deux heures de l'après-midi, ne fut plus qu'un voyage aérien sur la crête de montagnes arides et desséchées.

Il faisait encore une de ces bonnes températures qui font baisser la tête aux hommes comme aux chevaux et qui vous clouent la langue au palais.

Je ne fis qu'une halte près d'un saint marabout, où se trouvaient réunis quelques Arabes. Je profitai d'un instant de repos pour allumer un cigare.

Je ne me sers jamais ici d'autre briquet que d'une lentille de verre. C'est ce qu'il y a de plus commode et surtout de moins dangereux.

Quand les Arabes me virent allumer si promptement

mon cigare en plaçant au-dessus ce petit morceau de verre, ils ouvrirent de grands yeux, se rapprochèrent de moi, et voulurent avoir l'explication du phénomène.

Pour toute démonstration, je pris un coin du bornous brun de l'un d'eux, et si je n'avais étouffé promptement le feu qui se mettait à cette vieille étoupe, j'aurais complétement incendié le malheureux. Je plaçais le verre au-dessus de la peau noire et sèche de leur main, et ils la retiraient en la secouant vivement, enchantés d'avoir fait sur eux-mêmes l'épreuve de cette merveille.

Je profitai de leur étonnement pour leur dire que les Français, avec des appareils plus forts que celui qui était en ma possession, pourraient, s'ils étaient méchants, incendier leurs moissons, leurs tentes, leurs gourbis, et que nous seuls pouvions disposer de ce talisman.

En effet, je leur confiai la lentille et les défiai d'allumer quoi que ce fût. Les malheureux sauvages approchaient, reculaient, plaçaient de mille façons le verre sur l'objet qu'ils voulaient enflammer; mais, comme ils ignoraient la manière de se servir de la lentille, leurs tentatives furent vaines, et ils demeurèrent convaincus que nous seuls pouvions disposer d'un moyen de destruction aussi puissant.

Qui sait? J'ai peut-être, avec cette petite supercherie, préparé la soumission de plus d'une tribu.

Arrivé à Médéah, j'avais plus envie de me mettre au lit que de satisfaire ma curiosité en visitant la ville.

J'étais sans force. Depuis plusieurs jours, je ne dormais plus. J'avais l'estomac délabré. Je buvais sans pouvoir manger.

Cependant je fis encore un effort, et, ma toilette une fois terminée, je me rendis chez le général Marey, qui, malgré mes refus, insista vivement pour que je vinsse dîner chez lui le jour même. J'avais rencontré son frère à Constantine chez le prince; il devait partir le lendemain, et il voulait me faire dîner encore avec lui.

Je ne pus refuser sans mauvaise grâce, et je lui promis de revenir.

J'allai de là chez le payeur, où je travaillai deux heures. En rentrant chez moi, j'eus grande envie d'envoyer une excuse au général; mais je pris mon courage à deux mains et je me décidai.

Quoique je ne pusse, pour ainsi dire, rien manger, le dîner se passa assez bien jusqu'au dessert. Mais, vers huit heures, l'atmosphère se chargea d'électricité, les éclairs sillonnèrent l'appartement malgré les bougies; une odeur de soufre nous enveloppa, et ma tête devint pesante. Je fis signe au payeur, qui dînait avec nous, de se lever, et le priai de me donner son bras pour retourner à mon auberge, à cause de mon état de souffrance.

Au moment où je quittais la table, les forces m'abandonnèrent, ma vue s'obscurcit, et je tombai comme une balle sur le carreau.

Depuis ce moment jusqu'à celui où, couché dans un lit, j'ouvris les yeux, je ne sais ce qui se passa, ou plutôt je ne le sus que le lendemain.

Je me trouvais dans une chambre de la maison du général. Les officiers, tenant des candélabres à la main, m'examinaient avec une sorte de stupeur. Le payeur était à mon chevet; un docteur interrogeait mon pouls, et les premiers mots que j'entendis, furent ceux-ci : « Il ouvre les yeux ! »

Je croyais rêver. Je fis une question, et on m'apprit où j'étais et comment j'y avais été transporté. Il était onze heures : il y avait trois heures que j'étais sans connaissance.

On jugea à propos de me laisser reposer. Le général fit rester un soldat dans ma chambre, et, chacun parti, tout rentra dans le silence.

Il y avait quelque temps que je sommeillais, lorsque je crus sentir une certaine chaleur au-dessus de ma figure, et de légers chatouillements qui me caressaient le menton. En portant machinalement la main à mon visage, je rencontrai une masse énorme et velue sous mes doigts. J'ouvris les yeux. Deux grands yeux verts et ronds, rendus plus brillants par le reflet d'une petite lampe placée sur ma table de nuit, étaient fixés sur moi.

Je ne me rendis pas bien compte de cette apparition. Je crus à une hallucination de mon cerveau affaibli, mais en retirant ma main, pour me retourner d'un autre côté et chasser, s'il était possible, les images qui troublaient mon sommeil, je sentis passer sur mes doigts le même souffle chaud, et je rencontrai les mêmes pointes velues et douces que j'avais cru remarquer la première fois. Je fis un effort pour me soulever, et quel ne fut pas mon effroi en me trouvant nez à nez avec un lion à la crinière abondante et dont la tête était plus large que mon oreiller !

L'air dont il me regardait, du reste, était plutôt doux que menaçant, et les mouvements de sa paupière qu'il abaissait avec calme n'avaient rien d'effrayant.

Quoi qu'il en soit, je jetai un cri. Le soldat qui dormait dans son coin se réveilla; il détourna la tête tranquillement, et, s'apercevant de la cause de mon agitation, se contenta d'appeler : « Sultan ! Ici, Sultan ! à la cour ! »

Sultan est un beau lion d'un an et demi, parfaitement apprivoisé, qui appartient au général. On le laisse circuler dans les galeries comme un caniche, et il entre dans les appartements quand bon lui semble. Le soldat couché près de moi était précisément celui qui l'avait élevé, et Sultan venait tout bonnement rendre visite à son père nourricier. C'était par pure curiosité qu'il s'était approché de mon lit.

Le lendemain je commençai à me lever. Le surlendemain je me trouvai mieux ; mais le docteur ne me cacha pas qu'il m'avait cru perdu. J'avais éprouvé une attaque de fièvre pernicieuse, et je dois, à ce qu'il paraît, en conserver quelque temps encore le souvenir.

Deux ou trois jours après, quoique souffrant encore, je pus reprendre le cours ordinaire de mes occupations.

J'assistai à un autre grand dîner chez le brave général, et j'eus occasion, le soir, de relier connaissance avec Sultan, qui entrait dans le salon pendant que nous prenions le café, et qui venait poser mollement son gros mufle sur les genoux des dames, comme le ferait le plus joli petit chien de chasse.

Une chose seulement troublait le bien-être du pauvre Sultan. C'était un mauvais petit lynx qui avait fait élection de domicile dans un coin du canapé, et qui allongeait un coup de griffe sur le museau de Sultan toutes les fois que celui-ci venait faire l'aimable dans ses environs. Sultan baissait les oreilles, fermait nonchalamment les yeux pour qu'ils ne fussent pas crevés, détournait la tête, et reprenait doucement le chemin de la porte en laissant traîner sa longue queue, dont un seul coup aurait aplati son rival jaloux.

Un beau matin, à quatre heures, après avoir pris

congé du général, et l'avoir remercié des soins et des prévenances dont il n'avait cessé de me combler depuis ma maladie, un beau matin donc, je traversais la Mouzaïa, j'entrais dans le col de la Chiffa, je passais devant la belle cascade que j'avais déjà visitée, je faisais enfin une des plus jolies routes qu'on puisse faire en Algérie, — celle de Médéah à Blidah.

Pendant l'espace de six lieues, on descend sur le bord de la Chiffa, qui se trouve resserrée entre des montagnes à pic, mais dont les flancs sont couverts de verdure, de lauriers-roses et de plantes grimpantes. De distance en distance des stalactites énormes pendent au-dessus de votre tête, et des cascades nombreuses et variées viennent en tombant avec bruit grossir les eaux du torrent.

J'eus le plaisir pendant ce trajet de faire la rencontre d'une troupe de trente ou quarante singes, au détour d'un rocher.

A peine parûmes-nous à vingt-cinq pas d'eux, qu'ils s'enfuirent précipitamment en jetant de petits cris aigus. Ils gravirent lestement les rochers des environs et grimpèrent aux arbres avec une agilité surprenante. Une fois à distance respectueuse, et se croyant hors de nos atteintes, ils se mirent à faire toutes les contorsions possibles, agitant vivement leurs mâchoires, et nous montrant d'un air de fureur très-comique leurs petites dents blanches. Ils ne nous pardonnaient pas d'être venus les troubler au moment où ils allaient boire au torrent, et dans un endroit, ma foi, parfaitement choisi.

J'eus un instant l'idée d'essayer la portée de mes pistolets sur un des groupes les plus rapprochés de moi, mais je ne donnai pas suite à cette pensée féroce, et je me contentai de les agacer encore, en leur jetant deux ou trois oranges que j'avais dans mes poches.

Une fois arrivé à Blidah, les fatigues cessèrent. J'avais eu la précaution de me faire envoyer une voiture, et je revins à Alger, où, Dieu merci, je trouvai enfin un lit — à moi.

Après ces excursions-là, ma chambre est un palais, mon lit est excellent, et la cuisine du restaurant succulente. Les privations ont leur bon côté.

Quant à ma santé, elle a décidément reçu une atteinte, et comme il faut que tout le monde vive, même les docteurs et les pharmaciens, je prends, sans murmurer, depuis quelques jours, force drogues et pilules. Je suis d'autant moins récalcitrant, que j'entrevois au bout de ma convalescence un congé d'un mois que j'irai passer aux environs d'Hyères.

Il fallait d'ailleurs la petite maladie que je viens de faire pour arracher ce congé à la rigueur ministérielle.

Peut-être croit-on que c'est sur les grands chemins que nous courons, et que nos inspections se font en malle-poste, ou en diligence, avec des points d'arrêt pour dîner. Ce sont des grands chemins comme ceux qu'on rencontre dans un tas de pavés ou au milieu d'un champ d'orties.

L'imagination crée souvent des roses là où il n'y a que des épines, et par moment j'envie cette faculté.

Quoi qu'il en soit, je ne serai pas ingrat, et je recevrai avec reconnaissance l'*exeat* qui doit me rapprocher des miens et me permettre d'aller passer avec ma famille, qui fera la moitié du chemin jusqu'à Toulon, un mois de repos et d'intimité.

En attendant, mes soirées s'écoulent tranquillement

chez de Codrosy, le *k'bir*, comme nous l'appelons, où viennent presque tous les soirs quelques-uns de nos amis.

Ce sont le *consul*, le *capitaine*, le *maréchal*, le *commandant*, le *colonel*, Fleury et un de nos bons commensaux, M. de Boissière.

Nous connaissons déjà Yusuf. — C'est le *colonel*.

Fleury, son officier d'ordonnance, et lieutenant aux spahis, est un de nos plus élégants officiers. Personne n'a autant d'entrain que lui à la tête d'un escadron, et je suis persuadé qu'avant peu de temps ce sera un de nos officiers supérieurs de cavalerie les plus distingués.

Le *maréchal*, — c'est Weyer, neveu du général Guilleminot. Il s'est engagé dans les spahis, il y a deux ans. Il est aujourd'hui maréchal des logis, et sous-officier d'ordonnance du colonel. Malgré sa grosse barbe rousse, il a les formes douces et agréables d'une demoiselle, ce qui ne l'empêche pas, dans l'occasion, de taper comme un sourd.

A une des dernières affaires de la Kabylie, après avoir fait une charge avec son peloton au milieu des trous et des ravins, il se trouva séparé de ses camarades. Il revenait au pas, lorsqu'il entendit des cris lamentables sortir du fond d'un petit torrent qui coulait sur sa gauche. Il s'approche et aperçoit deux Kabyles, tenant sous leurs genoux un pauvre diable de fantassin, auquel ils allaient tout simplement couper la tête. Il y avait même déjà commencement d'exécution, et l'un des deux, avec un petit couteau qui a la forme d'un *eustache*, avait entamé assez profondément le cou.

Weyer descend de cheval, saisit ses deux pistolets et se laisse glisser le long du ravin, jusqu'au fond du torrent. A son approche, un des deux Kabyles, celui qui n'officiait pas, ramasse son fusil et met en joue Weyer, qu'il manque. — Toi, tu es *fumé*, lui répond le maréchal des logis, en lui envoyant une balle qui le renverse sur le dos, — puis, accourant précipitamment pour délivrer le fantassin, il se trouve en face du second Kabyle qui, à genoux, lui disait d'un ton tout à fait persuasif : — *Semi, semi, bono Françous, mamm'enouch mak'ache.* — Moi, ami, bon Français, moi, pas faire de mal. — Malgré ce discours éloquent, une seconde balle coucha notre homme à côté de son camarade.

Le petit fantassin releva la tête, autant que le lui permettait une incision de deux pouces de profondeur dans la nuque, et son premier mot, en apercevant les galons du maréchal des logis, fut :

— Ah ! merci, *mon cher collègue.*

Le petit fantassin était lui-même sergent dans un régiment. Ce que c'est que le sentiment de la hiérarchie et du grade ! Ce mot est magnifique : — Merci, mon cher collègue !

Le collègue, remonté à grand'peine en haut du ravin, fut hissé sur le cheval, et Weyer à pied le ramena ainsi au camp.

Je l'ai vu depuis à l'hôpital du Dey, et son cou est presque entièrement raccommodé.

Weyer est d'ailleurs de l'école de Fleury, c'est-à-dire un *gentleman-rider* très-habile.

Le colonel, Fleury et Weyer sont en ce moment dans le Maroc avec le maréchal Bugeaud.

Notre petit cercle est donc réduit maintenant :

— Au *commandant*; c'est Armand de Noue, avec lequel nous avons déjà fait connaissance à la chasse au lion et au bivac de l'Hamyse ;

— Au *capitaine*; c'est Grandchamp, capitaine d'artillerie, aimable garçon, danseur recherché, et dont les manières sont beaucoup moins brutales que l'arme dans laquelle il sert ;

— Au *consul* Calza, de Sa Sainteté le pape, qui ne l'a sans doute pas choisi pour son représentant à cause de la rigidité de ses mœurs ;

— Et à M. de Boissière, le modèle du négociant, de l'homme d'affaires, beaucoup trop pur, je le crains, et trop consciencieux pour réussir ici.

Nous bavardons, nous faisons un whist modeste, et nos soirées s'écoulent et s'envolent les unes après les autres, comme la fumée de nos cigares dont notre amphitryon fait toujours tous les frais, sans nous laisser d'autres regrets que celui de les voir finir.

Hier au soir, deux dépêches déposées sur la table de notre amphitryon mirent heureusement fin à une discussion très-savante sur un coup de whist.

L'une, de Paris, contenait le fameux congé que j'attendais si impatiemment, la seconde, du colonel Yusuf, datée des bords de l'Isly, nous disait, en deux mots, que le maréchal Bugeaud venait de remporter une victoire importante sur les Marocains. Il leur a pris onze canons, seize drapeaux, douze cents tentes, des bagages, des munitions, — sans compter huit cents têtes coupées !

Avec une nouvelle comme celle-là dans son sac, on peut se mettre en route, et c'est ce que je vais faire.

XXIV

La chapelle de Léoubes. — Le Rhamadan. — Le banquet d'Isly.

Alger, 11 octobre.

J'ai quitté le bord du *Tartare* hier, et me voici de nouveau installé dans mon petit appartement, sur la place du Gouvernement.

Un mois de vie calme et douce m'a remis de toutes les agitations morales et physiques que j'ai laissées derrière moi.

J'habitais aux environs d'Hyères un vieux château, du nom de *Léoubes*, élevé, dit-on, par la reine Jeanne, délicieuse retraite, complètement isolée, où, seul étranger, un brave curé des environs qui venait dire la messe le jeudi et le dimanche dans la chapelle, prenait place à notre table patriarcale.

Cette chapelle m'a rappelé un de mes vieux péchés qu'il faut que je confesse ici.

Pendant un séjour que j'ai fait à Toulon, en 1842, la belle-mère de ma sœur me pria de composer pour la chapelle de Léoubes, qu'on restaurait alors, un grand tableau pour l'autel du fond.

Elle me désigna le sujet. Elle voulait un Saint-Joseph, la Vierge et l'enfant Jésus, et une foule de têtes d'anges, à la manière de Murillo. — Rien que cela.

Ces conditions posées, je fis les miennes; et d'abord

je m'opposai aux petites têtes d'anges qui me gênaient beaucoup.

Elle insista : elle tenait aux anges.

— Vous arrangerez cela, me dit-elle, de manière qu'on ne les voie pas ; vous les dissimulerez.

J'acceptai la commande qui devait me rapporter une messe en musique, les bénédictions d'un grand nombre de dévotes invitées à l'inauguration, et une foule d'indulgences plénières.

Je me mis à l'œuvre. Je m'étais réservé le droit de choisir mes modèles. Une nièce de ma sœur, avec des traits un peu accentués à la manière méridionale, avait une de ces physionomies pures et calmes qui devait inspirer mon pinceau : elle consentit à poser pour la Vierge.

Ma sœur venait de me donner un neveu, un gros garçon rose et frais, qui semblait être venu au monde tout exprès pour figurer dans mon tableau. J'avais donc mon enfant Jésus.

Mais où trouver saint Joseph ? Je tenais à faire une œuvre consciencieuse. Je voulais que ma composition eût un cachet de vérité conforme à l'idée que certaines personnes ont conçue d'une famille composée d'une vierge, mère d'un enfant qui n'est pas le fils de son père, et d'un père qui n'est pas le mari de sa femme ; le tout cependant formant une seule et même famille.

Pendant que j'étais à délibérer, en passant la main gauche dans ma barbe, je jetai négligemment les yeux sur une glace posée en face de moi et j'aperçus.... saint Joseph qui avait l'air de réfléchir profondément sur les difficultés de la situation. Je pris vivement mon crayon, et je croquai, sans désemparer, mon saint Joseph qui réunit parfaitement toutes les conditions voulues pour personnage de mon tableau. J'avais un père, une vierge et un enfant de la même famille.

Quant aux têtes d'anges, après en avoir dessiné, effacé, fait et refait deux ou trois autour de mon groupe, je pris le parti de les *dissimuler* par un palmier qui les couvrit entièrement de ses branches.

Le fond du paysage était un site de Léoubes, de sorte que la sainte famille avait un air tout à fait local.

Le tableau terminé, les connaisseurs de Toulon et des environs vinrent le visiter dans mon atelier. Chacun s'extasia sur la ressemblance de la *sainte Famille*.

Vint le tour de la grand'maman. A peine eut-elle jeté les yeux sur la toile, qu'elle entra dans une dévote fureur.

— Qu'est-ce que vous m'avez fait là ? s'écria-t-elle. — Le portrait de Z...! Je ne veux pas de cela. — J'aime beaucoup ma petite-fille, mais je ne consentirai jamais à me mettre à genoux devant elle. Ça ne serait pas convenable ; changez cette tête.

J'eus beau insister, lui développer mon système de sainte famille, lui rappeler mes conditions, elle ne voulut rien entendre.

— Non, disait-elle, on n'a jamais vu une grand'mère se mettre à genoux devant sa petite-fille.

Il fallut céder, et je lui promis un changement à ma Vierge;

— Et mes anges, reprit-elle, où sont-ils ? Je ne les vois pas.

— Mais c'était chose convenue, lui dis-je ; vous m'avez recommandé d'arranger les têtes de manière qu'on ne les vît pas. Eh bien, vous ne les voyez pas ; les têtes sont dissimulées derrière ce palmier qui les abrite de son feuillage.

J'eus de la peine à la convaincre, mais je lui avais fait la concession de ma Vierge, il fallait bien qu'elle m'accordât celle de ses têtes de chérubins.

En résumé, mon tableau encadré magnifiquement fut apporté avec pompe à Léoubes, et une grand'messe en musique, accompagnée d'une distribution de médailles, consacra l'œuvre sainte du grand maître. Malgré cette sorte de canonisation, je ne puis regarder sans rire mon portrait habillé en saint Joseph, et j'avoue que j'éprouve aujourd'hui, au sujet de moi, les mêmes scrupules que la grand'maman vis-à-vis sa petite-fille. Je ne puis me décider à m'agenouiller sérieusement devant moi-même.

Depuis la fameuse victoire d'Isly sur les Marocains les réjouissances et les fêtes se succèdent. Tout le monde s'accorde à louer avec admiration le sang-froid du maréchal et la confiance qu'il sait inspirer aux troupes. Il est question de lui donner un dîner monstre dans le jardin Marengo, avec bal ensuite sous la tente du fils d'Abdel-Rhaman. Les fortes têtes de l'endroit travaillent à l'organisation.

Avant de partir pour Oran je vais m'occuper d'un travail sur les forêts de l'Algérie, qui me demandera au moins un mois.

J'ai accepté ce délai avec reconnaissance. Alger pour l'Afrique, c'est Paris pour la France. C'est là qu'on retrouve ses amis, ses intérêts; de là, mieux que partout ailleurs, on peut faire ses dispositions pour de nouvelles excursions.

Je suis tombé ici au milieu des fêtes du Rhamadan, qui durent trois jours. Pendant un mois les Arabes font abstinence et se privent de tout plaisir, mais après ce temps d'épreuve, ils ont leur carnaval, comme nous avons le nôtre avant notre carême. Aussi n'est-ce partout que danses, musique et réjouissances.

Le 14 octobre.

Le banquet d'Isly a eu lieu hier sur la place du Gouvernement. Maigre chère, éclairage insuffisant, mais enthousiasme très-convenable pour l'armée et la marine. On avait établi une immense table en fer à cheval, autour de laquelle se groupaient tous les corps qui avaient pris part à l'action. Je n'aime pas beaucoup ces repas sous les yeux de la multitude, qui rappellent 94. Je préfère le pâté à l'ombre.

Je me suis abstenu du banquet, mais je suis allé au bal dans la cour du collège, qui avait été fort bien disposée. Jusqu'à onze heures tout s'est passé décemment.

Vers minuit, les danses ont commencé à prendre un singulier abandon. Les plus scrupuleux se sont hâtés de sortir avec leurs femmes, et malgré le laisser aller qu'excusaient la température et même la circonstance, le rigide gendarme a été obligé de prier poliment *la femme algérienne* d'un certain notaire d'aller prendre l'air dehors avec son complaisant mari.

La nouvelle officielle de la paix avec le Maroc est arrivée ce matin, mais sur des bases différentes que celles admises par le maréchal, qui demandait qu'Abd-el-Kader fût interné. Au lieu de cela, on a *exigé* à Paris que l'armée marocaine fût dissoute, ce qui, de fait, a eu lieu deux heures après la bataille, et ce qui peut se traduire par — enfoncer une porte ouverte, — et de plus, qu'Abd-el-Kader fût expulsé du Maroc, ce qui est tout bonnement lui donner la facilité de recommencer ses razzias. Le maréchal est furieux et inabordable en ce moment.

Le brave Yusuf est venu ce matin me serrer la main au sortir du lit. Il m'a déjà raconté quelques épisodes de sa campagne : quelle verve !

Je me suis croisé en route avec le duc d'Aumale, qui retourne en France. Il a passé trois jours ici dans un appartement à côté du nôtre. Codrosy avait cédé une de ses chambres pour un des aides de camp, M. le colonel Jamin. Il avait laissé dans cette chambre un portrait que j'ai fait de lui, et qui, ma foi, n'est pas trop mal. Le prince le vit, et, se tournant vers Codrosy : « Mais on m'avait dit que monsieur M.... n'avait qu'un talent d'amateur, c'est un fort joli talent d'artiste. » On n'est pas plus gracieux — ou, plus flatteur !

XXII

Les bardes et les canards. — Le nouveau Nemrod. — Panthère
Le porc-épic.

Alger, 20 octobre.

Je suis toujours à Alger, et, ma foi, je ne m'en plains pas. Je redoute Oran, et j'use le mieux possible du délai qui m'est accordé avant de rejoindre mon nouveau poste.

Cette appréhension d'une résidence qu'on ne m'a pas dépeinte couleur de rose est bonne au moins à quelque chose. Je travaille avec une conscience exemplaire. Jamais rapport sur les forêts de l'Algérie n'aura été fait avec plus de soin, jamais les malheureux agents forestiers n'auront été soumis à une inspection plus approfondie.

Le temps est d'ailleurs propice pour les excursions. Le soleil est moins chaud : mais le ciel est d'un bleu à faire pâlir le plus beau bleu des porcelaines de Sèvres. Pas le moindre petit nuage.

Il est impossible que l'âme ne se ressente pas de cette sérénité du ciel ; aussi ne suis-je pas étonné que le spleen et la mélancolie aient fait élection de domicile sous le climat brumeux de l'Écosse et de l'Angleterre, séjour des bardes et des canards.

S'il n'y a pas de bardes ici, il ne manque ni de canards, ni de toutes sortes d'oiseaux de marais. On est venu me prévenir, il y a quelques jours, que des bandes innombrables de bécassines avaient envahi la Metidja. La chasse au marais a un charme auquel je n'ai jamais su résister, et une partie fut bientôt organisée avec deux ou trois chasseurs de la ville.

Un monsieur, récemment arrivé à Alger, où il occupe des fonctions importantes dans l'administration, auteur d'un traité de la chasse au chien courant, qu'il avait mis en pratique dans les montagnes de son pays, nous pria de l'admettre parmi nous.

Non-seulement il parlait *ex professo* de la chasse à courre, mais tous les genres de chasse lui étaient familiers. Ses exploits étaient nombreux, son adresse proverbiale ; son sang-froid et sa présence d'esprit n'avaient jamais été mis en défaut. Nous fûmes heureux de nous adjoindre un si brillant confrère.

Comme nous devions aller au milieu des marais de la Metidja, au delà de Haouch-el-Bey, il fallait partir de bonne heure, et nous convînmes de nous embarquer à une heure du matin dans une de ces guimbardes espagnoles qui ressemblent à nos tapissières de la rue Saint-Denis.

Au jour dit, nous montâmes en voiture, et chacun de nous songea à reprendre sur les banquettes son sommeil interrompu.

Il était trois heures du matin environ ; nous avions déjà dépassé le gué de Constantine, et nous nous trouvions en pleine Metidja. Le bruit cadencé des clochettes de nos chevaux et le cri périodique de notre automédon troublaient seuls le vaste silence de ces solitudes.

Tout à coup un choc violent qui nous rejeta à droite, puis un contre-coup qui nous repoussa les uns sur les autres à gauche,

Vint arracher nos sens à ce calme agréable.

Des cris confus, des rugissements affreux se firent entendre à l'entour de nous.

Notre char, renversé sur le côté, ne bougeait plus ; mais à peine fûmes-nous dépêtrés de nos fusils, de nos sacs, de nos chiens et de nos jambes, à peine eûmes-nous mis le nez à la fenêtre de notre véhicule, que nous vîmes se mouvoir dans l'obscurité des ombres fantastiques dont le nombre allait toujours croissant et qui venaient augmenter le tumulte et la confusion de cette scène.

Inquiets d'un tapage aussi effroyable et d'un désordre dont nous ne connaissions pas la cause, nous sortîmes comme nous pûmes de notre prison, et nous nous aperçûmes que nous étions tombés au milieu d'une caravane de chameaux, d'ânes, de mulets, conduits par des Arabes.

C'était jour de marché, et ces pauvres animaux étaient chargés de toutes les denrées que les Arabes de la plaine apportaient comme de coutume à Alger.

Un des chameaux de la tête du convoi avait été accroché par la roue de notre voiture ; un autre, chargé de poules, avait été renversé par le contre-coup, et bientôt, la frayeur et la confusion s'étant mises au milieu des bêtes de somme, il s'en était suivi un désordre que les ténèbres rendaient encore plus grand.

Les Arabes couraient après leurs poulets, ramassaient leurs sacs, frappaient à grands coups de bâton les bêtes épouvantées ; les femmes et les enfants qui se trouvaient en arrière, croyant au moins à quelque razzia, poussaient des cris de terreur ; notre cocher gesticulait et tenait tête à deux ou trois Arabes qui paraissaient furieux : le plus grand nombre entourait notre petite troupe avec des airs menaçants, enfin les choses allaient peut-être se gâter, lorsqu'un de nos chasseurs, qui s'exprimait assez bien en arabe, fit entendre raison à ces braves gens. Nous les aidâmes même à relever deux chameaux qui s'étaient abattus au milieu de la route, et le calme ou plutôt l'ordre se remit dans le convoi.

Nous laissâmes défiler bêtes et gens, ceux-ci au nombre de plus de cinq à six cents, ce qui nous fit réfléchir qu'il est toujours bon d'apporter de la conciliation dans toute espèce d'affaire, et nous nous réinstallâmes dans notre véhicule, qui reprit au petit trot le chemin d'Haouch-el-Bey.

Le soleil, comme un volcan qui s'éteint, commençait à rougir la cime de l'Atlas, et bientôt nous distinguâmes facilement tous les objets qui nous environnaient. Nous profitâmes des premiers rayons du jour pour mettre un peu d'ordre dans notre bazar.

Nous n'avions rien perdu dans la bagarre, et nous nous félicitions, en riant, de l'issue de l'épisode, lorsqu'un de nous s'aperçut qu'il manquait un chasseur à l'appel. Notre nouveau compagnon n'était plus là. Nous fîmes arrêter le cocher : nous descendîmes, nous appelâmes. Personne. L'inquiétude commença à nous gagner. Qu'avait-il pu devenir? Avait-il été blessé en tombant? S'était-il égaré dans l'obscurité et au milieu de la confusion? Enfin, avec le caractère entreprenant que nous lui supposions, aurait-il voulu, nouveau paladin, mettre en déroute tous ces infidèles, et serait-il tombé en leur pouvoir?

Nous ne savions à quoi nous arrêter? En tous cas, il était impossible d'aller plus loin sans avoir fait tout ce qui dépendait de nous pour retrouver notre compagnon, et nous nous décidâmes, après avoir dit au cocher d'attendre, à retourner sur nos pas pour tâcher de le découvrir.

Revenus dans les environs du lieu de la scène, nous vîmes vers notre gauche, à l'extrémité d'un buisson de cactus et d'aloès, surgir une ombre, et nous reconnûmes bientôt celui que nous cherchions, se traînant comme un homme qui sort de maladie.

— Qu'êtes-vous donc devenu? lui criâmes-nous, aussitôt que nous fûmes bien sûrs que c'était lui. Êtes-vous malade? êtes-vous blessé? Ne vous est-il rien arrivé?

— Rien, rien, nous dit-il d'un air embarrassé ; je ne vous ai pas vus partir, et, craignant de m'égarer dans l'obscurité, j'attendais que le jour me permît de distinguer la route que je pouvais suivre.

Cette explication nous parut si singulière que personne n'osa ajouter un mot ; nous nous hâtâmes de rejoindre la voiture, non sans avoir échangé quelques sourires plus intelligibles que l'explication.

Une heure après, nous étions à notre rendez-vous. La voiture fut remisée à Haouch el-Bey, et, précédés par deux Arabes de la ferme, nous pénétrâmes en plein marais, au milieu d'une forêt de roseaux qui dépassaient notre tête de plus de deux mètres.

Quelle fusillade ! les bécassines nous partaient dans les jambes, à gauche, à droite, devant, derrière ; c'était une pétarade qui réjouissait le cœur et les oreilles. Jamais chasseur de marais ne se trouva plus en plein dans son élément.

Parvenus au beau milieu des fondrières, les roseaux étaient si épais et si élevés que les coups de fusil devinrent nécessairement plus rares. Il fallait se frayer un passage d'une main, regarder à ses pieds pour ne pas prendre racine, et, malgré mon habitude de ce terrain mouvant et de cette chasse d'acrobate, bien des bécassines se levèrent devant moi sans que je pusse songer à les tirer.

J'étais arrivé, non sans peine, et non sans m'être plus d'une fois fourré dans l'eau jusqu'aux hanches, sur un petit îlot, et je m'essuyais le front d'un air de satisfaction, en regardant autour de moi, pour choisir mon chemin, lorsque j'entendis à cinquante pas deux coups de fusil, puis deux autres, et ces cris répétés par mes voisins : « Panthère ! panthère ! »

Prendre une balle dans la poche de mon gilet, la glisser dans un des canons de mon fusil, fut l'affaire d'un instant. Je regardai avec attention, et ma respiration s'arrêta, comme dans une battue, lorsqu'on entend les feuilles craquer à quelques pas de soi, et qu'on s'attend à voir passer un renard ou un chevreuil.

J'entendis en effet les roseaux se briser, je vis leur cime s'agiter, et entre mon îlot et les premiers roseaux passer avec rapidité la bête en question. Cette apparition fut si prompte qu'à peine eu-je le temps d'épauler. Mon coup de fusil cependant fit détourner la tête à l'animal, qui me regarda — sans doute d'un air de dédain — et d'un bond qui brisa encore une botte de roseaux, il fut bientôt hors de ma vue et de la portée de mon fusil.

J'appelai mes compagnons, très-inquiets eux-mêmes de connaître les résultats de nos cinq coups de fusil.

— Elle est blessée ! — disait l'un.

— Il faut la poursuivre, — disait l'autre.

— Par où est-elle allée ?

— Par ici ; par là.

La petite troupe était fort agitée et ne s'entendait guère.

Je proposai d'abord de sortir du gâchis où nous étions embourbés pour pouvoir délibérer plus à notre aise.

A peine avions-nous quitté le terrain mouvant sur lequel nous nous étions engagés, que des espèces de gémissements et des cris étouffés parvinrent jusqu'à nous. Nous prêtâmes l'oreille, et nous nous dirigeâmes du côté d'où provenaient ces plaintes. Nous nous frayâmes difficilement un passage à travers les roseaux, et nous arrivâmes à un endroit où le marais, bien que couvert sur la surface d'un gazon verdoyant, commençait à devenir moins solide, et par conséquent plus dangereux. Le chasseur habitué à la chasse du marais connaît ce terrain perfide, qui cède presque toujours sous un pied imprudent; aussi allions-nous retourner sur nos pas, lorsqu'une voix sembla nous appeler du beau milieu de la fondrière.

Nous vîmes, en effet, à une petite distance de nous s'agiter quelques herbes, et une main noire que nous crûmes appartenir à un nègre se mouvoir au-dessus de ces herbes. A un second cri poussé près de la main qui se balançait comme un télégraphe en détresse, nous reconnûmes la voix de notre malheureux compagnon. Nous n'en pouvions plus douter : c'était lui, c'était notre nouveau Nemrod. Il fallait nous hâter de le délivrer, car plus il faisait d'efforts pour sortir du milieu presque liquide dans lequel il était embourbé, et plus il s'enfonçait.

Nous lui criâmes de ne pas bouger et d'écarter les bras, au lieu de les tenir, comme il faisait, perpendiculairement au-dessus de sa tête comme un nageur qui veut sonder la profondeur d'une rivière.

Arracher des roseaux, des arbustes, des herbes, les disposer pour consolider une sorte de jetée, faire une chaîne en nous tenant tous par la main, afin que le dernier pût arriver jusqu'au patient, fut l'affaire de quelques secondes : il était temps. Le malheureux en avait jusqu'aux aisselles, et quand, après des efforts inouïs, on put l'étendre sur la terre ferme, ou plutôt sur le lit de roseaux qui nous avait servi de passage jusqu'à lui, nous ne pûmes retenir un fou rire, en voyant la singulière enveloppe qui le recouvrait. Il dut prendre un second bain, mais cette fois ce fut dans l'eau claire d'un ruisseau.

Après ce sauvetage, il fallut gagner un terrain plus solide, et nous nous aperçûmes que nous étions à l'extrémité de la Metidja, presque au pied du versant occidental de l'Atlas.

La panthère avait dû suivre cette route pour s'enfoncer dans la montagne.

Nous pouvions nous engager dans un ravin où nécessairement elle avait été chercher un refuge, mais une pensée prudente calma notre ardeur. Nos bons amis les Kabiles habitaient ces parages : on apercevait même quelques-unes de leurs habitations, et nous n'étions pas loin de leurs premiers jardins.

Il fut donc résolu à l'unanimité, mais au grand désespoir probablement de notre nouveau compagnon, que nous allions rétrograder. Nous évitâmes, au retour, les profondeurs des marais, et nous fîmes encore quelques nouvelles victimes.

Avant de rentrer à la ferme, cinq ou six perdreaux vinrent s'ajouter à nos bécassines, et nos carnassières sur le dos de nos Arabes avaient une rotondité vraiment imposante.

Le cigare à la bouche, le fusil en bandoulière, nous revenions côte à côte devisant sur les événements de la journée : nos Arabes étaient partis en avant pour faire apprêter la voiture, et nos chiens fatigués suivaient dans nos jambes le petit sentier qui conduisait à la ferme. Tout à coup, à quarante pas de nous, nous vîmes traverser une masse noire, que le jour qui commençait à baisser ne nous permit pas de distinguer.

C'est un lièvre ! c'est un chakal ! c'est un marcassin ! Chacun de nous était sûr d'avoir mieux vu et deviné plus juste que son voisin.

Nous hâtâmes le pas et mîmes les chiens sur la trace.

Ils prirent le pied de la bête, et nous conduisirent à

travers les pierres et les buissons à un terrier dont l'entrée pouvait donner accès à un renard ou à un blaireau. Comme nous ne connaissions pas de renards dans ces contrées, nous fûmes convaincus que ce ne pouvait être qu'un blaireau, et le siége de la place fut aussitôt décidé.

Nous examinâmes le terrain : il n'y avait qu'un trou. L'ennemi ne pouvait pas s'échapper par une autre issue.

Les chiens soufflaient à l'entrée du terrier et grattaient avec ardeur. Nous enfoncions des bâtons de trois ou quatre pieds dans le trou ; mais, comme il faisait un coude, ce moyen fut bientôt abandonné. Nous avions bien la ressource habituelle — le feu ; mais nous étions près de la ferme, à côté d'une récolte de blé de Turquie, et pour un blaireau il ne fallait pas courir la chance d'incendier Haouch-el-Bey.

Sur ces entrefaites, un Arabe vint nous prévenir que la voiture était prête, et je proposai de le renvoyer à la ferme pour y chercher une pioche ou une pelle.

Lorsqu'il fut de retour avec son camarade et les deux instruments, nous éloignâmes les chiens, dont le museau était couvert de terre et qui paraissaient fort animés, et la sape commença.

Quand le trou devint un peu plus large, que les racines de palmiers nains furent coupées et que l'accès fut plus facile, nous fîmes avancer un chien. Il s'engagea dans le défilé; mais à peine y était-il entré qu'il reparut en hurlant et le nez en sang. Dans le même moment, nous entendîmes un bruit sourd et étrange, semblable à celui d'une roue qui tournerait dans le vide.

Nos efforts, excités par la curiosité et par le désir de

venger notre pauvre chien, eurent bientôt surmonté tous les obstacles ; les dernières racines furent coupées ; les dernières pelletées de terre enlevées, et nous parvînmes à la kasbah de notre ennemi.

Mais à peine la retraite de l'assiégé fut-elle à ciel ouvert, que son corps, qui nous parut d'abord gros comme celui d'un fort lièvre, se gonfla tout d'un coup, et une forêt de dards mouvants et frétillants se dressa devant nous, avec le même bruit que nous avions déjà entendu, mais beaucoup plus intense, car c'était le moment pour l'assiégé de se servir de toute son artillerie.

C'était, comme on le voit, un beau porc-épic, et un porc-épic dans toute sa fureur.

Ce fut un de ces spectacles dont les chasseurs seuls peuvent éprouver toute la jouissance.

Les cris sauvages et joyeux de nos Arabes, les hurlements et la rage des chiens blessés, piqués, meurtris à chaque attaque, le bruissement rauque et agaçant des dards du porc-épic, notre embarras pour compléter la victoire, les avis qui se heurtaient, se croisaient, sans qu'un seul fût adopté ; tout cela formait une scène dont le souvenir me réjouit encore le cœur.

Il fallait en finir cependant. Nos pauvres chiens avaient la gueule en sang, et ils pouvaient se faire éborgner ; je pris mon fusil, et je tâchai, pour ne pas endommager l'animal, de le tirer dans la tête, ce qui n'était pas facile, car elle disparaissait sous l'armure redoutable dont l'animal était protégé. Enfin le coup partit, et les dards s'affaissèrent et retombèrent petit à petit sur le dos de la victime, qui put alors être enlevée par nos Arabes et portée en triomphe dans notre voiture.

Nous arrivâmes à Alger, avant dix heures, après une

des journées de chasse les plus émouvantes et les plus complètes.

XXVI

Tenez. — La féodalité. — Mostaganem. — Mazagran. — Arzew.— Merz-el-K'bir. — Le château. — Le commandant Vauban. — L'état-major. Le colonel de Martimprey. — Le général de Bourjolly. — Le général Thierry. — Le général Korte. — Oran. — Les chameaux.

Oran, 25 novembre.

Parti le 19 d'Alger, je suis arrivé à Oran le 21, après une traversée assez belle. Je n'ai pas été malade un seul instant; mon estomac a parfaitement fonctionné; décidément je m'amarine. J'ai mangé, fumé, dormi, bavardé, je me suis promené comme dans ma chambre. J'insiste sur ces détails pour prouver qu'il n'y a ni nature, ni tempérament rebelles, et que l'homme peut trouver son équilibre dans quelque position que les circonstances le placent.

Chemin faisant, nous avons relâché à Cherchell.

De Cherchell nous avons mouillé à Tenez. Je suis descendu à terre, et j'ai profité du petit séjour que nous y faisions pour me mettre sans retard en exploration.

Tenez est divisé en vieille et nouvelle ville. Celle-ci est construite sur la hauteur qui domine la mer et n'offre rien de bien pittoresque. Quant à la vieille ville, ou plutôt aux restes de masures auxquelles on a bien voulu laisser ce nom, elle s'étend en serpentant dans le ravin qui est à la gauche de Tenez. Quelques Mahonais s'y sont établis, et les eaux qui courent dans ces terrains, à l'abri du soleil, favorisent leur industrie horticole.

Aux environs de la ville, on rencontre des marabouts abandonnés qui ont un cachet tout particulier d'originalité.

Au sud, la nouvelle route d'Orléansville est en pleine construction. Elle servira à relier deux centres de population que des intérêts d'échange et de commerce doivent rapprocher.

L'activité qui règne à Tenez et dans les environs doit exciter la curiosité du voyageur. En voyant cette création qui n'a que deux ans de date, on ne peut s'empêcher d'admirer qu'en un temps si court nous soyons parvenus à élever une ville d'un développement aussi considérable, à construire une route à travers des montagnes comme celles d'Ollioules, entre Marseille et Toulon, sur une longueur de soixante-douze kilomètres; à creuser un canal, pour amener dans le sein de la ville les eaux prises à trois lieues de distance. Tout cela tient du prodige, ou plutôt de cette ardeur fiévreuse qui anime ici le colon comme le soldat, l'ouvrier comme l'ingénieur. Il faut faire vite; c'est la première condition pour jouir : le présent d'abord, l'avenir regarde nos neveux; ils payeront probablement les écoles de notre précipitation, mais nous aurons pour nous cette légitime excuse : l'urgence.

Quand, outre cette inflexible nécessité qui vous pousse, on est encore obligé, par une autre considération non moins rigoureuse, de songer à sa sécurité, on comprend qu'il soit difficile de concilier toutes les conditions d'un établissement basé sur l'économie et le bien-être.

Ainsi, Tenez, la nouvelle ville, située sur un immense plateau qui domine la plaine et les bords de la mer, est à l'abri des incursions des Arabes et d'un coup de main; mais, si elle était sérieusement attaquée et enveloppée, ses ravitaillements seraient difficiles, car il n'y a pas de port, et les bateaux ne peuvent tenir près de ses falaises à pic que par des temps calmes.

La vieille ville avait été construite par les Turcs dans d'autres conditions. Située à l'extrémité du ravin, les sandales maures et les petites embarcations peuvent facilement y apporter les produits du littoral. Les eaux des montagnes environnantes y arrivent par une pente naturelle. La végétation se plaît dans les environs, et les palmiers et les immenses caroubiers qui s'y trouvent encore et abritent les fontaines nombreuses, indiquent que cette ville devait être autrefois un séjour agréable et florissant.

Il y a une grande analogie entre ce qui se pratiquait chez nous dans le moyen âge et ce que nous faisons aujourd'hui en Algérie. Chaque village, chaque bourg, chaque contrée, étaient dominés par un château fort, qu'un baron féodal, sous le faux prétexte de protection, construisait sur une hauteur, une montagne, un rocher voisin, et les braves vassaux de tirer la jambe pour apporter au maître protecteur perché dans son nid de faucon le fruit de leurs travaux.

Aujourd'hui, à quelques nuances près, c'est la même chose. Près des vieilles villes, villes nouvelles, mais toujours sur les hauteurs, toujours sur les rochers, loin des sources et de la terre végétale. Heureusement que les bouricauts sont là, et l'on voit tous les matins des escouades de ces utiles animaux serpenter lentement par les petits sentiers qui conduisent de la vieille Tenez à la nouvelle, et porter jusqu'en haut du plateau les volailles, les fruits, les légumes indispensables à l'alimentation de ses habitants.

Le lendemain matin, nous étions à Mostaganem, ville

en amphithéâtre, composée de trois parties, comme beaucoup de villes de l'Algérie. Les Espagnols, les indigènes et les Français font chacun bande à part.

A quelque distance de Mostaganem, j'ai salué en passant le fameux Mazagran, célèbre par la défense de ses trois cents zéphyrs contre des milliers d'Arabes qui le tinrent cerné pendant deux jours et deux nuits.

Dans le courant de la journée, nous touchâmes au port d'Arzew, petite ville à laquelle on donne le nom de port à cause de la situation favorable qui la place à l'abri des vents redoutés de nord-ouest. Enfin, à six heures du soir, nous passâmes devant Oran, et nous allâmes mouiller à Merz-el-K'bir, ce qui veut dire en arabe le grand port. C'est un vaste bassin naturel, approprié par les Espagnols, qui le rendirent capable de défense au moyen d'un château fort construit à l'entrée. C'est là que mouillent tous les bâtiments à destination d'Oran.

Ici commencèrent mes tribulations. Merz-el-K'bir est à deux lieues d'Oran. J'avais beaucoup de bagages. Je cherchai une de ces petites voitures espagnoles qui ont la forme d'une cage à perroquet et qui sont peintes de la manière la plus grotesque. Je m'adressai à plusieurs conducteurs, mais tous me répondirent par des mots, des gestes et des cris que je comprenais encore moins que l'arabe. La patience commençait à m'échapper, et j'allais prendre un canot pour m'en aller par mer à Oran, lorsque le domestique qu'un de mes amis m'avait heureusement envoyé me tira d'affaire; pendant qu'il protégeait mon bazar contre les Arabes et les Espagnols, je parvins à trouver une espèce d'omnibus, et je m'y installai, ou plutôt je m'y entassai avec mes malles, deux juifs, trois Arabes, deux Espagnols et un Allemand; car, ce que l'on trouve le moins ici, ce sont les Français.

Notre route, coupée à pic dans la montagne, sur le bord de la mer, dont l'écume blanchâtre venait battre les rochers à plus de deux cents pieds au-dessous de nous, me parut un peu scabreuse, grâce au véhicule branlant qui nous voiturait.

Nous arrivâmes, toutefois, sains et saufs, et je trouvai mon camarade qui m'attendait au bas de la ville.

Là, il fallut encore changer de moyen de transport, et mon mobilier fut installé sur le dos d'un bouricaut et dans les paniers suspendus à ses flancs.

Je pris possession d'une chambre de la maison occupée par mon prédécesseur, en attendant qu'il me cédât son logement, que j'habite aujourd'hui.

Situé dans une maison de bains, détail qui n'est pas sans intérêt ici, il domine une partie de la ville. Devant mes fenêtres, sur les derniers plans, s'élèvent les deux forts de Santa-Cruz et de Saint-Grégoire, qui couronnent deux montagnes desséchées, arides et d'un ton chaud et volcanique. A ma droite, un horizon de mer bleue repose la vue, et à mes pieds s'étend une partie de la nouvelle et de la vieille ville, avec leurs minarets et leurs églises, leurs toits en tuiles et leurs terrasses blanches. En deux mots, la vue est jolie, et, jusqu'à présent, j'ai passé le plus de temps que j'ai pu à ma fenêtre.

Le commandant du génie, que mes relations m'avaient fait connaître, me proposa une place à la table du château, dans la pension de l'état-major et du génie ; je l'acceptai. C'est une réunion d'officiers bien élevés ; le soir, nous fumons notre cigare en faisant un whist modeste, ou nous devisons sur les affaires du pays.

Mon commandant du génie porte un nom célèbre dans son arme : c'est un descendant de Vauban.

Quant à mes relations sociales, je crois qu'elles seront assez restreintes. J'ai vu M. Berthier de Souvigny, ancien officier de spahis, et le même auquel on attribue la pensée d'avoir, en 1831, voulu écraser le roi avec son tilbury. On n'écrase pas un roi comme un mendiant. Il est aujourd'hui sous-directeur, et il espère mieux.

L'intendant militaire reçoit aussi. C'est un homme très-empesé dans sa cravate, portant haut, et qui doit indubitablement avoir eu autrefois des succès de salon. Il vit de souvenirs aujourd'hui. On dit qu'il a une jolie femme.

Le général de Lamoricière n'est pas ici. Je l'avais vu avant mon départ d'Alger, où il était venu faire l'intérim du maréchal. Ses aides de camp et officiers d'ordonnance, les capitaines d'Illiers, de Senneville, Jarras, Osmont, font partie de notre table et de nos réunions du soir.

Le colonel chef d'état-major est M. de Martimprey; c'est à lui qu'on doit les cartes les plus exactes et les plus détaillées de l'Algérie.

Je ne connais pas encore ses cartes, mais je n'ai pas rencontré d'homme de relations plus douces et plus agréables.

Le général de Bourjolly tient la place du général de Lamoricière; il m'a paru *très-civil*, qualité fort appréciable dans cette province essentiellement militaire.

Le général Thierry représente la rondeur militaire. Ses formes quelquefois un peu brusques ont pu le faire juger sévèrement; quant à moi, je n'ai pas eu à m'en plaindre.

Indépendamment des qualités solides, l'élégance est personnifiée dans le général Korte ; cette élégance s'étend non-seulement aux soins de sa personne, mais encore au choix de ses chevaux. Il fallait aussi que son aide de camp fût distingué : c'est M. Léorat.

L'aspect d'Oran, ses habitants, leurs mœurs, leurs allures, sont tout différents de ceux d'Alger. Oran, situé à la fois au bord de la mer et dans la montagne, ressemble, au premier coup d'œil, à une de ces grandes araignées qu'on nomme *faucheux*, mais avec cette différence qu'Oran est une agglomération de pattes jetées de ci, de là, sans être réunies à un centre commun, le corps. Cette disposition, ajoutée au peu d'élévation des maisons, donne à la ville une étendue beaucoup plus grande que ne le comporte le nombre de ses habitants. Les vides sont occupés par des ravins boisés, quelques ruines et de larges rampes en forme de boulevard, sans lesquelles les voitures ne pourraient circuler. A part ces rampes, les rues sont fort étroites, peu nombreuses, et toujours il faut grimper ou descendre à pic. La température est très-variable, plus chaude ou plus froide qu'à Alger.

Peuplée d'Espagnols, au nombre de cinq mille, de militaires et de quelques civils, la ville renferme moins d'indigènes qu'Alger. On n'y rencontre presque jamais de femmes, comme dans cette dernière ville. Ce sont des troupes qui partent, d'autres qui reviennent, et mille petits événements qui vous rappellent à chaque heure de la journée que vous n'êtes pas éloigné du théâtre de la guerre.

J'ai assisté hier à un spectacle fort curieux. On ramenait en ville les bestiaux pris dans une dernière razzia par le général Korte. Il y avait plus de vingt mille têtes, moutons, bœufs et chameaux. Ces derniers, au nombre de plus de cinq cents, étaient conduits par des Arabes. A l'entrée de la ville, je ne sais ce qui les effraya, mais il y eut une confusion et une panique si grandes parmi ces pauvres bêtes, qu'après avoir tourné quatre ou cinq fois sur elles-mêmes comme une immense trombe, elles tombèrent pêle-mêle les unes sur les autres, en poussant des mugissements épouvantables.

On ne voyait plus que jambes, têtes, bosses, sans pouvoir distinguer forme de chameaux. Quand, au bout d'une demi-heure, on put rétablir un peu l'ordre dans la caravane, et que ces pauvres animaux sortirent de là meurtris, blessés, on retrouva trois cadavres de chameaux étouffés sous les pieds de leurs gracieux compagnons.

XXVII

Voyage au Sig. — Le barrage. — Vauban. — Aucour. — Chapelain. — La forêt de Muley-Ismaël. — Les gazelles. — Les portraits.

Oran, 28 décembre.

Un mois! un mois écoulé déjà depuis mon arrivée ici, un mois sans rien dire, sans rien raconter: n'avez-vous donc pas vécu pendant ces trente jours, me dira-t-on, ou plutôt avez-vous vécu comme ces bons propriétaires maures de la grande rue d'Oran, qui se lèvent le matin dès que le soleil caresse doucement leurs paupières, et qui, sans doute par sympathie, se couchent avec lui, après avoir passé la journée à fumer nonchalamment la chibouque, accroupis devant leurs maisons?

Il est bien doux, sans contredit, surtout pour un Européen, et au mois de décembre, de s'étendre par 25 ou 30 degrés de chaleur, sur une natte de joncs bien frais, ou sur un tapis moelleux, et de laisser voluptueusement échapper de sa bouche des flocons de fumée enivrante qui vont se perdre et se confondre dans l'azur bleu et transparent du ciel ; il est doux aussi, et j'avoue que c'est une de mes plus grandes jouissances, de laisser filtrer nonchalamment des idées, des souvenirs qui s'échappent, sans corps, sans suite, sans cohésion, comme cette vapeur légère qui s'élève d'un vase dont le liquide est en ébullition et qui s'évanouit en naissant.

Oui, sans doute, ce mariage éphémère de la fumée et des idées qui meurent ensemble, a quelques chose de suave, d'enivrant, et l'on comprend, en quelque sorte, la vie contemplative et calme des habitants des villes en Orient.

Mais je ne suis pas encore arrivé à ce degré de béatitude, et je suis obligé de reconnaître qu'à cet égard les conquérants, sur la terre d'Afrique, sont moins bien partagés que les vaincus.

Mes journées sont remplies, actives, occupées, et la plupart du temps par des choses fort peu récréatives ; celles-là, encore une fois, je n'en veux rien dire.

Mais je ne puis me dispenser de parler d'un voyage que je viens de faire au Sig, à quatorze lieues d'ici, dans un pays aujourd'hui désert, qui, si mes prévisions ne me trompent pas, doit devenir un des centres florissants de notre colonie.

Les Arabes n'ont pas pris seulement à la civilisation européenne le goût des plaisirs. Une tendance générale vers tout ce qui est utile se manifeste parmi eux, de plus en plus. Ainsi, au lieu de se contenter comme jadis, pour la construction de leurs maisons, de quelques mauvaises murailles de boue, ils commencent à employer nos entrepreneurs et nos maçons européens, et à construire avec goût des corps de bâtiment vastes et commodes. Ils comprennent parfaitement aussi que les routes et les ponts sont de puissantes ressources pour les travaux de l'agriculture et l'écoulement de ses produits.

Jusqu'ici, les ruisseaux et les rivières leur opposaient dans leurs crues rapides des obstacles presque insurmontables, alors que leurs besoins les appelaient soit à la ville et aux marchés, soit dans les tribus. Des cotisations faites par l'entremise des cheiks et des caïds ont servi à payer aux Européens quelques travaux d'art entrepris sur leur territoire. Mais ils ne s'en tiennent pas là. De tous côtés, on est surpris de les entendre proposer d'établir, également à leurs frais, par les soins de l'administration, des ponts dans les lieux où ils les croient nécessaires. Ils vont même jusqu'à offrir de contribuer à la construction des ponts plus importants et plus dispendieux à élever sur les grandes rivières de l'Algérie.

Mais, de tous les travaux d'utilité publique exécutés jusqu'à ce jour, il n'en est pas, après les routes, qui aient plus vivement impressionné les Arabes et excité à un plus haut degré leur reconnaissance que ceux du barrage du Sig.

La vaste plaine qu'on traverse pour aller d'Oran a Mascara a environ 28 kilomètres de longueur, depuis le point où la rivière sort des montagnes jusqu'à son confluent avec l'Habra. Sa largeur varie de 12 à 16 kilomètres. Cette plaine a été de tout temps d'une grande fertilité. Les Turcs y avaient établi un système de canaux d'irrigation par les eaux du Sig, que des barrages construits à trois reprises différentes, et successivement détruits par la violence du courant, élevaient à une hauteur considérable. Le troisième barrage, renversé il y a environ 50 ans, avait pendant quelques années, changé complétement l'aspect de la vallée. Mais bientôt cette fertilité avait disparu avec la cause qui l'avait fait naître, et la plaine du Sig, naguère le grenier d'Oran, redevint en grande partie inculte, comme elle l'était auparavant.

La nombreuse tribu des Garabas, qui habite cette plaine, demanda que le barrage fût rétabli, et offrit de contribuer, soit en argent, soit en main-d'œuvre, à l'achèvement des travaux.

L'administration trouvait elle-même un grand intérêt à se rattacher les Arabes par des travaux qui devaient rendre leurs relations plus intimes et plus fréquentes avec nous, et cette grande entreprise fut arrêtée en principe.

Le rétablissement du barrage présentait de grandes difficultés. Les ruines des dernières constructions prouvent la violence du torrent, quand les eaux sont grossies par les pluies d'hiver; aussi n'a-t-on négligé aucune précaution pour donner à cet ouvrage toute la solidité désirable.

On a joint deux immenses montagnes par une large muraille, toute en pierres de taille liées par un ciment de pouzzolane factice, à dix mètres de hauteur au-dessus du fond du lit du torrent. Cette muraille a neuf mètres d'épaisseur sur quarante-quatre mètres de largeur. Des aqueducs ménagés dans l'épaisseur de la maçonnerie, et garnis de vannes, ont été établis de chaque côté du barrage, à l'origine des deux canaux d'irrigation, afin d'en fermer l'accès à l'eau au moment des grandes crues. Ces travaux ont coûté jusqu'à présent 150,000 francs.

Le barrage du Sig, qui n'est pas encore achevé, sera, indépendamment des résultats matériels qu'il fera naître, un des plus beaux monuments dus à l'occupation française en Afrique. Je suis heureux d'avoir à constater ici que les noms de trois de mes amis d'Oran sont attachés à ce magnifique travail. Vauban, chef du génie à Oran, Aucour, ingénieur des ponts et chaussées de la province, et Chapelain, lieutenant du génie, ont été chargés de diriger et de faire exécuter ces immenses constructions.

Les bienfaits du barrage du Sig sont incalculables. Resserrée entre deux berges très-élevées, la rivière du Sig s'élèvera à une grande hauteur, et sera assez abondamment pourvue, pour donner, d'avril en septembre, trois mètres cubes d'eau par seconde. Elle arrosera quinze mille hectares de terre.

Déjà un village se crée sur le bord de la rivière, et sur la grande route d'Oran à Mascara, et ce village naissant est protégé par le camp des travailleurs, commandé par le capitaine Signorino, de la légion étrangère.

Je n'ai eu qu'à me louer de l'accueil qui m'a été fait par lui et tous les officiers. Nous avons passé notre temps à explorer les environs à cheval, à chasser la perdrix, très-abondante dans le pays, et à dessiner.

Le voyage d'Oran au Sig est assez facile, bien qu'on puisse s'égarer dans la forêt de Muley-Ismaël, qui est à l'extrémité de la plaine. Mais des postes arabes, échelonnés de distance en distance, sont destinés à protéger le voyageur contre les bandits, et à le remettre dans son chemin, en cas de besoin.

J'ai parcouru, en revenant du Sig, un des plus beaux pays de chasse que j'aie jamais vus, et je me suis bien promis de revenir le visiter. Aussi, quelques jours après, ai-je arrangé avec le colonel de Noue, de la légion étrangère, et trois officiers du 3ᵉ chasseurs, Vernon, Caron et Pajol, une partie de chasse en règle.

Nos ordonnances partirent à minuit, avec une tente, des provisions et nos chiens, et allèrent camper au pied de la montagne des Lions. Pour nous, nous montâmes à cheval à quatre heures, et à six heures du matin, nous voyions s'élever au-dessus de la toile blanche et bleue de notre tente, une légère fumée qui nous promettait une bonne soupe de campagne.

Après nous être restaurés convenablement, chacun prit, suivi de son ordonnance, une direction selon ses instincts et son inspiration, et nous nous donnâmes rendez-vous pour dix heures sous la tente.

On fut exact, à quelques minutes près ; mais nous n'avions pas tous été également heureux. De Noue avait un lièvre et six perdreaux ; Pajol, qui s'était amusé à courir des gazelles, n'avait rien du tout ; Caron avait deux ou trois cailles et autant de perdreaux ; moi, j'avais manqué sept ou huit cailles et je n'avais tué que deux perdreaux ; Vernon, qui revint le dernier, avait seize cailles, onze perdreaux et une poule de Carthage. C'était le roi de la chasse. Du reste, outre qu'il tire admirablement bien, il ne nous cacha pas qu'il avait sur nous un grand avantage, dont j'ai, depuis, fait mon profit. Il ne se sert jamais que de plomb n° 8, avec lequel il tire tout, et pelote tout, même à quarante pas ; tandis que nous, dans l'espoir ou dans la crainte de voir quelque gros gibier, soit gazelle soit chakal, nous chargions avec du 6 et du 5, et la plupart du temps la perdrix ou la caille passait à travers le coup. Avis au lecteur chasseur.

Nous nous reposâmes trois heures, et dans l'après-midi, après avoir fait partir en avant nos ordonnances, nous chassâmes de concert, en nous dirigeant vers Oran.

Il était six heures du soir, et nous avions déjà tiraillé à droite et à gauche, lorsqu'au détour d'un ravin un troupeau de dix gazelles, qui se reposaient paisiblement au soleil couchant, se leva devant nous, et en deux ou trois bonds fut hors de la portée de nos fusils.

Un *en avant!* fut poussé par la bande des chasseurs, et chacun se mit à poursuivre une gazelle. C'étaient des cris, des bonds, à vous rendre fous. Ces pauvres bêtes, prises à l'improviste, effrayées par la voix des chiens et nos clameurs, n'avaient pu prendre de parti, et tournaient toujours dans un cercle de trois à quatre cents mètres, qu'elles ne pouvaient franchir du côté du ravin, d'une part, et de l'autre, à cause des épais fourrés qui sont aux pieds de la montagne des Lions. Nous les avions abordées par la seule issue qui leur permît de nous échapper, et elles avaient si bien perdu la tête, qu'au lieu de se jeter dans ce passage, qu'aucun de nous, du reste, n'avait songé à garder, elles continuèrent à sauter et bondir de rocher en rocher, de ravin en ravin, sans pouvoir s'éloigner.

Nos chevaux étaient fatigués de leur journée, le jour baissait, et nous n'avions pas mis beaucoup d'ordre ni d'habileté dans notre charge, de sorte que les gazelles finirent par nous échapper toutes, les unes après les autres. Une seule faillit être prise par Pajol. Elle s'était rasée comme un lièvre, et son cheval en sautant à côté la fit relever et partir de plus belle.

Cette course désordonnée acheva notre journée, et nous revînmes avec la nuit à Oran.

Il m'a repris une belle fureur de dessin. Mon carton s'augmente d'une foule de sites nouveaux. Outre les croquis que je me réserve, je suis encore obligé d'en terminer d'autres pour les personnes qui me font la *politesse* de m'en demander. C'est ainsi que j'ai fait deux fois la répétition du barrage du Sig. Le général de Lamoricière en a désiré un pour lui, et un autre pour le ministre de la guerre. C'est bien de l'honneur pour moi.

A propos de dessins, je peuple les murs de notre pension au château de tous les portraits de nos commensaux. Pas un officier, pas un *invité* ne dîne à notre table, qu'il ne soit obligé de me prêter sa face ou son profil, qui va bientôt rejoindre les camarades dans deux grands cadres apposés au milieu des fenêtres de notre salle à manger. C'est un moyen de leur faire payer leur écot.

On commence à recevoir. Ce sera curieux, si j'en juge par le nombre de femmes qu'on peut compter. Il est vrai, m'a-t-on dit, que dans les grandes occasions on ne se montre pas difficile, et qu'on en invite beaucoup, uniquement pour faire nombre.

XXVIII

La correspondance. — Attaque de Sidi-Bel-Abbès. — Bal et tombola. —
La hyène. — Chef de popotte. — Les Autruches.

Oran, 2 février.

Nous n'avons ici qu'un bateau par semaine, qui part le samedi pour porter notre correspondance à Alger; il en est de même d'Alger pour Oran. De sorte que, lorsque les bateaux sont en retard par suite du mauvais temps, et lorsque les courriers d'Alger pour France sont partis, on est quelquefois quinze jours, trois semaines et même un mois sans nouvelles.

Le vent, la pluie, la grêle, le tonnerre, les éclairs, ont remplacé, depuis le commencement de l'année, la douce brise de mer et les rayons bienfaisants du soleil, dont il n'est plus question. Nous avons eu plusieurs sinistres sur la côte, et cette nuit on s'attendait à un tremblement de terre. Je suis aux premières loges pour la secousse, car je domine la ville, et je reçois le vent de première main.

On attend une éclaircie pour faire déraper le *Cerbère*, qui est en rade depuis plusieurs jours à Merz-el-K'bir, et qui doit porter en France quelques nouvelles intéressantes.

Il paraît que la guerre sainte va recommencer. Depuis quelque temps, des chasseurs isolés étaient assassinés sur les routes, et voici qu'il y a trois jours une démonstration plus grave vient d'avoir lieu.

Le poste de Sidi-bel-Abbès, situé à une journée d'ici,

composé d'une redoute et d'un camp retranché, vient d'être le théâtre d'un événement bien imprévu.

Soixante-dix Arabes, environ, vêtus en mendiants, se présentèrent devant le camp, précédés par des enfants qui chantaient et psalmodiaient comme eux des prières, à la manière des inspirés. Leurs singeries et leurs contorsions excitaient l'hilarité de nos soldats, qui se doutaient peu de la scène qui se préparait.

Il pouvait être dix heures du matin. Le commandant supérieur était allé en expédition à quelque distance avec sa cavalerie. Les soldats et les officiers déjeunaient, et les factionnaires seuls étaient hors des tentes.

Les Arabes demandèrent à entrer dans le camp pour présenter une réclamation au commandant supérieur. Le factionnaire laissa entrer les premiers, mais bientôt toute la bande voulut les suivre, et au moment où le pauvre soldat cherchait à repousser cet envahissement, il reçut à bout portant un coup de pistolet qui l'étendit mort sur la place.

Cette détonation fut le signal de l'attaque. Les Arabes, relevant leurs bornous, saisirent leurs armes cachées, et se précipitèrent dans l'intérieur du camp, en se dirigeant vers la tente du commandant. Le planton, qui y était seul, est tué sur la porte. Attirés par ce vacarme, les officiers et les soldats arrivent précipitamment ; mais ils étaient sans armes. Deux officiers furent blessés, et l'un d'eux, M. Dubois, capitaine des chasseurs d'Orléans, et gendre de M. Melcion d'Arc, eut le poignet cassé. Un comptable des vivres, qui déjeunait avec sa femme, la fit rester dans le fond de sa tente, et, au moment où les Arabes s'en approchèrent, il en brûla deux de ses deux coups de pistolet.

Bientôt la mêlée devint générale. Quelques hommes fermèrent les issues, et le reste se mit à la poursuite des Arabes. On essuya leur feu qui tua huit hommes et en blessa dix-huit, et alors on les attaqua vigoureusement à la baïonnette. On cite un voltigeur qui, pour sa part, en a embroché onze.

Cinquante-huit Arabes étaient entrés dans la redoute; cinquante-huit cadavres furent relevés sur le terrain.

Cependant un coup de canon parti de la redoute avertit le commandant que sa présence était nécessaire au camp. Il crut qu'on lui signalait quelque tribu qui décampait, et il se porta sur la route de Tlemcen à Mascara. C'était précisément le chemin qu'avaient suivi ceux des Arabes qui n'avaient pu pénétrer dans l'enceinte. Il se trouva face à face avec eux et avec les femmes et les troupeaux des Beni-Amer, qui cherchaient à gagner le sud. Hommes, femmes et troupeaux, tout a été pris et ramené au camp.

On a fait partir hier d'Oran deux compagnies, un escadron et une ambulance pour les blessés. M. Dubois a été amputé, et deux autres blessés sont encore morts.

Ces fanatiques avaient été conduits, à ce qu'il paraît, par un marabout qui a été tué comme les autres, et qui, après leur avoir fait manger la veille le pain et le sel délayés dans de l'eau, leur avait assuré que cet aliment les rendrait invisibles pour nous, et que les balles des Français ne les atteindraient pas.

Sa prophétie ne s'est réalisée qu'à moitié, puisque c'est à l'arme blanche qu'ils ont presque tous été expédiés.

Tout cela n'empêche pas de danser ici. Intendant, sous-directeur, général, donnent des bals, où je me suis fait une loi de n'aller qu'à pieds secs. Aussi, comme il pleut par torrents depuis quelque temps, je suis resté fidèle à ma profession de foi.

Cependant je n'ai pu me dispenser d'assister au second bal du général de Lamoricière. Il m'avait fait l'honneur de me désigner pour être un des commissaires, et comme il s'agissait d'une tombola en faveur des pauvres, j'ai dû l'accepter et faire preuve de vertu.

On avait fixé le nombre des billets à douze cents, il a dépassé deux mille cinq cents, par suite de concessions successives, dont je m'avoue un des promoteurs. Je trouve que, sur le terrain où nous sommes, il ne faut pas trop de pruderie; autrement, à force de faire la petite bouche, on finirait par mourir de faim.

Nous avons dîné l'avant-veille avec les dames patronnesses chez le général, afin de nous concerter sur le tirage de la fameuse tombola. Les lots ne consistaient pas seulement en coussins de tapisserie, pantoufles, ou bourses au crochet; il y avait des produits de l'industrie locale de toute espèce; mais le plus difficile à classer, c'étaient un chacal, une panthère et une hyène, bel et bien vivants et envoyés comme lots par des indigènes. Nos petites maîtresses de Paris seraient fort embarrassées, je pense, de pareils présents, surtout si elles n'avaient pas à leurs ordres des commissaires complaisants.

Après mûre délibération, on convint que ces lots seraient mentionnés pour ordre; mais on décida qu'ils n'auraient pas les honneurs du salon, bien qu'enfermés dans des écrins confectionnés en barreaux assez solides.

Le jour du bal arrivé, chacun s'y rendit avec empressement. Les dames ici n'ont garde de manquer une occasion de danser, de s'amuser, et surtout d'exhiber des toilettes que le *Courrier des modes* n'approuverait pas toujours.

À six heures du soir, des chaises, des cavaliers, des carrioles de toute forme encombraient déjà la grande cour du château.

Au milieu de la nuit, les danses avaient l'entrain qu'on trouve dans certains bals publics, où une maîtresse de maison ne vient pas gêner l'élan que le vin chaud, le punch et autres rafraîchissements ont d'ailleurs excité.

Il était six heures du matin, et presque tous les danseurs, les danseuses, cheveux en désordre, habits couverts de poussière, se livraient encore aux balancés les plus expressifs, et les bougies, dont les pleurs répandus sur le parquet annonçaient la fin prochaine, ne jetaient plus qu'une lumière vacillante au milieu d'une atmosphère chargée et épaisse.

Le général était fatigué, et nous voulions clore la fête par un souper fin auquel ne devaient assister que quelques élus.

Je donnai le mot à cinq ou six hommes de service, et à un signal convenu, tous les volets du salon s'ouvrirent comme par enchantement, et laissèrent entrer les rayons dorés d'un soleil levant qui fit bientôt taire le feu des bougies expirantes.

Rien n'est désillusionnant comme la clarté du jour après dix heures de danse.

Quand les femmes purent s'entrevoir pâles, échevelées, couvertes d'une sueur qui s'était répandue sur les joues, sur le cou, en longues traînées grisâtres, elles ne songèrent plus qu'à chercher leurs manteaux, leurs fourrures, leurs pelisses, leurs bornous. On se précipitait vers la porte, en demandant les voitures, les chevaux, les chaises ; on fuyait à pied, on s'esquivait comme si on avait commis une mauvaise action ; enfin c'était une déroute complète. En un quart d'heure, les salons furent vides, et nous restâmes, grâce à mon coup d'État, maîtres du champ de bataille.

Notre souper, — si on peut appeler souper le repas qu'on fait à sept heures du matin, — fut égayé par l'épisode du *sauve qui peut ;* et des toasts nombreux portés aux dames patronnesses, qui voulurent bien me pardonner le moyen lumineux employé pour leur rendre la liberté, nous firent oublier les fatigues de la nuit, à tel point, que, sur une discussion qui s'éleva entre le commandant Bosquet et le général de Lamoricière, au sujet de la valeur de leurs chevaux, le général, qui met de grandes prétentions dans le choix de ses écuries, ordonna qu'on fît sortir dans la cour trois étalons dont il venait de faire l'acquisition.

Alors, en grand uniforme, tout couverts encore de poussière, lui, le commandant Bosquet et d'Illiers enfourchèrent à nu les chevaux que tenaient les ordonnances, et se livrèrent à toutes les fantazias possibles. Cette scène n'était pas la moins divertissante, attendu que chaque volte, chaque changement de main, chaque saut en avant, était accompagné de jurons, d'exclamations, de démonstrations énergiques du général, qui m'a depuis reproché, avec une rondeur tout aimable d'ailleurs, d'avoir trop multiplié les toasts.

Mes fonctions de commissaire faillirent recevoir un échec.

Les lots avaient été distribués au milieu de la nuit, et chacun s'était emparé de ce que le sort lui avait désigné.

Le chacal avait été gagné par la femme d'un comptable; la panthère était échue au consul anglais, et Pajol avait gagné la hyène.

Les deux premiers lots avaient été enlevés avec leur boîte; il ne restait plus que la hyène, enfermée dans une grande cage près des écuries.

Ces jours-ci, on me fait appeler au château, et je trouve le général qui riait sous sa grosse moustache, en fumant un cigare.

— M....., avez-vous délivré tous les lots de votre série?

— Oui, général; le dernier a été enlevé hier par madame de ***; c'était une blague.

— Cependant il y a là deux chasseurs qui viennent en réclamer un de la part du capitaine Pajol.

— Lequel donc, général?

— Eh! la hyène, parbleu! Et là-dessus de grands éclats de rire qui redoublèrent à la vue de l'embarras visible où j'étais de livrer convenablement le lot en question.

— Allons, cher commissaire, exécutez-vous; il faut me débarrasser de tout cela, je ne veux plus de réclamations.

— Eh! mais, que les chasseurs emportent la cage et la hyène; c'est tout ce qu'il y a de plus simple, ce me semble.

— Pas si simple que vous croyez; la cage est scellée dans le mur, et c'est le pavé de la cour qui lui sert de fond.

— Ma foi, général, que les chasseurs s'arrangent; le lot est là, qu'ils le prennent.

— Non pas, non pas, il faut le leur donner; il faut remplir nos conditions; et les rires et les plaisanteries de recommencer de plus belle.

Je ne pouvais m'empêcher de partager la gaieté bruyante du général et de d'Illiers, son aide de camp; mais, quand je songeai que c'était presque à mes dépens que je riais moi-même, le sérieux remplaça soudain chez moi le rire, et ce sérieux, sans doute, n'était pas le moins amusant.

J'allais envoyer promener hyène, chasseurs et même général; mais, réflexion faite, je voulus m'assurer par moi-même des difficultés qu'avaient rencontrées les deux soldats.

Je me dirigeai donc avec eux du côté des écuries. Le général et d'Illiers me suivirent, curieux de savoir comment je me tirerais d'affaire, et s'apprêtant sans doute à recommencer leurs rires et leurs bons mots.

Je n'eus pas de peine à me convaincre que l'extraction du contenu hors du contenant n'était pas des plus aisées. Chaque fois qu'on s'approchait de la porte de la cage, la hyène, le regard en dessous, le poil hérissé, se reculait, s'accroupissait dans le fond, et il était impossible de lui faire quitter la position demi-circulaire qu'avait adoptée son corps. Le collier et la chaîne de fer apportés par nos deux soldats devenaient parfaitement inutiles dans la circonstance, puisqu'il était impossible de lui passer le collier au cou qu'elle tenait obstinément baissé.

Voyant que la violence n'y ferait rien, j'envoyai chercher un morceau de viande que je fis attacher au bout d'un bâton. Je pris une grosse corde au milieu de laquelle je fis un nœud ouvert que je présentai à l'entrée de la cage. J'en remis les deux bouts à chacun des chasseurs placés à gauche et à droite, en leur recommandant de se tenir toujours écartés l'un de l'autre, et lorsque mes dispositions furent prises, j'ordonnai qu'on ouvrît la cage.

Alors seulement les rires cessèrent, et ce fut à mon tour de jouir de l'étonnement du général.

— Ah çà! mais qu'allez-vous faire?

— Général, je vais livrer mon lot.

— Pas de folie, mon cher, vous allez commettre une imprudence. Si vous lâchez cette bête, elle peut être cause de quelque malheur.

— Ne craignez rien, général, c'est mon affaire.

Je présentai le morceau de viande à l'entrée de la cage, et ce que n'avaient pu les coups de bâton, l'odeur de la chair fraîche le fit. La hyène avança son museau pour flairer, — d'abord avec défiance: — ensuite plus résolûment elle allongea la tête pour happer le morceau.

C'est le moment que j'attendais; les deux soldats tirèrent en même temps la corde, et le nœud, en se resserrant vivement, retint l'animal par le cou.

Ce n'était pas tout; il fallait conduire la prisonnière jusqu'à la mosquée, chez le capitaine. Je renouvelai mes instructions aux chasseurs et leur recommandai, pour ne pas être mordus par la bête, de tenir toujours la corde tendue de chaque côté.

Ils partirent, assez empêtrés d'abord; mais, au bout de quelques pas, ils avaient compris la combinaison.

Toutefois, ils n'arrivèrent pas à bon port avec la malheureuse hyène.

En sortant de la ville, pour prendre le chemin de la mosquée, le passage étroit obligea un des chasseurs à se rapprocher, et par conséquent la corde se détendit. Un mouvement de la hyène, peut-être très-innocent, fit perdre contenance au voisin qui lâcha la corde; l'autre en fit autant, et l'animal, se voyant libre, s'élança dans la campagne, toujours la corde au cou.

Ce qu'il est devenu, je n'en sais rien; mais le fait est que les chasseurs revinrent tout penauds à la mosquée, sans le lot en question, quoiqu'il leur eût été remis en mains propres.

Je suis, depuis le commencement du mois, ce qu'on appelle, en termes de garnison, *chef de popotte;* c'est-à-dire que je suis chargé de régler les comptes de la pension et de commander l'ordinaire à notre cuisinier.

Ce n'est pas petite affaire; à chaque repas on est sur la sellette, et les quolibets pleuvent sur le malheureux chef de popotte qui ne remplit pas ses fonctions avec goût et intelligence.

J'ai eu récemment un succès auquel on n'a applaudi qu'à la fin du dîner, mais dont j'ai joui pendant toute la durée du repas.

Le général avait reçu trois jeunes autruches que des Arabes lui avaient amenées du désert. Une d'elles venait d'être écrasée à la suite d'un des derniers ouragans, par la chute de la cabane qu'on leur avait construite. J'étais chez le général lorsqu'il déplorait la mort de sa pauvre autruche.

— Encore si c'était bon à manger! disait-il.

— Cela doit être délicieux, repris-je; j'ai toujours entendu dire que la chair des jeunes autruches était fort délicate, et je vous demande la permission d'en faire l'essai.

Je courus chez le cuisinier du général; je recommandai qu'on coupât proprement une des cuisses de l'autruche, et notre maître d'hôtel fut chargé de la mettre à la broche.

A l'heure du dîner, nos convives, au nombre de

douze, ne manquèrent pas de m'adresser la question accoutumée :

— Qu'avons-nous aujourd'hui ?

— Ma foi, messieurs, impossible de trouver autre chose qu'un gigot.

— Oh! du gigot! toujours du gigot! Nous ne vivons que de gigot!

— Messieurs, c'est un gigot d'un mouton du versant des montagnes d'El-Amria, près du lac Salé; on m'a promis qu'il serait excellent.

— Ah! oui, encore une blague! dirent-ils; enfin, nous verrons.

Le moment du rôti arriva, et je puis dire que j'étais sur le gril.

Mes fonctions m'obligeaient à découper. En introduisant le couteau dans la chair brûlante de mon gigot, je vis avec plaisir ruisseler un jus rouge et appétissant, et l'incision que j'avais faite laissa échapper un parfum de venaison fort réjouissant. J'entrai résolûment dans le vif, et bientôt circula autour de la table un plat couvert de tranches brunes et blanches rôties à point.

— Messieurs, c'est parfait, dit Vauban, qui, à titre de président de table, était servi le premier; c'est un véritable mouton de pré salé.

— Comment! du mouton, dit le second, il me semble que je mange du bœuf exquis.

— Tiens! je me rappelle, dit Senneville, avoir mangé du coq de bruyère qui avait absolument le même goût.

— C'est singulier, dit Aucour, si je n'avais vu découper ce gigot, je croirais manger une aile de perdrix.

Moins ils étaient d'accord, plus je jouissais de mon triomphe. Je me souvenais que chez mon père j'avais mangé une outarde magnifique qui nous avait été envoyée de la Champagne, et à laquelle nous avions, en effet, trouvé trois ou quatre goûts différents. Or l'autruche est la grande outarde de l'Afrique, et sa chair devait présenter la même particularité.

Chacun redemanda du gigot d'El-Amria, et personne n'y trouva le même goût que la première fois. Le succès fut complet, et je crois même qu'on me pria de faire resservir froid le reste du gigot à déjeuner.

A la fin du dîner, j'eus toutes les peines du monde à leur persuader que le mouton d'El-Amria n'était autre qu'une autruche de la plaine d'El-Gaada, et il fallut, pour les convaincre, faire apporter la patte de la fameuse cuisse.

Je racontai mon succès au général, qui m'invita à déjeuner pour le lendemain. Nous étions sept à table; on nous servit un demi-œuf d'autruche brouillé avec des truffes. C'est un peu lourd, et je préfère la chair de l'animal.

Je vais passer pour un gourmand; mais, comme on ne mange pas tous les jours de l'autruche, on me pardonnera cette incursion dans le domaine gastronomique.

Voici une nouvelle qui surprendra le monde parisien, habitué à regarder Yusuf comme une espèce de musulman. Il se marie avec la sœur de Weyer, son officier d'ordonnance. Le commandant de Noue, qui m'apprend ce *dit-on*, craint fort d'être chargé d'en informer l'illégitime. La mission n'est pas sans danger... — Gare les yeux !

XXIX

Les deux systèmes de colonisation. — Bou-Haraoua. — Le trompette Escoffier. — Léon Roches. — Abd-el-Kader. — Horace Vernet. — Le général de la Rue. — Explosion de la Marine à Alger.

Oran, 15 mars.

Le général Lamoricière m'avait proposé dernièrement une pointe vers le petit désert, afin d'y visiter avec lui de belles forêts qui se trouvent sur la limite. Différentes circonstances nous ont empêchés de donner suite à ce projet. Je n'ai pas été plus heureux ces jours-ci pour une excursion moins longue.

Il voulait aller à Mascara donner ses derniers ordres au commandant d'une colonne qui devait se mettre en route. Il me proposa, le matin en déjeunant, de partir le lendemain avec lui. Nous devions faire vingt-quatre lieues par jour, passer une journée à Mascara, et revenir. Des relais étaient préparés, nos chevaux envoyés à l'avance. Les escortes nous attendaient. Les Arabes nous avaient disposé des diffas ou collations sur la route. Mon bagage d'expédition, composé d'une chemise et d'une paire de chaussettes, était déjà dans mes fontes ; tout enfin était prêt, lorsque le lendemain, à quatre heures, une de ces tempêtes comme il n'y en a qu'ici éclata accompagnée de déluges d'eau. Je me rendis cependant au château tout équipé ; je montai à la chambre de d'Illiers, encore au lit, et fort peu disposé à se lever. Il me pria de voir le général et de lui dire le temps qu'il faisait.

Le général, de son lit, entendait mugir l'ouragan et il reçut avec une satisfaction visible la nouvelle que le baromètre était tombé au-dessous de *tempête.*

Il fallut renoncer à notre départ. Je fus chargé de de donner des ordres pour envoyer des cavaliers arabes prévenir nos escortes échelonnées sur la route et qui s'y morfondaient, et je vins me recoucher, assez satisfait de ne pas aller les rejoindre par un pareil temps.

Le lendemain, même déluge. Aujourd'hui, continuation, de sorte que, décidément, nous avons renoncé à l'excursion qui se fera je ne sais quand.

J'aurai d'ailleurs bien le temps de chevaucher cet été.

Nous avons eu la visite du maréchal, qui est resté deux jours à Oran. J'ai eu l'honneur de dîner avec lui chez le général.

La conversation a été très-animée, et la discussion très-chaude. Il n'y a pas un accord parfait entre ces messieurs, sur la manière dont ils entendent l'un et l'autre la colonisation. Peut-être ont-ils raison tous deux. Tout cela dépend du point de vue où l'on se place. Le général Lamoricière, qui est au centre d'une province toujours en guerre, toujours soulevée, ne connaît que la force pour faire pénétrer ses arguments. Quand il discute avec un Arabe et que l'Arabe n'est pas de son avis, la discussion se termine généralement par des coups de canne. Sa canne ne le quitte jamais, aussi a-t-il été surnommé *Bou-haraoua,* le père au bâton.

Pendant que nous étions à fumer un cigare et à prendre le café, on a introduit dans le salon le trompette Escoffier, rendu à la liberté, par suite d'un échange de prisonniers fait avec Abd-el-Kader. Tout le monde connaît l'histoire de ce brave soldat, qui, dans un combat contre les Arabes, vit son commandant, M. de Cotte, démonté et sur le point de tomber en leur pouvoir. Il pique des deux, arrive à lui et lui dit : « Mon commandant, prenez mon cheval, vous êtes plus nécessaire que moi ; si je suis pris, c'est mon affaire. » — Le commandant monta à cheval, rallia ses hommes, et Escoffier fut fait prisonnier.

Ce brave garçon, qui n'avait perdu ni son embonpoint ni sa gaieté, nous amusa beaucoup en nous racontant comment il avait conservé l'un et l'autre. Il avait eu le bon esprit de chercher, dans la nouvelle position que lui avait faite son acte de dévouement, les moyens de l'améliorer.

Dans les différentes courses qu'il fit à la suite de la Smala, il remarqua que les femmes d'Abd-el-Kader étaient très-friandes de poisson qu'on ne prenait que difficilement dans les petits ruissseaux près desquels on campait ordinairement. Il eut l'adresse de se faire des hameçons avec des épingles, et bientôt les produits de sa pêche lui attirèrent les bonnes grâces de ces dames, qui ne dédaignèrent pas de pêcher avec lui. Il en résultait que les rations étaient moins exiguës pour lui que pour ses compagnons de captivité, et les corvées moins pénibles ou moins fréquentes.

Il nous raconta la manière de vivre d'Abd-el-Kader et de son monde. Il paraît que l'émir passe en prières tout le temps qu'il n'emploie pas à cheval.

Escoffier prétend que l'émir est d'un caractère fort doux, et que plusieurs fois même il s'est opposé aux mauvais traitements dont les prisonniers auraient pu devenir les victimes.

C'est ici le cas de parler de Roches, l'interprète principal qui a été au service d'Abd-el-Kader, et avec qui je me suis trouvé en relations à Oran, où il m'a raconté quelques uns des épisodes les plus curieux de sa vie.

Léon Roches est depuis 1832 en Algérie, où ses études de la langue arabe lui firent donner le titre d'interprète. Deux ou trois ans plus tard, il résolut de se rendre auprès d'Abd-el-Kader, dont il avait conçu une haute idée. Ses amis ne purent le détourner de ce projet, et il se mit en route seul, équipé et armé, pour rejoindre l'émir à Médéah. A peine arrivé dans les environs de cette ville, il fut pris par les partisans d'Abd-el-Kader, dépouillé et emmené prisonnier. Il eut beaucoup de peine à se faire conduire devant l'émir, que la fermeté de son langage finit par toucher, et qui lui rendit la liberté. Roches lui expliqua le but de son voyage. La franchise de son caractère et de ses manières eurent un tel empire sur l'esprit d'Abd-el-Kader, que celui-ci promit de réparer les mauvais traitements dont il avait été l'objet et de l'attacher à sa personne.

Dès ce moment, Roches suivit Abd-el-Kader dans toutes les expéditions contre les tribus avec lesquelles il était en guerre, mangeant avec lui et couchant sous sa propre tente. Il assista au siége d'Aïn-Madhi, et aux horreurs de la ville prise d'assaut.

— Les rues, me disait-il, étaient littéralement jonchées de cadavres; nos bras fatigués ne pouvaient plus frapper, et nos pieds entraient jusqu'à la cheville dans des mares de sang.

Parvenus au milieu de la cité, toujours aux côtés d'Abd-el-Kader, je vis celui-ci se diriger vers la mosquée dont la porte était ouverte. Je l'y suivis, sans qu'il s'en aperçût, et me tins debout, derrière une colonne, peudant que l'émir, la face contre terre, était absorbé dans ses prières et ses méditations. Il resta longtemps dans cette position, et je crus voir, aux mouvements convulsifs de son corps, que son âme était en proie à une grande agitation.

Moi-même, après une lutte sanglante où vingt fois j'avais échappé à la mort, je sentis aussi le besoin de donner à mes pensées un cours qui les dégageât des scènes de carnage dont j'avais été le témoin, et des pleurs inondèrent mon visage. En se relevant, Abd-el-Kader, que j'avais oublié, m'aperçut, et, s'approchant de moi doucement : « Tu pleures, me dit-il, tu penses à ta mère, » et il me serra dans ses bras avec effusion. Lui aussi avait pensé à sa mère, et il avait pleuré.

Roches avait épousé la fille de l'ancien caïd de Médéah. Quelques jours avant la reprise des hostilités, en 1839, ne pouvant se décider à rester au milieu de nos ennemis, il se vit avec douleur forcé d'abandonner sa femme et Abd-el-Kader pour qui il avait une affection véritable. Parvenu à Oran, il écrivit à l'émir en lui envoyant l'acte de répudiation de sa femme, qui ne lui avait pas donné d'enfant, et il terminait sa lettre en lui conseillant, comme il n'avait cessé de le faire pendant son séjour auprès de lui, de rétablir des relations pacifiques avec les Français.

Depuis cette époque, Roches, rentré dans les cadres de l'armée comme interprète principal, concourut activement à toutes les expéditions, et obtint les ordres du jour les plus brillants. C'est de lui que le maréchal Bugeaud écrivait, après la bataille d'Isly : « Mon interprète principal se distingue en toute occasion dans une guerre pour laquelle la nature l'a fait. »

Roches est très-séduisant de manières et de langage. C'est un cavalier consommé, et je l'ai vu, dans les fantazias, plus brillant et plus hardi que les plus habiles parmi les Arabes. Pendant les deux années qu'il a passées dans l'intimité de l'émir, il a tenu note jour par jour de tous les faits dont il a été le témoin et souvent l'acteur. Il m'a lu plusieurs pages de ces mémoires curieux, dont des considérations de différente nature, ne lui permettent pas aujourd'hui la publication.

Puisque je suis en train de parler de célébrités, je ne dois pas oublier le séjour qu'a fait ici récemment Horace Vernet, qui est parti pour l'Ouest dans le but d'aller visiter la plaine d'Isly. Il est chargé de retracer sur la toile les faits principaux de cette mémorable bataille.

Je faisais le portrait de Roches, lorsque Horace Vernet vint chez lui. Il eut la bonté de me donner quelques conseils que j'acceptai avec empressement. Il voulut bien aussi examiner quelques-uns de mes dessins. Il y en eut un qui le frappa surtout, c'est celui qui représente la porte de la brèche de Constantine. Il le trouva d'une telle exactitude, qu'il me pria de lui en faire une copie.

Nous montons à cheval quelquefois ensemble. Il a de la verve et de la souplesse comme s'il n'avait que vingt ans.

Le général de la Rue, que j'avais rencontré à Constantine, et qui a une mission pour le Maroc, est aussi dans nos murs.

On voit qu'en ce moment notre petite ville d'Oran est un peu plus animée que d'habitude. Cela tient aux derniers événements de la guerre, et à certains préparatifs dont on ne connaît pas encore le but.

Je vois passer depuis quelques jours sous mes yeux

des fourgons destinés à approvisionner la poudrière, située à vingt-cinq mètres de ma chambre, et qui contient, ce qui est au moins très-imprudent, des munitions pour toute la province pendant dix ans. Ce voisinage ne me plaît guère, surtout depuis la triste nouvelle que nous avons reçue ce matin.

Le 8 mars, presque toutes les constructions élevées sur la presqu'île qui ferme le port d'Alger, près de l'Amirauté, ont sauté. Une partie du rempart casematé, situé entre la vieille tour espagnole, connue sous le nom de Pegnon, et le port, les maisons adossées à ce rempart, ne sont plus qu'un monceau de décombres. Le logement du commandant Pallard, sous-directeur de l'artillerie, a été emporté, ainsi que les pavillons habités par des compagnies d'artilleurs et de pontonniers.

On ne peut expliquer la cause d'un si grand désastre. Il n'existait dans la tour qu'un petit magasin, servant à la marine, on n'y était pas entré depuis douze jours, et il ne contenait que deux cents kilogrammes de poudre, des grenades fabriquées du temps des Turcs, des boîtes à balles, des biscaïens et des obus. Le peu de matière explosive contenue dans ces magasins n'aurait pas suffi pour amener les effets terribles de l'explosion ; aussi, n'est-on pas éloigné de croire que quelque ancien dépôt de poudre, antérieur à la conquête, et resté ignoré jusqu'ici, a pu contribuer à donner à ce désastre une plus grande étendue.

Outre ces ravages, il y a eu plusieurs accidents de moindre importance. D'énormes blocs de pierre ont été lancés sur les bâtiments qui se trouvaient dans le port. Un obus est entré dans la chambre de Paccini, l'aide de camp de l'amiral ; le commandant Pouyer a eu son appartement lézardé ; toutes les vitres de la rue de la Marine ont été brisées.

Le nombre des victimes est considérable. Le lendemain, il manquait cent trente-cinq hommes à l'appel. Tous les artilleurs, au nombre de quatre-vingt-huit, qui étaient alors couchés, ont péri ; quatorze autres ont été blessés. On travaille activement à déblayer le théâtre de ce sinistre.

Le pauvre commandant Pallard est au nombre des morts. Il était très-aimé et très-considéré à Alger.

La femme du commandant Segretier, avec lequel j'avais fait ma première traversée de Toulon à Alger, a été aussi victime de cette catastrophe.

XXX

Événement à Tenez. — Ben-Henni. — Si-Mohamed-ben-Abdalla. — Le colonel Saint-Arnaud. — Le colonel Claparède. — Le commandant Canrobert. — Le capitaine Fleury. — Départ pour Tlemcen.

Oran, 27 avril.

J'avais bien raison de dire que la province d'Oran sentait la poudre ; je ne me trompais pas. Je sors de chez le colonel de Noue qui vient de recevoir des nouvelles de Tenez, où il a commandé pendant quelque temps. La guerre, avec toutes ses calamités, est à ses portes.

Dimanche dernier, le camp des Gorges a été attaqué par Ben-Henni, à la tête des Beni-Hidja. Le dépôt, où se trouvaient tous les effets des officiers du 5me bataillon des chasseurs d'Orléans et les ballots des compagnies, était gardé par cinquante hommes commandés par un sous-lieutenant. Ils n'ont eu que le temps de prendre leurs fusils et leurs cartouchières et de se réfugier dans le blokaus que de Noue lui-même y avait fait placer. Tout a été enlevé, brisé, brûlé. Deux petites filles qui lavaient du linge dans le ruisseau ont été massacrées par ces forcenés, qui étaient, ce jour-là, au nombre de six ou huit cents.

Le lendemain, lundi, ils sont encore revenus. Le poste avait été renforcé de quelques hommes, mais eux aussi étaient plus nombreux. L'énorme butin qu'ils avaient enlevé le jour précédent avait éveillé l'appétit des voisins. Ils étaient de mille à douze cents, toujours conduits par Ben-Henni et son fils. Ils allaient écraser par leur nombre la petite garnison qui défendait le poste, lorsqu'un acte de courage héroïque est venu jeter l'effroi parmi les Arabes.

Un lieutenant du génie, nommé Commandeur, et onze hommes de ses conducteurs, mal montés, ont fait une charge sur plus de trois cents cavaliers. Leur élan a été si vigoureux, leur détermination si rapide, que les Arabes, terrifiés par cette audace inouïe, se sont retirés en désordre, laissant vingt hommes morts et autant de blessés. Mais le brave Commandeur, son maréchal des logis et un sapeur, ont payé de leur vie cette victoire; cinq autres sapeurs ont été blessés. Malgré l'acharnement qu'ont mis les Arabes pour s'emparer de nos glorieux cadavres, tous ont été relevés par ce qui restait du détachement.

Le surlendemain et les jours suivants, les Arabes ont fait de nouvelles tentatives, mais ils n'ont rien entrepris de sérieux. On avait placé une pièce de canon pour les recevoir, et il est probable que cette circonstance a calmé leur ardeur.

Mais voici bien une autre histoire : il paraît que ce fameux Ben-Henni vient de se faire proclamer sultan.

Il a écrit à son frère, le cheik des Ouled-Arbi, qui n'a pas encore déserté notre cause, pour lui faire savoir que le tout-puissant sultan Ben-Henni, le serviteur du prophète, viendrait le *razzer*, s'il ne se hâtait de se rendre près de lui avec tout son monde. Jusqu'à présent, le frère a fait la sourde oreille : nous verrons plus tard.

Quelques événements non moins importants avaient précédé de peu cette levée de boucliers. Avant Ben-Henni, un Si-Mohamed-ben-Abdalla, schérif, s'était présenté chez les Ouled-Yonnaus et avait levé l'étendard de la révolte en se proclamant, lui aussi, sultan. Tous ces coquins-là veulent être ou prophètes ou sultans.

Une colonne de quinze cents hommes partit d'Orléansville sous les ordres du colonel Saint-Arnaud; une autre colonne de six cents hommes quitta Tenez, conduite par le lieutenant-colonel Claparède. Le colonel Saint-Arnaud apprit, au moment de se mettre en route, que les Shéah de la rive droite avaient été entraînés par le nouveau sultan Abdalla, et que Ben-Kassem, le caïd et son fils avaient été tués. Il fit immédiatement partir toute sa cavalerie et quelques hommes du génie, sous les ordres du lieutenant Richard. L'ennemi fut rencontré, bousculé, battu, et Richard, quoique blessé, enleva le drapeau.

Le lendemain de cette affaire, les deux colonnes firent leur jonction sur le territoire des Ouled-Yonnaus. Les dispositions hostiles de cette tribu déterminèrent le colonel Saint-Arnaud à faire une razzia. On dirigeait vers le camp les troupeaux enlevés dans ce coup de main, lorsque le lieutenant d'artillerie Béatrix, avec quatre hommes, commit l'imprudence de s'éloigner de la troupe qui ramenait la capture. Ne connaissant pas le pays, ils tombèrent dans une embuscade et furent pris par les Arabes sans qu'il fût possible de leur porter secours. Tous les cinq ont été massacrés. Le lieutenant Béatrix a souffert horriblement; il a vu mourir devant lui ses malheureux compagnons, et les Arabes se sont donné le plaisir de le bastonner, de le larder; enfin, suivant le rapport des espions, il aurait, pendant douze heures, été la victime des plus cruelles mutilations.

D'autres traits de bravoure et d'intelligence signalaient la présence de nos troupes sur le terrain où s'était, pour ainsi dire, concentré le foyer de l'insurrection.

Le commandant Canrobert, à la tête des chasseurs d'Orléans, enlevait une position redoutable, défendue par un ennemi cinq fois plus nombreux. Le combat fut si terrible et si acharné de part et d'autre, que, ne se donnant pas le temps de recharger leurs armes, les chasseurs d'Orléans se ruèrent comme des tigres sur les Kabyles épouvantés, et en précipitèrent un grand nombre dans les ravins, en les perçant de leurs larges baïonnettes. Les hommes et les chefs qui les commandaient rivalisaient de sang-froid et d'ardeur; il semblait que la confiance qu'avait su leur inspirer leur nouveau commandant avait décuplé les forces des soldats.

Le capitaine Fleury a aussi fait parler de lui. Dans une affaire meurtrière, et où, comme dans tous ces épisodes détachés, pour ainsi dire, de la même histoire, le désavantage du nombre était de notre côté, il eut un cheval tué sous lui. Obligés de mettre pied à terre sur un terrain qui ne leur permettait plus de manœuvrer leurs chevaux, ses spahis soutinrent intrépidement le choc des Kabyles jusqu'à l'arrivée de la colonne Canrobert, qui les aida à culbuter l'ennemi au fond des précipices.

Partout, enfin, des poignées de braves, dirigées avec vigueur contre cette immense levée de boucliers, opposaient une digue vivante et glorieuse au torrent prêt à déborder, et abattaient les étendards de la révolte suscitée par le fanatisme.

De Noue, naguère commandant supérieur à Tenez, peut à peine ajouter foi à tout ce qu'on lui a raconté. Il me disait qu'il croyait encore voir cette stupide figure de Ben-Henni prenant son café, assis sur une natte de son modeste salon. « Quoi! c'est là un sultan? » disait-il. Et il riait comme un fou.

Malgré ces récits héroïques, nous ne sommes pas toujours à la guerre, et nous passons quelquefois, dans un cercle de trois ou quatre amis, des soirées très-pacifiques et qui se terminent par la perte de quelques fiches.

De Noue a une des meilleures musiques militaires que j'aie entendues, et deux fois par semaine nous avons, sur la place, le plaisir d'écouter des morceaux admirablement exécutés et de voir en même temps la réunion de tout ce qu'Oran renferme de femmes qui ne craignent pas la lumière du soleil.

Il faut que je confesse que j'ai la manie, le travers, le ridicule (qu'on appelle cela comme on voudra) de croire au magnétisme, et, qui plus est, de le pratiquer. Je m'y suis livré avec d'autant plus de passion ici, que de Noue, petit-fils de M. de Puységur, y croit lui-même comme moi. Nous avons nos petites séances à jour fixe, et j'ai obtenu déjà des résultats et des effets qui me surprennent et m'effrayent moi-même.

Le frère de de Noue, lieutenant au 3ᵉ chasseurs, m'avait prié de magnétiser une jeune Espagnole appelée Mariquita, à laquelle il porte un tendre intérêt. Cette jeune fille était malade depuis six mois ; l'éclat de ses yeux andalous se ternissait, le velouté de sa peau se fanait ; une langueur générale s'était emparée d'elle : en deux mots, elle dépérissait.

J'entrepris la cure avec la ferme volonté et la foi indispensable aux praticiens. Après notre café et un cigare fumé sur la terrasse, presque tous les soirs je soumettais la patiente aux effets du fluide.

Deux ou trois séances suffirent pour l'endormir. Au bout de huit jours j'étais maître de mon sujet, à tel point que, sans même faire les passes les plus légères, en quelques minutes, je parvenais à la plonger dans un sommeil profond. Sa lucidité n'avait jamais été merveilleuse, et, comme je n'avais d'autre but que de lui rendre la santé, je ne cherchais même pas à lui faire des questions qui pouvaient la fatiguer.

Il y avait plus d'un mois que je la magnétisais ainsi, et déjà ses couleurs vives et bistrées avaient refleuri sur son teint décoloré ; ses forces renaissaient de jour en jour : enfin tous les symptômes d'une santé régulière avaient reparu chez elle.

Un beau jour, Mariquita, dont la gaieté était revenue avec la santé, me dit en riant qu'elle serait très-curieuse de *voir* les effets du magnétisme, qu'elle ne connaissait que par les résultats que j'avais obtenus sur elle, et qu'elle me priait, pour l'amuser, de magnétiser quelqu'un en sa présence. Elle me proposa une de ses amies, Espagnole comme elle. J'y consentis.

Au jour convenu, je me rendis chez le colonel de Noue, où devait avoir lieu la séance. Son frère, l'*ami* de Mariquita, était parti, depuis trois semaines à peu près, en expédition du côté de Sedbou.

Quand je fus en présence de Vicenta, — c'était mon nouveau sujet, — je fus effrayé en songeant à la dépense que j'allais faire. C'était une grande et belle fille, au teint éclatant, aux cheveux d'ébène, à la poitrine développée, enfin aux formes les moins sympathiques aux idées que, à tort ou à raison, j'ai préconçues sur ma puissance magnétique.

Toutefois, je me mis à l'œuvre. Vicenta s'installa vis-à-vis de moi sur le canapé; Mariquita se mit près de la fenêtre pour travailler à sa tapisserie, et de Noue, plongé, je crois, dans la lecture des *Commentaires de César*, ne s'occupa plus d'une œuvre qu'il voyait tous les jours se renouveler devant lui.

Il y avait déjà près d'une heure que je me livrais à toutes les passes et que j'avais employé tous les moyens énergiques que je possédais pour forcer au sommeil mon sujet rebelle; ses grands yeux noirs étaient toujours fixés sur moi, et aucun symptôme ne m'annonçait la présence du fluide magnétique. Me sentant à bout de forces, et persuadé que de nouvelles tentatives seraient superflues, je me retournai d'un air découragé en m'écriant : — Ma foi, c'est impossible, elle a le diable au corps!

A cette exclamation, de Noue leva la tête, et, jetant les yeux du côté de la fenêtre où était Mariquita, il me dit : — Mais regardez donc, regardez donc! —

Mariquita était plongée dans un profond sommeil;

sa tapisserie avait glissé de ses doigts, ses bras tombaient le long de sa chaise, et sa tête était renversée en arrière. Cette vue me donna immédiatement l'explication de mon impuissance sur Vicenta, et, la repoussant, un peu trop brusquement peut-être, je la fis lever du canapé, et, aidé de de Noue, j'y installai Mariquita.

Son immobilité était si complète, que si nous n'avions pas connu la cause de cette espèce de léthargie, nous en aurions été nous-mêmes effrayés. Cette absorption par elle, involontaire de ma part, de tout l'esprit magnétique que j'avais dépensé, me donna l'espoir qu'elle était dans une disposition tout exceptionnelle. Je fis part à de Noue de mes espérances et nous convînmes de pousser cette fois l'expérience jusqu'au bout.

Je commençai par lui rendre un peu de sensibilité, par la faire parler, et la mettre en état de répondre à mes questions. Nous lui en fîmes plusieurs. Ses réponses furent toujours empreintes de raison et de lucidité, mais elles ne firent pas naître chez nous la surprise, parce que nous ne pûmes sur-le-champ en constater l'exactitude. C'est le lendemain seulement que nous reconnûmes qu'elle nous avait dit la vérité sur ce qui se passait à la même heure chez le commandant du port de Merz-el-k'bir, à trois lieues de là, et nous rîmes beaucoup de l'étonnement de notre brave commandant quand nous lui racontâmes certaines particularités de sa vie intime.

Pendant que nous cherchions des questions à adresser à Mariquita, nous entendîmes le pas d'un cheval qui s'arrêta à la porte de la maison, et bientôt après un chasseur tout poudreux remit à l'ordonnance une lettre à l'adresse de de Noue. Dans cette lettre qu'il décacheta

vivement en était une autre destinée à Mariquita. Je la pris des mains du colonel, et m'étant approché de la magnétisée, je mis le papier sur son front, en lui disant:
— *Voyez*.

Après quelques instants employés sans doute à chercher, sa poitrine s'agita, et elle s'écria d'une voix étouffée : — Ah! Gaston! Gaston!

— Eh bien! quoi? lui dis-je, qu'est-ce que vous voyez? — Et elle répétait toujours : — Gaston, Gaston! Il va venir, je le vois.

— Où est-il?

— Tout près d'ici. — Au puits d'El-bourchass, — je le vois. — Il fait boire son beau cheval blanc. — Dans une heure il sera ici.

Nous savions que Gaston était parti avec son escadron pour plus de trois mois, de sorte que l'exclamation et la vision de Mariquita ne nous inspirèrent pas une grande confiance.

— Vous vous trompez, dis-je à Mariquita, Gaston est au delà de Tlemcen, dans le petit désert, et vous ne pouvez pas le voir.

— Si, — si, — répétait-elle, je le vois, et tenez, — voilà ce qu'il m'écrit. Et elle se mit à réciter couramment en espagnol une phrase qui, disait-elle, commençait sa lettre, et qui lui annonçait son retour prochain.

— Oh! c'est trop fort, fit de Noue en arrachant la lettre qu'elle tenait toujours sur son front, il faut que je voie si c'est vrai.

Il rompt le cachet, et, à notre grande surprise, nous lisons, au commencement, la phrase en espagnol, telle que l'avait débitée Mariquita.

— Assez, dis-je à de Noue, donnez-moi cette lettre.

Je la repliai, la cachai dans ma poche, et je me mis en mesure de réveiller Mariquita, curieux de savoir si, à son réveil, elle se rappellerait ce qui l'avait tant impressionnée pendant son sommeil.

Elle ouvrit les yeux, montra un peu d'étonnement de se trouver sur le canapé, puis reprit sa tapisserie sans nous faire aucune question.

Au bout de dix minutes, de Noue lui remit la lettre de Gaston que je lui avais rendue, et la joie que témoigna Mariquita fut la même, et s'épancha de la même manière que pendant son sommeil. Seulement, elle parut surprise que le cachet fût brisé, et, malgré les assurances du colonel qu'il n'avait pas lu la lettre, elle parut fort contrariée de cette apparente indiscrétion.

Une heure après, Gaston était dans les bras de son frère, et il nous racontait comment l'ordre de retour leur était arrivé sur les confins du désert. Il nous assura qu'en effet, il y avait une heure environ, il s'était arrêté au puits d'El-bourchass pour faire boire son cheval. Mariquita avait été lucide, il n'est pas possible de le révoquer en doute.

Indépendamment de Mariquita, il y a d'autres sujets sur lesquels je fais des expériences. Nous avons eu dernièrement, au château, une scène assez plaisante à l'occasion d'une d'elles.

Un capitaine du génie, esprit fort, mais cœur faible, riait de toutes nos « grimaces », comme il les appelait, et prétendait qu'aucune de nos magnétisées ne dormait réellement. Il n'aurait confiance dans le magnétisme, disait-il, qu'autant qu'une personne de son choix consentirait à subir l'épreuve, et il me proposa de magnétiser une jeune fille à l'ingénuité de laquelle il se fiait complétement.

Il alla la chercher, et, une fois endormie comme les sujets précédents, elle fut mise en rapport avec le capitaine, qui doutait encore de la réalité du sommeil. A peine eut-elle touché sa main, que la physionomie douce et calme de la jeune fille prit une expression de vive contrariété et même de colère.

« Ah! c'est vous! disait-elle; que faites-vous-ici? — Ne me touchez pas! — Je ne veux plus vous écouter.— Allez... Allez chez Luisa, répétez-lui ce que vous lui disiez hier soir : que vous n'aimeriez jamais qu'elle, et que je suis une petite sotte. Je ne veux plus vous voir, allez-vous-en! »

Notre malheureux officier, écarlate comme les parements de son habit, abasourdi par ce déluge de reproches, ne savait s'il fallait répondre, rire ou se fâcher.

« Êtes-vous bien sûr qu'elle dort? me disait-il d'un air inquiet.

— Vous allez vous en convaincre, » lui répondis-je; et je réveillai doucement la magnétisée. Ses traits reprirent insensiblement la douceur et la sérénité qui étaient le caractère de sa figure, et quand elle ouvrit les yeux, elle alla se mettre en rougissant au bras de son perfide capitaine, qui n'eut plus la tentation de la faire magnétiser, parce que, m'a-t-il dit depuis, il a pleine confiance dans le magnétisme.

Nous partons, mercredi 28 mai, pour Tlemcen. Les événements qui se passent dans l'Ouest ont décidé l'autorité militaire à donner à notre convoi une certaine importance. Il se compose d'un bataillon, d'un escadron de chasseurs et d'une batterie d'artillerie. Une bonne tente doit m'abriter de la pluie et du soleil; mes cantines sont bien garnies; deux mulets portent mon bazar, et je monte un excellent cheval dont Gaston de Noue m'a fait faire récemment l'acquisition. Que puis-je demander de mieux, si ce n'est un temps agréable et pas de siroco?

Malheureusement, mes deux amis, arrivés depuis quatre jours, sont tous deux retenus au lit par la fièvre. L'un, de V..., est vigoureux, et j'espère qu'il sera bientôt en état de se mettre en route avec nous; mais le second est plus malade, il est démoralisé, et je crains presque de le laisser seul ici. Quand le moral n'y est plus, le reste s'en va bien vite.

XXX

La cantine. — La poule de Carthage et les Bédouins. — Les environs de Tlemcen. — Le Méchouar. — La ville. — La Poste. — Exécutions.

Tlemcen, 5 juin.

Partis le mardi 27 mai, à cinq heures du matin, nous ne sommes arrivés ici que le 31 au soir, après avoir bivaqué quatre nuits sous la tente.

Je n'entrerai pas dans tous les détails de notre voyage, ce serait me répéter que de faire la description de cette vie nomade. J'ai déjà fait connaître tout le charme d'un soleil de soixante degrés de chaleur sur la tête, pendant plusieurs journées entières; et de cette soif brûlante qui vous fait pousser des cloches dans le palais. Ce à quoi je n'étais pas encore initié, c'est à une marche par une pluie battante, c'est aux nuits humides et froides qui vous glacent jusqu'aux os. Dieu merci! cette triste température n'a pas duré, et deux jours après nous pouvions sécher, à cheval, aux rayons d'un bon soleil, nos nos vêtements encore trempés, en courant la gazelle et en tuant des poules de Carthage.

J'avais commencé, à notre premier bivac, par une expédition contre mon domestique, Giuseppo, Italien d'origine, *mouleur de profession*, que je ne trouvais jamais quand j'en avais besoin, qui me laissait panser mes chevaux, piquer ma tente, etc., et qui était toujours fourré dans les cantines. J'ai profité d'une prolonge de retour pour Oran, et je l'ai embarqué, à la grâce de Dieu. Un canonnier, que le commandant du convoi avait eu l'obligeance de mettre à mon service, s'acquitta à merveille des soins que ne me rendait pas Giuseppo.

J'avais découvert en lui les plus fines dispositions culinaires, et, comme chasseur j'étais chargé d'approvisionner de viandes fraîches notre cantine, j'eus occasion de mettre son talent en évidence. C'était une perdrix par-ci, un lièvre par-là, et de temps en temps une poule de Carthage. Une d'elles a failli me coûter cher.

Nous étions à six ou huit lieues de Tlemcen. Les sites devenaient beaucoup plus pittoresques, les accidents de terrain plus fréquents. De poule en poule, et de vol en vol, nous avions fini, un officier d'artillerie et moi, par nous écarter si bien de la route que suivait la colonne, que nous sommes descendus, sans nous en apercevoir, dans des ravins escarpés, au fond desquels sept Arabes semblaient dormir auprès de leurs chevaux.

Une poule avait été blessée, et avait dirigé son vol de l'autre côté du ravin; nous allions la poursuivre, mais à peine nous étions-nous mis en mesure de descendre l'escarpement, que nos sept dormeurs saisissent vivement des fusils que nous n'avions pas aperçus d'abord, et grimpent lestement sur leurs chevaux.

« Volte-face! » me crie l'officier; et il s'élance en galopant sur le mamelon qui nous séparait du ravin de l'autre côté duquel se trouvaient nos amis les Bédouins. Je ne me le fis pas dire deux fois, et bientôt nous mîmes un petit plateau entre nous et les Arabes, obligés de descendre avec peine le ravin, pour venir jusqu'à nous.

Nos chevaux, animés par l'éperon et la voix, commençaient à mettre un espace raisonnable entre nous et les Arabes, lorsque, tout à coup, je me sentis couler sur la croupe de mon cheval, qui gravissait en ce moment une énorme montagne. Les sangles ne retenaient plus la selle, je tombais; il fallut mettre pied à terre. La situation était critique, mais, aidé de mon compagnon, je réparai promptement l'accident.

Il était temps; les Arabes avaient déjà dépassé le premier mamelon que nous avions gravi, et un coup de feu, en nous apprenant à qui nous avions affaire, nous donna encore des jambes. Nous gagnâmes du terrain, et au bout d'un quart d'heure nous avions rejoint la colonne, sains et saufs, nous promettant bien de ne plus aller tirer des poules de Carthage dans les environs de Tlemcen.

Le soir du cinquième jour, nous étions dans la campagne de Tlemcen, et nous traversions les bois et les jardins de cette ancienne cité, si riche autrefois. Quel changement subit d'aspect!

En partant d'Oran, jusqu'à moitié de la route, c'est-à-dire vers le Rio-Salado, avant d'arriver à l'Isser, la campagne est la même que dans la plus grande partie de l'Afrique : d'affreuses montagnes et quelques palmiers nains; mais, passé l'Isser, les pâturages commencent à récréer la vue, et bientôt les oliviers, les figuiers, qu'arrose le Salseff, viennent couper de leur feuillage d'un vert nuancé cet éternel horizon. Ce n'est plus l'Afrique avec son ciel brûlant, cette terre desséchée qu'on quitte sans regret; on se croirait en Normandie dans un magnifique jardin anglais. L'air est embaumé, rafraîchi... Mais malheur à celui qui se laisse aller à la contemplation de la belle nature ! malheur à celui qui se laisse enivrer par les parfums séduisants qu'on respire!

Ce sont précisément ces bois et ces prairies qui recèlent, surtout en ce moment, les plus fameux espions d'Ab-el-Kader, et nos ennemis les plus acharnés. Les accidents y sont fréquents depuis quelques jours, et on ne les traverse que bien serrés et bien escortés.

Nous touchions enfin à cette vieille ville, et nous passions sous la porte démantelée de ce Méchouar en ruines, ancienne citadelle des Coulouglis, aux murailles duquel pendent encore quelques chevelures ensanglantées des condamnés que la justice musulmane exposait à des crocs comme épouvantail.

La ville, autrefois considérable, est tout en ruines aujourd'hui. Sauf quelques casernes, hôpitaux et établissements nouvellement construits par le génie, c'est une vaste prison crevassée, demeure ordinaire des chacals, des rats, des lézards et des Arabes, au nombre de huit mille, Coulouglis ou Adars. Il n'y a que cinq ou six cents soldats, et trois ou quatre cents Européens. Je dois camper dans ce joli séjour plus longtemps que je ne comptais, d'autant plus que je serai forcé de renoncer au voyage de Lalla-Margnia ; la route a été coupée par des partis d'Ab-el-Kader et des Marocains. Impossible même d'y aller en sécurité avec vingt-cinq ou trente chevaux. Et l'on vous dit : « La province de Tlemcen est tranquille, les moissons s'y font sans trouble, » etc., etc... Voilà comme on écrit l'histoire ! Le commandant supérieur m'a bien proposé de me donner un détachement de quelques Arabes et un caïd qui répondrait de ma tête sur la sienne; mais je tiens trop à mes deux oreilles, et fais trop peu de cas des siennes, pour accepter la caution.

Malgré l'activité de la vie que je mène, je ne puis y trouver qu'une monotonie désespérante. Des Arabes et des soldats, des soldats et des Arabes, et voilà ! Quelle ressource ! Des moellons et des palmiers nains, des aloès et des rochers. Quelle nature ! Mais quel soleil aussi ! Quand on n'y est pas habitué, on éternue toute la journée, rien qu'en regardant à ses pieds.

Je ne puis encore asseoir mon jugement sur la province de Tlemcen, avant d'y avoir terminé mes courses; mais, en attendant, je ne puis établir aucune comparaison qui ne soit à l'avantage de l'Est. Il y a de l'Orient à Constantine et dans ses environs. Il n'y a que du Berbère et du Vandale par ici.

Le courrier part ce soir. Le courrier ! Qu'on se figure quatre bandits à la face pâle et sale, recouverts de haillons blancs et bruns, montés sur des chevaux efflanqués, armés de longs fusils rouillés, et précédés par un autre bandit qui est leur chef.

Les sacoches pendent à l'arçon de leurs selles, et ces sacoches renferment des secrets d'État, des secrets d'amour, et l'expression de tous les sentiments de l'amitié et de la famille. S'ils ne sont pas dévalisés en route, les lettres arrivent à leur destination; sinon, elles servent de bourres aux fusils de nos amis les Bédouins, et souvent les lettres retournent à leur point de départ avec une vitesse que n'a pas encore acquise l'administration de M. Conte. C'est un moyen à lui communiquer.

Le vent du désert souffle avec une sourde fureur depuis ce matin; il faut un estomac de chameau pour y résister, et cependant j'aime encore mieux cet excès de chaleur que le froid et la pluie qui me font ici l'effet d'un contre-sens atmosphérique.

Toutefois cette température excessive vous énerve et vous ôte la force de travailler. Je n'ai pas le courage de transcrire mes notes, de mettre en ordre mes souvenirs. J'ai tort évidemment. La première impression est toujours la meilleure. On ne peut bien dépeindre que sous une impression récente, et lorsque depuis quelque temps on vit dans un même milieu, les couleurs s'effacent et se confondent, ou plutôt la vue s'habitue à leur éclat, qui ne vous éblouit plus.

Il y a tant de choses, qu'on oublie tous ces petits détails de voyage, ces rencontres, ces alertes, ces illusions, ces déceptions, ces frayeurs, ces ennuis, ces joies, ces plaisirs, ces émotions de toute sorte enfin, qu'il faudrait un volume pour analyser.

Et pourtant que de choses à dire sur ce pays si aride et si fertile! sur cette population parfois si lâche, et cependant si sublime par le fanatisme! Que de contradictions! que de choses qui se heurtent, et qui modifient le jugement qu'on allait porter! Ici, il faut tout voir, si l'on veut tout apprécier.

J'ai vu —*horresco referens!*— comme j'aurais dit en troisième, j'ai vu, en huit jours, fusiller un soldat et trancher la tête à un Arabe. Eh bien, veut-on savoir comment ils sont morts tous les deux?

Le premier, l'œil fixe et assuré, marchait d'un pas ferme, au milieu d'une haie de soldats, ses amis, ses camarades. Il était entouré de ses compatriotes; il était devant l'armée qui formait le carré. Il a ôté résolûment son habit, il a croisé fièrement les bras sur sa poitrine, il a regardé, sans sourciller, les canons dirigés sur lui, et il a reçu la mort debout et sans montrer la moindre émotion.

Le second montait au lieu du supplice, escorté par des soldats qu'il haïssait. La foule qui se pressait pour le voir ne manifestait aucun signe de pitié ou d'intérêt; les Arabes eux-mêmes semblaient le fuir, et pas un regard de sympathie ne l'encourageait. Un juif, aposté exprès derrière lui, selon la coutume, le suivait en vociférant des injures et en rappelant sa trahison et son crime, qui avait consisté à porter le drapeau devant Sidi-bel-Abbess.

Et cependant, lui, ne paraissant pas s'occuper du drame dont il était l'acteur principal, les mains et les yeux levés vers le ciel, il marchait comme un grand prêtre qui va consommer un sacrifice. Il y avait de l'enthousiasme dans son regard; il y avait quelque chose de solennel dans sa voix qui psalmodiait des chants religieux.

Arrivé au lieu du supplice, après avoir demandé à boire un peu d'eau, il s'est dépouillé de son bornous et de son haïk, et s'est accroupi comme s'il allait fumer sa pipe; il a levé la tête au ciel et l'a baissée sur sa poitrine, présentant la nuque au glaive du schaous. La force du coup renversa le patient.

Au second coup, la tête n'était qu'à moitié détachée. Alors — je sens encore une sueur froide en écrivant ces lignes — le cadavre s'est levé sur ses jambes, il a fait deux pas en avant vers le bourreau, et il lui a dit : « Fais donc mieux ton métier, maladroit ! Mahomet te punira ! »

Le malheureux s'est affaissé au milieu d'une mare de sang, sa tête s'est inclinée, et ce n'est qu'au cinquième coup d'yatagan qu'elle a été séparée du tronc.

Que dire de ces deux morts ? La première est celle d'un brave, la seconde celle d'un fanatique.

Si ces gens-là joignaient à leur esprit de religion et de fanatisme notre point d'honneur et notre amour-propre, nous n'aurions pas si beau jeu sur le champ de bataille.

Mais laissons là le drame pour la petite pièce. Je suis attendu à un punch offert par la garnison aux officiers d'un détachement de hussards de France, nouvellement arrivés. Il faut savoir remplir, même à Tlemcen, ses devoirs de société.

XXXII

Ruines. — Mansourah. — Bou-Médine. — La cascade de Mefrouck.

Tlemcen, 10 juin.

Décidément, mon séjour à Tlemcen se prolongera plus que je ne l'aurais voulu.

Toute la province est en agitation, surtout du côté de Lalla-Margnia, où il m'est impossible de me rendre, et cette nuit encore on vient de faire partir à peu près tout ce qui restait de la garnison, pour aller opérer une razzia.

Au surplus, quoique ma mission soit à peu près terminée ici, je n'y suis pas inoccupé, et mon album s'enrichit d'une feuille tous les jours. Seulement, le temps est détestable, un brouillard épais et une pluie fine incessante vous glacent jusqu'à la moelle des os. Il ne faut pourtant pas ne penser qu'à soi, et ce brouillard qui rend le séjour de notre garnison si triste, va précisément servir à merveille les mouvements de notre petite colonne, qui tombera demain à l'improviste sur les Ouled-Noun et les Beni-Amar. J'espère qu'on nous en ramènera des bœufs et des moutons, car ils nous ont enlevé le troupeau de Margnia, il y a deux jours. A charge de revanche.

J'ai parcouru l'intérieur de la ville, et j'ai pu faire quelques excursions dans ses environs. Tlemcen n'est plus qu'un monceau de ruines, de rues bouleversées, de maisons inhabitées, au milieu desquelles se lèvent çà et là, comme des spectres, les minarets des mosquées que le temps et les hommes ont respectées, et au sommet desquels, la cigogne, la triste cigogne, perchée sur une patte, fait entendre, à côté du muezzin monotone qui appelle les croyants à la prière, son claquement de bec non moins monotone.

Qui dirait, en parcourant ces rues désertes, qu'autrefois, et il n'y a pas bien longtemps, Tlemcen renfermait plus de cent mille âmes?

Quant à la campagne, c'est autre chose. Je n'ai rien vu en Afrique qui puisse être comparé aux environs de Tlemcen, qui sont réellement dignes de l'Alsace, de la Franche-Comté, des Vosges, enfin de tous les pays riches, verts et accidentés de la France.

Le climat de Tlemcen est généralement tempéré. Une énorme chaîne de montagnes l'abrite contre le vent du désert. Des sources abondantes, des cascades nombreuses se jettent dans les jardins qui entourent la ville, et répandent dans les environs une fraîcheur délicieuse. Enfin la végétation y est épaisse, abondante, mais un peu en désordre comme dans tous les pays où manque la main de l'homme. Si on n'y voit pas, d'ailleurs, l'aloès, le palmier, et les autres plantes et arbres qui exigent plus de chaleur, on y rencontre des vignes gigantesques, des figuiers magnifiques et des forêts d'oliviers.

Au milieu de cette campagne si verte, si riche, sont semés çà et là des marabouts, des mosquées désertes qui animent à leur manière le paysage.

A trois quarts de lieue d'ici, Mansourah, ancienne ville carrée dont il ne reste plus que les quatre côtés, figurés par des tours en ruines et une moitié de mosquée, s'élève dans la plaine, comme un vaste amphithéâtre.

Des forts, des châteaux, des aqueducs, toujours en ruines, sont éparpillés dans la campagne. Quand on parcourt ces vastes solitudes, autrefois si peuplées ; quand, sans rencontrer un seul individu, on heurte à chaque pas ces cadavres de la civilisation, le ciel bleu sur la tête, un horizon de montagnes calcinées devant les yeux, on se croit transporté au milieu des débris d'une ancienne cité de la Grèce, siége d'une grande puissance. C'est beau, mais désolant, car rien n'est plus triste que la preuve de la faiblesse de l'homme devant la puissance du temps.

A peu de distance de Tlemcen, à l'est, s'élève une

petite ville arabe qui a conservé son cachet d'originalité et de nationalité. Cette petite ville, qui porte le nom d'un saint marabout, très-vénéré par les indigènes, a toujours été respectée par nous, bien que le caïd ait passé dans les rangs d'Abd-el-Kader. Aucun Européen n'y demeure, et même n'y pénètre.

Les habitants ont demandé à l'autorité militaire de faire réparer leur mosquée, et j'ai profité de la visite qu'y faisait le chef du génie pour l'accompagner. Nous avons été reçus avec beaucoup de courtoisie par le marabout, qui nous a montré l'intérieur de la mosquée et le saint réduit où est déposé le corps de Bou-Médine, qui a donné son nom à la ville. Rien n'est plus élégant et plus coquet que les arabesques de cette petite chapelle, avec ses drapeaux, ses œufs d'autruche suspendus à la voûte, ses versets du Coran gravés sur les murailles, ses colonnes peintes des couleurs les plus harmonieuses, et cette lumière douce et mystique qui se répand autour de vous. On se sent saisi de recueillement, et l'on éprouve malgré soi une sorte de respect pour l'homme à la barbe blanche et à la figure vénérable qui est préposé à la garde de ce sanctuaire.

Bou-Médine est une petite ville tout arabe : rien n'y rappelle le voisinage des Européens et l'occupation, par eux, des lieux environnants. Toutes les maisons sont fermées comme des citadelles ; personne ne circule dans les rues, et on n'y voit aucune de ces petites boutiques, où l'indigène, accroupi dans une cage de quatre pieds carrés, étale des objets qui peuvent tenter le caprice ou la curiosité du passant.

On m'avait parlé d'une cascade magnifique qui se trouve à quelques lieues d'ici, dans un pays extrêmement sauvage appelé Mefrouck. Malgré les quelques inconvénients qui peuvent résulter de pareilles excursions, nous avons fini par organiser une petite caravane de dix-huit personnes bien armées, bien montées, et dimanche dernier nous avons accompli ce voyage qui vaut bien toutes les peines que l'on se donne pour le faire.

Qu'on se figure une muraille de rochers haute de quatre-vingts mètres, large de deux ou trois cents et disposée circulairement comme un cirque. Tout le long des parois de cette muraille de rochers s'élèvent, grimpent, tombent, s'enlacent des fouillis de plantes, d'arbustes de toutes sortes, de toutes formes. Et sur le haut des rochers, perdus dans l'horizon du ciel, se tiennent debout à quelque distance les uns des autres trois ou quatre pins, comme des sentinelles sur des créneaux.

L'eau se précipite en nappes du haut des rochers, comme un grand fleuve qui aurait rompu sa digue, et la végétation qui recouvre les parois de ce vaste cirque est tellement épaisse, que ces nappes d'eau filtrent, pour ainsi dire, au travers de ce feuillage merveilleux, et arrivent en poussière de diamant à la base des rochers.

La route que nous avons prise en revenant est extrêmement curieuse, si on peut appeler route les ravins et les crêtes de montagnes sur lesquels nous étions obligés de chercher notre chemin.

Quand on parcourt un pays si pittoresque, le seul regret qu'on éprouve, c'est de ne pouvoir le faire qu'avec l'appareil militaire. C'est à peine si l'on peut dessiner dans les faubourgs de la ville, sans être obligé de jeter les yeux sans cesse autour de soi, pour voir s'il n'arrive pas quelque indiscret Adar.

En résumé, Tlemcen est le foyer de la guerre et de la révolte, et l'on y est toujours sur le qui-vive. On pourra en juger quand on saura que pour faire pâturer, dans les prairies qui sont au pied de la ville, le troupeau sur lequel notre estomac fonde toutes ses espérances, on est obligé de le faire garder par une compagnie d'infanterie et un détachement de cavaliers.

XXXIII

L'expédition. — Les blessés. — Le capitaine Larouille. — Le lieutenant du Bos. — Le zouave. — Les assassinats — Mariage juif.

Tlemcen, 17 juin.

Bien qu'il y a quelques jours on ait entendu le canon sur les hauteurs, nous n'avions pas de nouvelles de notre petite expédition. L'inquiétude commençait à s'emparer des esprits.

Heureusement que le général de Lamoricière, instruit de ce qui se passait ici, nous arriva le lendemain avec son goum, après avoir levé le camp de Saïda.

J'allai le voir à son débotté, et il me retint à déjeuner avec lui. Il était, comme tout son monde, harassé de la marche forcée qu'ils venaient de faire, et cependant, malgré ces fatigues, et le repos dont il avait besoin, il se mit à l'œuvre immédiatement, pour organiser, en cas de nécessité, un petit corps de réserve.

Le lendemain, point de nouvelles encore. J'étais chez le général, et je pus juger de tous les ennuis, de tous les embarras d'une responsabilité comme la sienne, dans un pays où tout est aussi décousu. On faisait venir des Arabes pour les interroger. On en faisait partir dans toutes les directions. C'était le caïd qui recevait des lettres, c'était des espions qu'on arrêtait; mais aucun de ces renseignements ne nous faisait connaître le résultat de l'engagement qui avait dû avoir lieu.

Enfin, quelques Arabes vinrent nous annoncer le retour de la colonne du général Cavaignac, et peu de temps après le colonel d'Hautemart, qui avait eu le commandement de l'expédition, fit sa rentrée dans Tlemcen.

Nous allâmes à la rencontre de sa colonne. Elle avait perdu vingt-deux hommes, et ramenait vingt-sept blessés, tous très-grièvement, parce qu'on s'est battu dans un village, et que les Kabyles, embusqués dans leurs jardins et derrière leurs maisons, tirent de plus près que les Arabes.

Beaucoup de ces malheureux n'en réchapperont pas, et entre autres, je le crains bien, un capitaine de zouaves qui avait fait la route avec nous d'Oran à Tlemcen.

Ce brave garçon, appelé Larouille, a été la victime de son dévouement. Dans l'attaque d'un jardin que défendaient derrière un mur plusieurs Kabyles, un zouave tombe frappé mortellement.

— Ne me laissez pas là, capitaine, lui crie-t-il, vous savez que c'est moi qui ai sauvé le capitaine Colin.

Ce que craignent le plus nos pauvres soldats, c'est d'avoir le cou coupé après leur mort.

Larouille s'élance et veut relever le cadavre, mais, au même instant, il reçoit un coup de feu dans la poitrine. Il aurait infailliblement été enlevé avec son soldat, si un jeune lieutenant, M. du Bos, le frère de celui que j'avais si singulièrement retrouvé l'année passée à la chasse au lion, n'était arrivé à son tour, et, au milieu d'une grêle de balles, n'eût chargé Larouille sur son cheval, et ne l'eût ramené à l'ambulance.

Les Kabyles ont eu environ deux cents hommes mis hors de combat. On a brûlé un village, pillé leurs habitations, ravagé leurs récoltes. Voilà la guerre de ce pays-ci. Il se commet même des atrocités sur lesquelles on est obligé de jeter un voile, parce que, par bonheur, ce sont des exceptions.

Comme je revenais, causant avec un officier, un malheureux zouave écloppé s'approcha de moi, et me dit d'une manière joviale :

— Ah ! m'sieur, si vous aviez été avec nous, c'est là que vous en auriez descendu des *moinieaux !*

Pour donner l'explication de cette apostrophe, il faut que je dise que, chemin faisant, en venant à Tlemcen, comme je tuais, étant à cheval, perdrix et tourterelles assez lestement, un zouave s'était pris de belle passion pour moi, et m'accompagnait pour ramasser les pièces de gibier qui tombaient. Il m'avait même demandé quelques coups de poudre et de plomb, pour faire bouillir, me disait-il, le pot au feu. C'est lui qui, au pied d'une montagne aride et escarpée, que nous gravissions sous un soleil ardent, venait nous crier, en contrefaisant le ton et les manières d'un conducteur de diligence :

— Messieurs les voyageurs, ceux qui veulent monter la côte à pied sont priés de descendre.

Et je lui avais cédé avec plaisir ma monture pour le soulager.

Il avait plusieurs petites babioles, telles qu'épingles, bracelets, etc., qu'il avait, me dit-il, *décrochées* dans la razzia, et pour lesquelles je lui donnai quelques pièces de monnaie.

La colonne Cavaignac vient de recevoir l'ordre de repartir. Il s'en faut que ce soit fini, et cela chauffe au contraire. Des assassinats ont eu lieu aux environs de la ville. Un zouave a reçu un coup de feu dans la tête pendant qu'il coupait du foin, et un pauvre caporal du génie, qui était de notre excursion à la cascade, vient d'être tué d'un coup de pistolet à deux pas de Bou-Médine.

Tout cela n'empêche pas de rire et même de danser; oui, de danser. J'ai assisté hier soir à un *bal* donné par les officiers de la garnison aux officiers de hussards.

On peut se figurer la *Chaumière* ou le *Château-Rouge* en déshabillé. On n'y voyait pas précisément le même raffinement de danse et de poses académiques; mais c'était un entrain, une verve que l'on ne rencontre nulle part. Presque tous les danseurs, pour se livrer plus librement à leurs ébats joyeux, n'avaient gardé que leur pantalon et leur chemise. Pour moi, qui conservais mon sang-froid et mon inaction au milieu de cette ébullition, je ne pouvais m'empêcher d'avoir l'esprit traversé par des idées tristes, en songeant que plusieurs de ces jeunes gens si gais, si insouciants, si pleins de séve et de vie, seraient peut-être, le lendemain, frappés mortellement et rapportés sur une civière dans la maison où, la veille, ils s'étaient livrés à une joie extravagante.

J'ai eu la faveur d'être invité à un mariage juif.

Il s'est fait la nuit, et comme les rues de Tlemcen ne sont pas éclairées au gaz, on est venu me chercher pour guider notre marche au milieu des décombres que nous avions à traverser. Deux juifs, porteurs de petites lanternes en papier, précédaient nos pas, et, malgré cet éclairage de luxe, nous avons failli plusieurs fois tomber dans des citernes ou des excavations profondes, car nous avons fait au moins un quart de lieue sous des voûtes sombres et en ruines, et je me figurais bien plus, dans ce trajet lugubre, aller à un enterrement qu'à un mariage. Du reste, je ne me trompais pas de beaucoup.

Arrivés au terme de notre voyage souterrain, non sans nous être plusieurs fois heurté la tête, nous nous sommes arrêtés dans une petite maison sombre, dont la porte entr'ouverte laissait échapper une faible clarté, pour diriger probablement les pas incertains des invités. Une musique, aux accents plaintifs et monotones, retentissait dans l'intérieur, et quelques voix confuses arrivaient jusqu'à nous.

Le père de la mariée vint à notre rencontre avec une troisième lanterne, qui n'était pas de trop, pour nous guider dans ce labyrinthe tortueux. On mettait tant de précautions à se cacher, à marcher en silence, et une solennité si grave à nous recevoir, qu'il semblait que nous arrivions pour être complices ou témoins d'un crime.

Enfin, parvenus dans une chambre souterraine, qui ressemblait à un tombeau, au milieu de laquelle était une sorte d'estrade éclairée aux quatre coins, comme un catafalque, par de petites bougies en cire de couleur, nous commençâmes à distinguer la physionomie des personnages qui faisaient partie de cette triste réunion.

Le père, petit vieillard sec, à la barbe rare, au teint jaune, était vêtu tout de noir. La mère et les grands parents portaient également des habits de couleur sombre, et, au milieu de la salle, circulaient en jouant et en folâtrant cinq ou six petits marmots, frères et sœurs de la mariée, tous plus jolis les uns que les autres, mais affublés d'une manière étrange.

On nous fit prendre place sur des coussins adossés au mur, et on nous passa des plats remplis de bonbons, confitures et sucreries de toute sorte.

Chaque fois que de nouvelles personnes étaient introduites dans la salle, la musique entonnait sa marche funèbre, et les plateaux recommençaient à circuler.

Bientôt la réunion fut complète.

Le marié, jeune homme de vingt à vingt-deux ans, assez insignifiant, et vêtu très-simplement, fit le tour de la salle en disant quelques mots aux personnes de sa connaissance, en réponse, sans doute, aux compliments qu'on lui adressait. Puis il se mit à manger avidement des bonbons, à avaler des sorbets, et à rire et causer comme s'il ne s'agissait pas de lui.

Vint le tour de la mariée. C'était une belle et grande fille, toute couverte d'or, de sequins, de broderies, d'étoffes entassées les unes sur les autres, le tout provenant, m'a-t-on dit, de la munificence du mari. Elle s'avança, pâle comme une morte, au milieu de la réunion, sur laquelle elle ne leva pas les yeux. Son père, sa mère, ses parents, les petits enfants vinrent l'embrasser, comme pour lui dire adieu, et elle fut livrée alors, — c'est le mot, — à un rabbin ou prêtre, qui la dirigea vers l'estrade. Elle s'assit d'abord sur les degrés, et on procéda à la toilette, — j'allais dire du condamné.

Les pieds, dégarnis de leurs chaussures, furent enduits d'une sorte de pâte, rassemblés et empaquetés dans des bandelettes, comme on l'aurait fait de ceux d'une momie d'Égypte Les mains subirent la même opération. Alors on étendit la victime sur l'estrade ; on lui enleva ses bijoux, ses ornements, en ne lui laissant que les vêtements ordinaires; on lui enveloppa la tête de bandelettes qui lui laissaient à peine une ouverture assez grande pour respirer, et on la couvrit d'un grand linceul en prononçant des paroles solennelles.

Pendant toute cette lugubre cérémonie, je sentais le froid dans mes veines, mon cœur était oppressé, et je ne pouvais me défendre d'une impression pénible. Lorsque ce grand drap blanc fut jeté sur cette pauvre jeune fille, si belle et si parée un instant auparavant, j'éprouvai le même sentiment que lorsqu'on entend tomber la première pelletée de terre sur un cercueil. J'avais besoin d'air, j'étouffais. Je me hâtai de sortir de cette maison vouée au deuil jusqu'au lendemain matin, époque à laquelle devait seulement être rendue au jour et à la liberté de ses mouvements la jeune mariée.

Il faut avouer que voilà une première nuit de noces peu récréative, et qu'elle est de nature à faire faire bien des réflexions à la victime qu'on initie d'une manière si singulière aux douceurs de l'hyménée.

J'attends toujours le retour des colonnes pour lever le camp. Le colonel d'Hautemart m'a bien fait l'offre de vingt-cinq hommes du Magzen, mais le général Lamoricière veut absolument m'emmener à Lalla Margnia. De là il me donnerait pour escorte un escadron qu'il compte diriger sur Gemma-Ghazouat, où je pourrais m'embarquer pour Oran. Ce serait, je l'avoue, une manière agréable de visiter les frontières du Maroc. Si le général est toujours décidé à partir après-demain, je me joins à sa colonne; sinon, je m'embarque à la grâce de

Dieu, et sous la protection des bandits qu'on m'a offerts, car il faut en finir, et retourner à Oran.

Quel dommage que ce pays soit si difficile à conquérir, et qu'on n'y mette pas ce qu'il faut en hommes et en argent! Plus on le parcourt, plus on le trouve beau et riche. C'est la Bretagne avec ses prairies, ses ruisseaux, ses grands arbres. Partout des ruines de mosquées magnifiques, de marabouts élégants, des pierres colossales, des tronçons de colonnes, partout enfin les traces d'une puissante occupation, qui vous prouvent qu'un grand peuple a passé par là.

Grâces à deux ordonnances qu'on m'avait données et qui se tenaient toujours en vedette pendant que je dessinais, afin que mon crayon fût à l'abri de tout coup de main, j'ai pu rapporter de ces environs un grand nombre de croquis.

J'ai appris hier soir que le général ne pouvait encore se mettre en route, et comme je ne puis me dispenser de rentrer à mon poste, il a été convenu qu'après-demain matin, 20 juin, je quitterais Tlemcen.

Nous devons doubler les étapes, et nous espérons faire la route en deux jours.

XXXIV

Ali, le Coulougli. — Aïn-Temouchen. — Puits d'El-Bourchass. — Le bon Caïd. — Talma. — Caïd-Osman. — Mizerghin.

Oran, 26 juin.

Mon premier soin, en arrivant ici, a été d'écrire un mot à d'Illiers, pour le rassurer sur mon compte; car il avait parié que ce qui m'arriverait de moins fâcheux serait de me voir voler mon cheval et mes armes. Dieu merci, les unes sont au croc, et l'autre à l'écurie et en bon état.

Le 20 juin, à trois heures du matin, seize coquins que nous avait envoyés le colonel d'Hautemart se tenaient avec leurs chevaux à la porte du méchouar où nous étions logés.

Bien que commandés par un brave Coulougli nommé Ali, leur mine n'était pas très-rassurante, et je commençais à croire qu'il eût mieux valu nous passer d'escorte que de nous mettre sous la protection de pareils bandits, dont quelques-uns étaient des enfants de quinze à dix-huit ans.

Afin de n'avoir rien qui pût gêner la rapidité de notre marche, nous avions laissé, de V*** et moi, nos cantines qu'on devait nous faire parvenir par le premier fourgon de retour.

A trois heures et demie du matin, nous étions en selle, et d'Illiers, de Senneville et deux ou trois autres officiers, montèrent à cheval pour nous accompagner pendant quelque temps.

Nous nous séparâmes à deux lieues de Tlemcen, et, après avoir échangé de bonnes poignées de mains, ces messieurs reprirent au galop le chemin de la ville, et nous, nous imprimâmes à nos montures cette allure allongée et monotone qui devait nous conduire à notre halte du soir.

Nous cheminions côte à côte, mon ami et moi, sans échanger un seul mot, lorsque Ali, qui s'était toujours tenu derrière nous à la tête de nos hommes, se rapprocha vivement et nous avertit que la moitié de notre escorte avait déjà décampé.

J'avoue que cette confidence ne me toucha guère, et l'indifférence avec laquelle nous reçûmes l'avertissement d'Ali, remarquée par les cinq ou six drôles qui restaient, fut cause qu'à huit lieues de notre point de départ nous n'avions plus d'autre escorte qu'Ali. Lui seul nous était resté fidèle.

Il nous expliqua les motifs de cet abandon. Les Arabes craignaient d'être rencontrés avec nous par des tribus hostiles, et, par conséquent, d'être compromis aux yeux de ces tribus. Il crut devoir nous rassurer en disant que notre modeste cortége attirerait moins l'attention et la cupidité des maraudeurs, et que, dégagés du soin de surveiller les traînards, notre marche ne pourrait qu'y gagner.

La chaleur était forte, et, vers les onze heures, nous nous arrêtâmes pour laisser respirer nos chevaux et prendre nous-mêmes quelques gouttes d'eau à une fontaine située au pied d'un ravin, sur les hauteurs duquel s'étendait à gauche un immense plateau.

Je reconnus parfaitement le site.

C'est là qu'en passant, un mois auparavant, je m'étais arrêté pendant qu'on cherchait à relever une prolonge qui avait glissé dans le ravin.

J'étais monté à cheval avec beaucoup de peine sur le plateau, afin de jouir de la vue qu'on devait y avoir, et, parvenu sur le sommet, j'avais abandonné les rênes sur le cou de ma monture livrée à elle-même, pendant qu'étendu sur l'herbe j'examinais de haut en bas le travail de nos artilleurs pour dégager la prolonge.

L'heureux animal avait de l'herbe jusqu'au ventre, et il sautait de joie comme un poulain en liberté. Tout à coup ses naseaux s'enflèrent, il tendit le cou, sa queue se roidit; il poussa trois ou quatre hennissements sonores, et, sans que j'eusse eu le temps de réfléchir ou de prendre un parti, il lança une ruade et prit sa course, toujours hennissant, dans la direction de l'ouest.

Qu'on juge de mon ébahissement. Je ne pouvais songer à courir après lui. J'appelai du monde à mon aide, et quelques personnes arrivèrent sur le plateau. On voulut se mettre à la poursuite du fugitif; mais plus on courait, plus il détalait. Enfin des Arabes qui faisaient parti du convoi, voyant notre embarras et jugeant bien que nous nous y prenions de manière à n'en pas sortir, nous engagèrent à les laisser faire.

Ils mirent pied à terre, et revinrent auprès de nous après avoir laissé leurs chevaux en liberté. Ceux-ci prirent bientôt la direction qu'avait suivie mon enfant prodigue, et, quand les Arabes les virent à peu près réunis à lui, ils sifflèrent et crièrent d'une certaine façon : le petit troupeau s'arrêta court. Je prêtais une grande attention à cette manœuvre, intéressé que j'étais à la voir réussir; car, indépendamment de mon cheval j'aurais perdu mes pistolets, mon fusil, qui était accroché à la selle, différents objets de voyage que contenait un petit portemanteau, — et mes cigares!

Mon cheval s'arrêta comme les autres, hésita un instant, et finit par se joindre à ses camarades. La réunion opérée, de nouveaux cris appelèrent toute la bande, qui revint en caracolant, et chaque cheval se rangea près de son maître.

Je remontai sur ma bête, me promettant bien de ne plus la quitter dans le voisinage de tribus inconnues.

C'est au pied de ce plateau que nous fîmes notre halte. Mais Ali ne jugea pas qu'il fût prudent de nous y laisser reposer longtemps, et, au bout d'un quart d'heure, il nous engagea à partir.

Nous parvînmes à Aïn-Temouchen vers six heures. Ce petit fort était commandé par un capitaine d'infanterie, qui me témoigna son étonnement sur la rapidité avec laquelle nous avions franchi l'espace de Tlemcen à Aïn-Temouchen, et surtout sur l'insuffisance de notre escorte. Je lui fis connaître toutes les particularités de notre voyage, et, afin d'éviter les mêmes ennuis, je le priai de s'occuper immédiatement des moyens de nous faire escorter le lendemain par des hommes sur lesquels nous pussions compter.

Le capitaine était encore dans un embarras plus grand que le commandant supérieur de Tlemcen. Il n'entretenait plus de communication avec les tribus voisines : plusieurs avaient levé le camp, et il se défiait de la bonne volonté des autres. Cependant, sur mes instances, il voulut bien faire une tentative, et il envoya un exprès à un douair des environs, en invitant le caïd à se rendre immédiatement près de lui.

Nous venions de terminer notre dîner, lorsque trois cavaliers se présentèrent à l'entrée du camp, et demandèrent à parler au commandant. C'était le caïd, suivi de ses deux principaux adjoints.

Il nous dit qu'il ne pouvait pas fournir d'escorte, que tous ses hommes étaient occupés aux travaux de la moisson, et qu'il venait lui-même en donner l'assurance, afin qu'on ne doutât pas de sa bonne volonté.

Malgré l'air patelin du caïd, nous n'ajoutâmes pas foi à ses protestations de dévouement. La moisson était terminée dans le pays, nous le savions, et nous insistâmes. Il trouva de nouveaux prétextes à son refus, et se disposait à partir, croyant que l'entretien se terminerait ainsi.

Mais j'avais eu soin de me faire donner une lettre par le général Lamoricière : je l'exhibai, je lui en montrai le cachet qu'il reconnut, et je priai le commandant d'exiger qu'il nous envoyât le lendemain cinq cavaliers à quatre heures du matin.

Afin d'assurer l'exécution de cet ordre, le commandant congédia le caïd et un de ses deux adjoints, et il déclara qu'il garderait l'autre au camp jusqu'à l'arrivée des cavaliers qu'il avait demandés.

Ils furent bien obligés d'en passer par là ; et, en effet, le lendemain, à l'heure convenue, les hommes étaient à leur poste.

Nous nous mîmes en route avant le lever du soleil. Nous avions un long trajet à parcourir et de mauvais chemins à traverser ; il ne fallait pas perdre de temps.

Ali, le coulougli, nous avait quittés à Aïn-Temouchen, et nous n'avions plus pour nous guider que les cinq nouveaux venus, qui paraissaient, d'ailleurs, d'assez mauvaise humeur.

Leur mine, contre l'ordinaire, n'était pas trompeuse ; car, avant d'être parvenus au défilé de l'Acher, chacun d'eux avait fini par s'esquiver comme des couleuvres derrière les buissons et les rochers qui bordaient le sentier que nous suivions.

Il fallut nous résigner à notre isolement. Je reconnaissais à peu près le terrain sur lequel nous étions engagés, et l'Isser que nous avions traversé en venant servit de repère à nos souvenirs.

Nous nous arrêtâmes sur ses bords pour nous reposer. Nous n'avions pas de vivres avec nous, sauf une petite

15

bouteille de café et d'eau-de-vie, et nous comptions sur l'hospitalité des tribus pour notre nourriture pendant le voyage; mais nous avions compté sans nos hôtes. Les Arabes auxquels nous nous adressâmes firent comme s'ils ne nous comprenaient pas, et nous ne pûmes même pas obtenir d'eux une goutte de lait.

Ces dispositions peu amicales nous engagèrent à quitter la place. Nous étions d'ailleurs intéressés à pousser en avant pour trouver quelques aliments. La faim commençait à se faire sentir; nous doublâmes le pas, et, vers les quatre heures de l'après-midi, nous arrivâmes au puits d'El-Bourchass.

Là nous trouvâmes une sorte de métis, Arabe, Espagnol, Français, de je ne sais quelle nation, vêtu je ne sais comment, et qui parlait je ne sais quelle langue. Il comprit cependant que nous avions besoin de manger, et il nous fit donner quelque chose comme de la galette, du biscuit ou du pain noir et dur, que nous trouvâmes excellent, et que nous dévorâmes.

Cet homme, vivait là avec une vieille femme, sa mère, qui ressemblait à une sorcière de Shakspeare; c'était le gardien officiel et reconnu par l'autorité française du puits d'El-Bourchass.

A ce titre nous invoquâmes sa haute protection. Il s'agissait de nous trouver un chemin pour aller à Mizerghin, sans que nous fussions obligés de traverser le grand lac salé dont nous ne connaissions pas le gué. Le brave homme ne voulait pas quitter son puits, et, d'un autre côté, de simples indications ne pouvaient nous suffire. On peut facilement s'égarer dans les taillis qui bordent le lac, et nous n'en serions pas sortis avant la fin de la nuit.

Il se décida à laisser quelques instants sa vieille mère au puits, et il nous demanda un de nos chevaux pour aller à la tribu dont on apercevait les tentes. Il enfourcha mon cheval et partit au galop. Nous le suivîmes des yeux et le vîmes mettre pied à terre. Il fut bientôt entouré par un grand nombre de personnes, et nous crûmes distinguer une certaine agitation au milieu des tentes. Nous vîmes même quelques cavaliers monter à cheval; mais, comme cette scène se passait à deux ou trois portées de fusil, nous n'en comprenions pas bien les motifs.

Enfin, au bout de quelques minutes, la confusion devint plus grande, le tumulte apparent sembla s'accroître, et nous vîmes notre envoyé reprendre sa monture et revenir au galop dans notre direction.

Nous eûmes bientôt l'explication de tout ce remue-ménage d'hommes et de chevaux.

Le caïd avait donné l'ordre de nous expédier deux guides; mais tous ceux à qui il s'était adressé avaient refusé obstinément, prétendant qu'ils n'étaient pas les serviteurs des *roumi*. Le caïd s'était fâché, et, pour ne pas lui obéir, la plupart des cavaliers de la tribu conduisirent leurs chevaux au dehors des tentes : de là le mouvement que nous avions aperçu.

Notre homme, pensant bien qu'il n'avait plus rien à faire là, était revenu vers nous, et nous nous apprêtions à nous remettre en route sur ses indications, lorsque accourut du côté des tentes un cavalier que notre hôte ne reconnut pas d'abord au milieu du nuage de poussière que soulevait son cheval lancé à toute vitesse. Quand il fut à quelque pas de nous, il nous cria que c'était le caïd; et, en effet, c'était lui-même, qui, les vêtements en désordre, pâle et tout essoufflé, nous faisait des signes pour l'attendre.

Lorsqu'il nous eut rejoints, il se mit à parler avec volubilité, et, quoiqu'il parût animé de bonnes intentions, sa voix semblait encore émue de la scène violente qui venait d'avoir lieu.

Le gardien du puits nous traduisit tant bien que mal les paroles du caïd.

Celui-ci avait déclaré à ses administrés, dont il n'avait pu vaincre l'obstination, qu'il était l'ami des Français, dont il tenait l'autorité; qu'il n'avait pas de motif pour leur être hostile, et que, puisqu'ils refusaient d'obéir à ses ordres, lui, malgré son grand âge, allait remplir son devoir, et qu'il nous servirait de guide.

Alors il avait fait amener son cheval, avait pris son fusil, et ce brave vieillard, de près de quatre-vingts ans, dont la barbe blanche et vénérable flottait sur la poitrine, était parti au galop pour se mettre à notre disposition.

— *Semi Françous*, — *Buono Françous*, — répétait-il, et il ajoutait qu'il était l'ami du général Lamoricière, et qu'il voulait nous conduire jusqu'à lui pour que nous rendissions témoignage de sa fidélité, et afin de le prier de venir châtier les rebelles de sa tribu.

Nous ne voulions pas abuser du dévouement de ce digne vieillard; mais il tint bon, et nous nous mîmes en route, nous promettant bien de le renvoyer au bout de quelque temps.

Nous cheminions côte à côte avec ce brave homme dans les petits taillis, au bord du lac, lorsque nous entendîmes le galop de plusieurs chevaux qui nous suivaient. Le caïd, se retournant, revint sur ses pas, et nous fit comprendre qu'il allait voir de quoi il s'agissait.

Trois cavaliers armés s'arrêtèrent devant lui : c'étaient des hommes de sa tribu. Un colloque très-animé s'engagea entre eux. Je n'y entendis rien ; mais je crus comprendre que le caïd, d'une part, leur adressait de vifs reproches, et que, d'un autre côté, les nouveaux venus faisaient des offres de service, et insistaient beaucoup pour qu'il retournât aux tentes. Les gens de la tribu avaient réfléchi sans doute, et, craignant ses menaces, — car ils savaient que la punition ne se serait pas fait attendre, — ils avaient dépêché trois des leurs pour détourner le caïd de son projet, et le remplacer auprès de nous.

Celui-ci ne voulait pas nous quitter, et rien ne semblait pouvoir ébranler sa résolution. Enfin, ayant compris par quelques mots le sujet de la discussion, nous priâmes le vieux caïd de ne pas aller plus loin. Nous cherchâmes à lui faire entendre que nous étions contents de son zèle, que le général Lamoricière en serait instruit, et qu'il était nécessaire qu'il retournât à sa tribu pour y rétablir l'ordre quelque peu compromis.

Il consentit à céder à nos instances, mais non sans nous avoir donné force marques d'affection, et après avoir fait les recommandations les plus énergiques à nos nouveaux guides.

Nous nous éloignâmes enfin, et nous vîmes cet excellent homme s'arrêter plusieurs fois pour examiner si nos Arabes nous faisaient bonne escorte.

Pendant une heure nous gagnâmes du terrain ; mais, arrivés auprès d'un petit marabout que je reconnus aux deux palmiers jumeaux qui le dominaient au milieu de la plaine, nos hommes s'arrêtèrent et nous dirent que leurs chevaux, fatigués des travaux auxquels la moisson les avait assujettis depuis quelques jours, ne pouvant plus marcher, ils demandaient à retourner chez eux. Nous ne tenions pas énormément à la compagnie de ces coquins, et comme je commençais à reconnaître le terrain que j'avais déjà parcouru à la chasse avec un certain Caïd-Osman, officier de spahis, et le même dont le prince Pukler-Muskau parle dans ses relations de voyage, nous les autorisâmes à rebrousser chemin. Ils ne se le firent pas dire deux fois; et, enfonçant leurs shabirs dans les flancs de leurs montures soi-disant épuisées de fatigue, ils reprirent ventre à terre le chemin que nous venions de parcourir.

Bien que le soleil commençât à se rapprocher rapidement de l'horizon, nous pouvions encore distinguer notre route, et je me guidais d'après mes souvenirs de chasse.

Nous n'étions plus qu'à deux lieues de Mizerghin, lorsqu'au travers des buissons rabougris qui peuplaient la plaine nous vîmes passer et repasser deux cavaliers, dont l'un, qui semblait poursuivre l'autre avec ardeur, était près de l'atteindre. Un pressentiment nous fit hâter le pas, et, lorsque nous fûmes à portée de la voix du lieu de la scène, nous entendîmes distinctement : « Au secours! au secours! »

L'homme qui poussait ces cris était celui qu'on poursuivait. Il était nu-tête, et portait une petite veste blanche, ce qui nous l'avait fait prendre de loin pour un indigène.

Lorsque nous arrivâmes, un Arabe, le yatagan à la main, était prêt à frapper le malheureux colon sans défense. A notre approche, il détourna son cheval, et lui fit prendre une direction qui le mit bientôt hors de notre vue.

Le pauvre colon remis un peu de sa frayeur, après nous avoir exprimé chaudement sa reconnaissance, nous raconta qu'ayant appris que depuis quelques jours des maraudeurs s'étaient organisés pour voler des chevaux au pâturage de la plaine de Mizerghin, il était venu chercher le sien ; mais qu'il lui avait à peine enlevé ses entraves, que l'Arabe s'était jeté sur lui en le menaçant de le tuer s'il ne lui donnait pas son cheval ; qu'alors il n'avait trouvé d'autre moyen que d'enfourcher sa propriété sur laquelle il décampait au plus vite ; mais que le voleur l'aurait atteint certainement, et peut-être tué, si notre présence ne lui avait heureusement fait prendre la fuite.

Le pauvre diable n'eut pas envie de retourner sur ses pas pour chercher son chapeau qu'il avait perdu dans sa course ; il nous demanda la permission de se joindre à nous, et à sept heures nous entrions à Mizerghin, après une journée passablement émouvante. Elle n'était pas terminée cependant, puisque nous voulions aller coucher à Oran, qui se trouvait encore à quatre lieues de là.

Les officiers de spahis, parmi lesquels Caïd-Osman et Talma, nous offrirent l'hospitalité et des rafraîchissements.

Après une heure de repos, dont nos chevaux n'avaient pas moins besoin que nous, nous reprîmes la route d'Oran, où nous arrivâmes au milieu de la nuit.

Pendant ce petit trajet nous eûmes le spectacle d'une chasse à courre donnée par deux chacals à un lièvre qui passa trois fois devant nos chevaux. Le malheureux lièvre paraissait aux abois, et je présume qu'il dut être forcé.

En résumé, j'ai mis mon projet à exécution. J'ai franchi en deux jours l'espace qu'il y a un mois, avec une bonne escorte, nous n'avions pu parcourir qu'en cinq jours, c'est-à-dire trente-six lieues, dans un pays inconnu, au milieu de populations animées de dispositions fort peu amicales, presque sans vivres, et pour ainsi dire sans escorte.

XXXV

Le Sig. — Oued-el-Hammam. — Les Hachem. — Le berceau d'Abd-el-Kader. — La plaine d'Eghris. — Prière du soir. — Baba-Ali. — Mascara.

Mascara, 3 juillet.

Nous quittâmes Oran vers la fin de juin, pour aller coucher au Sig, dont j'ai parlé plus haut. Le barrage que j'avais vu commencé est aujourd'hui complétement terminé, et c'est évidemment un des plus beaux ouvrages que la civilisation européenne ait donnés à l'Algérie, et dont l'utilité sera la plus incontestable, puisqu'il est destiné à former un réservoir d'eau capable d'arroser une plaine d'une étendue immense et d'une fertilité admirable.

J'ai commencé par prendre un bain dans quinze pieds d'eau, là où quatre mois auparavant les brouettes étaient en mouvement. L'eau était douce et chaude, et peut-être ai-je abusé de cette jouissance.

Le soir, à l'abri d'un olivier gigantesque, nous avons dîné avec les officiers du camp. La température était tellement élevée que la mie de pain se durcissait à l'air, comme si on l'avait mise au four; l'eau n'était plus potable, et les mouches qu'avaient attirées notre modeste repas étaient devenues si nombreuses, qu'on ne distinguait plus ce qu'on mangeait, et que nous aurions pu passer pour des nègres, tant notre visage en était couvert.

Nous partîmes le lendemain matin pour Mascara. Je n'avais pas fermé l'œil de la nuit. Une fièvre violente s'était déclarée. Était-ce le bain? Était-ce un refroidissement? Le fait est qu'il me fallut un certain courage pour me mettre en route, et je ne sais comment je pouvais me tenir à cheval.

Arrivés à moitié chemin, dans un petit fortin construit sur la rive de l'Oued-el-Hammam, je déclarai à de V***, mon compagnon de route, que je ne pouvais aller plus loin, sans prendre quelque repos. Je m'installai sur une table, je me couvris d'un bornous, car, malgré la chaleur étouffante, je grelottais comme un tremble, et je fis des efforts pour fermer les yeux. Impossible. Les mouches m'assiégeaient, et elles finirent même, épuisé que j'étais et n'ayant plus la force de les chasser, par s'emparer de la place, et faire élection de domicile sur mon visage.

De V***, qui venait de déjeuner dans une pièce voisine, et qui rentrait pour savoir de mes nouvelles, fut tellement effrayé de mon immobilité, et j'allais dire de ma pâleur, s'il avait pu la distinguer sous le masque de mouches qui me couvrait, que le pauvre garçon s'avança vivement vers moi, et m'appelant d'une voix altérée, me secoua la main pour savoir si je dormais ou si j'étais mort. Il insista pour que je me levasse, et ce ne fut pas sans peine qu'il parvint à vaincre une certaine indifférence provenant de la prostration où j'étais plongé.

Je n'eus pas même la force de résister, malgré le désir que j'avais de rester à ma place ; et, les apprêts de notre départ étant terminés, on me replaça sur mon cheval.

Ce malaise dont je suis remis aujourd'hui m'a privé du plaisir de visiter les environs de notre station, qui ne manquent pas d'intérêt.

C'est à Oued-el-Hammam qu'est né Abd-el-Kader, au milieu des Hachems, qui, il y a deux ans, sont venus au nombre de 1,200, attaquer le petit poste qui porte ce nom, et qui n'était défendu que par 120 hommes. Le commandant du poste a été tué, mais les Hachems ont été repoussés.

Cette position est dominée à l'est par des montagnes très-élevées qui servent de repaire aux Kabyles. Elle n'est habitée aujourd'hui que par douze hommes du génie.

En quittant Oued-el-Hammam que, nous laissâmes à notre droite, nous entrâmes dans des gorges formées par des montagnes arides et accidentées. La chaleur y était insupportable, et il me semblait que nous étions privés d'air.

En quittant ces défilés nous atteignîmes les hauteurs qui dominent un horizon immense. C'est un spectacle imposant que cette mer sans limites coupée de montagnes et de plaines bleues et dorées, tourmentée et ondulée comme l'Océan.

Je ne connais rien de plus grandiose, rien qui puisse donner une idée plus saisissante de l'immensité et du désert. Point d'habitations, point d'arbres, point de végétations ; jamais de rencontre, jamais de voyageurs. Je me trompe : deux ou trois fois, au milieu de la plaine, nous vîmes des caravanes de chameaux conduites par quelques nègres, lesquels, montés et accroupis sur le dos de ces animaux au pas cadencé, ressemblaient à des naufragés ballotés dans de petites embarcations sur une mer agitée.

Le soir, vers six heures, des vignes et des plantations de figuiers nous annoncèrent le voisinage de Mascara. Nous traversâmes les jardins qui entourent la ville. Nous laissâmes à gauche la vieille-ville de Sidi-Baba-Ali, tout en ruines, et habitée par quelques Arabes seulement. A droite, au-dessous de nous, se dessinait la riche et belle plaine d'Eghris, et devant nous s'élevaient les murailles blanches de Mascara, auxquelles le soleil couchant imprimait une légère teinte rosée.

A ce moment, et comme le soleil allait disparaître à notre horizon de droite, nos Arabes d'escorte montèrent précipitamment sur un petit plateau, mirent pied à terre, et, se tournant vers le couchant, ils élevèrent leurs mains au-dessus de leur tête, et récitèrent des prières à haute voix.

Ce n'était pas la première fois que je voyais les indigènes, au coucher comme au lever du soleil, rendre hommage au Créateur; mais, soit l'état maladif dans lequel je me trouvais, soit la décoration sublime qui se déroulait devant nous, le fait est que je ne fus jamais si vivement impressionné. Il y avait quelque chose de primitif et de touchant dans cette sorte d'action de grâce rendue par le voyageur à l'astre qui l'a guidé au milieu du désert.

Peu de temps après, nous traversions les faubourgs de Mascara. Les ruines de l'ancienne ville font place à des constructions nouvelles. Des bâtiments considérables destinés à la cavalerie et à l'infanterie s'élèvent à l'entrée de la ville, et lui donnent déjà l'aspect d'une cité européenne.

Arrivés au milieu de la place principale, nous cherchâmes inutilement une auberge, un cabaret, un gîte quelconque. Il fallait cependant trouver un gîte, et loger nos chevaux et nos mulets. Je pris le parti d'aller chez le commandant de place, et je lui expliquai notre embarras. Il se prêta de très-bonne grâce à nous tirer d'affaire. L'appartement réservé au général fut mis à notre disposition; on nous apporta des lits et des fournitures de l'hôpital, et, en moins d'une heure, notre petit dortoir était installé. Nos chevaux furent casés dans les écuries du génie, et nous trouvâmes un restaurant qui fermait le soir même, et qui consentit à faire pour nous son dernier repas.

Le lendemain, nous nous arrangeâmes avec les officiers du génie, et nous prîmes pension chez eux.

Deux nuits passées tranquillement dans mon lit, quelques doses de quinine, eurent bientôt chassé la fièvre, et je suis maintenant en état de recommencer mes pérégrinations.

XXXVI

Chedli, aga des Beni-Chougran. — La diffa. — Les lévriers. — Les sauterelles. — Les Arabes. — Les grottes du Dahra. — Le caïd des Borghia. — La plaine de l'Habra. — Le bois de la Macta. — Mazagran. — Mostaganem.

Mostaganem, 12 juillet.

En quittant Tlemcen, le général Lamoricière m'avait donné une lettre pour Chedli, un de nos alliés fidèles, aga des Beni-Chougran, entre Mascara et la plaine de l'Habra. Cette lettre même m'avait déjà servi à mon passage à Aïn-Temouchen, car le cachet du général avait, comme on l'a vu, fait son effet sur un caïd récalcitrant.

A Mascara, où je fus hébergé, grâces aux prévenances du commandant de place, et aux lits d'hôpital qui ne sont pas plus mauvais que d'autres, je donnai à un Arabe ma lettre pour Chedli, occupé à trois lieues de là à faire ses moissons. Chedli me fit répondre qu'il était à ma disposition et que je n'aurais qu'à le prévenir du jour de mon départ.

En effet, la veille je lui expédiai un second cavalier, et, le lendemain, je me mis en route avec ma petite smala, composée de de V..., d'un ancien officier d'artillerie, voyageant comme touriste, de notre soldat du train chargé de la conduite des mulets, d'un domestique, de deux arabes et du caïd de Mascara qui voulut nous accompagner jusque sur le territoire de Chedli.

Les environs de Mascara ne peuvent pas soutenir la comparaison avec ceux de Tlemcen, mais ils sont pourtant très-remarquables par leur richesse. La végétation y est belle, et la terre bien cultivée.

Pendant les deux premières heures, de quatre à six du matin, les seules où il y ait encore un peu de fraîcheur avant que le soleil ait montré sa face brûlante au-dessus des montagnes, nous gagnâmes du terrain, sans fatigue. Bientôt la plaine se rétrécit, et après être descendus dans deux ravins, et être remontés sur un plateau, nous aperçûmes l'aga, escorté de son goum, qui venait à notre rencontre.

Il était monté sur une superbe jument noire de la plaine du Chéliff, il resplendissait d'or, de soie et de broderies, et il faisait valoir sa monture, en lui imprimant, par le rapprochement des jambes, ces mouvements circulaires en avant, que les Arabes apprécient tant et qu'ils nomment fantazia. C'est le salut d'un cavalier bien appris.

Chedli est un des chefs qui se sont ralliés à notre cause en 1840. Il a combattu dans les rangs d'Abd-el-Kader, jusqu'à la fameuse affaire de la Macta, et s'est enfin réuni à nous. Depuis cette époque, nous n'avons pas d'allié plus fidèle et plus dévoué. C'est un riche seigneur arabe, et on lui prête une instruction et des connaissances étendues. Il possède une immense fortune, et, ce qui peut en donner une idée, c'est qu'il va partir incessamment pour la Mecque, et que son voyage ne lui coûtera pas moins de cinquante mille francs. Il a fait un voyage en France, en 1842, et il est revenu enthousiasmé de ce qu'il a vu, aussi en parle-t-il souvent. Il a cinquante ans environ. Ses traits sont fortement accentués, ses yeux noirs et perçants. Il a le nez fin et un peu long, signe distinctif de la race aristocratique des Arabes : sa barbe est noire et mélangée de quelques poils blancs. Il a les pieds et les mains d'une délicatesse exquise. Sa taille est haute, et tous ses mouvements et ses manières annoncent l'homme supérieur et bien élevé.

Après avoir échangé des poignées de main, et des « *Ou ache enta,* » et « *Ou ache aleck* » d'usage, nous prîmes le chemin de son douair.

Ce douair est situé très-coquettement au-dessus d'un ruisseau bordé de lauriers roses, qu'on payerait un prix fou en France, s'il était possible d'en avoir de semblables. Non loin de ses tentes arabes, faites en tissu de poil de chameau, était disposée une tente en coutil à la française, sous laquelle étaient étendus de beaux tapis de

Mascara et de Kalaa, avec des coussins rebondis du Maroc. Nous laissâmes nos chevaux entre les mains des esclaves noirs, qui se tenaient là comme des poteaux disposés pour les y attacher, nous déposâmes nos armes, et nous nous assîmes à l'orientale sur les coussins.

La conversation ne fut pas d'abord très-animée, bien que Chedli sache quelques mots de français, et que je comprenne quelques phrases arabes. Il me dit, seulement, qu'il était fort souffrant d'un rhumatisme à l'épaule gauche, mais, que malgré tout, il entendait m'accompagner jusqu'aux limites de son territoire, sur les rives de l'Habra. J'eus beau le remercier de sa courtoisie, et le prier de rester pour se soigner ; il me répondit qu'il croirait manquer à son devoir, s'il ne servait d'escorte aux amis du général Lamoricière et s'il ne s'assurait par lui-même qu'ils étaient sortis sains et saufs de ses domaines.

Je n'insistai plus : aussi bien, étais-je persuadé qu'il ne souffrirait pas plus à cheval que sous sa tente, et que d'ailleurs, le soleil et le mouvement pouvaient apporter quelque soulagement à ses douleurs.

Pendant que nous devisions ainsi, des esclaves de toute couleur, et plus ou moins vêtus, passaient processionnellement devant nous, portant sur leur tête des plats immenses et des casseroles à large ventre, qu'ils allaient déposer au milieu de la tente. Deux hommes vigoureux les suivaient soutenant sur leur épaule, enfourché dans un arbre, un mouton rôti d'une couleur et d'un fumet appétissants.

On étendit un second tapis uni au milieu de nous, et on commença par attaquer le rôti servi sur un plat en bois, large comme une table. Un Arabe tira un petit custache de sa ceinture, et, au moyen de ses doigts basanés et du grossier instrument, il se mit à opérer la dissection du mouton. Il en détacha avec dextérité des lanières qu'il disposa autour du plat, et plaça délicatement à côté de chacune d'elles un petit morceau de foie embroché et bardé de graisse comme un ortolan.

Alors un plat rempli de galettes sans levain fut déposé aux pieds de l'aga, qui en rompit plusieurs et nous en distribua les fragments. C'était le signal du commencement de l'action.

Chacun de nous prit avec ses doigts ce qui lui convint, et nous mangeâmes avec assez de plaisir ce premier mets.

Quand notre hôte vit que nous allions y revenir, d'un coup d'œil il fit disparaître cet immense rôti, et un plat couvert lui fut substitué. Le couvercle enlevé, des nuages de vapeur et de fumée s'échappèrent du récipient, et une odeur chaude et savoureuse vint réjouir les narines curieuses. De belles pommes de terre, saupoudrées de fines herbes, entourées d'une sauce d'un ton jaune et rouge, s'épanouirent à nos yeux. Elles étaient rangées avec une symétrie parfaite. Au milieu du plat était encore un énorme morceau de mouton.

Nous nous mîmes à pêcher de nouveau avec nos doigts, mais, chose digne de remarque, la chaleur était juste au point de réjouir le palais sans brûler les mains, attention délicate du sauvage pour l'argenterie en usage dans le pays. Ce plat était apprêté avec goût, et la sauce rouge relevée légèrement avec du piment excitait quelque peu la soif.

Quant au vin, — *mak' ache* bien entendu, chez un croyant aussi zélé que Chedli. L'eau pure du ruisseau brillait dans un grand vase d'argent au milieu duquel trempait une branche de lenstique. Chacun portait cette coupe à ses lèvres, à tour de rôle, et j'eus le bonheur d'être celui à qui on l'offrit d'abord la première fois.

Après les pommes de terre, que l'amphitryon fit enlever quand il vit que nous en mangions avec trop de plaisir, parut un plat aux châtaignes, surmonté encore d'un morceau de mouton. Aux châtaignes succéda un plat de mouton aux pois pointus.

Aimez-vous le mouton? On en a mis partout!

Je commençais à trouver que c'était comme chez Nicolet : la difficulté devenait de plus en plus grande, pour puiser avec les doigts. Il y avait eu gradation évidemment calculée.

Après ces mets de viandes et de légumes, on fit paraître des galettes, espèces de crêpes, les unes au beurre frais, les autres au miel. Puis enfin le miel pur des montagnes servi sur un plat d'argent ciselé. Je n'ai jamais goûté de parfum pareil; aussi était-ce le bouquet, autrement dit, le dessert.

A un signe de tête de Chedli, la table fut desservie, et deux esclaves, l'un tenant un grand vase en bois peint, l'autre un pot en argent rempli d'essence de savon parfumé, s'approchèrent de moi, et comme, sans faire un grand effort d'intelligence, j'en compris parfaitement l'usage, je pris du bout du doigt un peu de savon, et j'étendis les mains au-dessus du vase. Chacun à la ronde en fit autant. Je trouvai ce raffinement très-délicat, quoique indispensable après notre travail manuel.

D'autres esclaves apportèrent le café bouillant dans de doubles tasses en argent. J'avoue que j'en ai pris de meilleur, et qu'il n'était pas digne de la *diffa* que nous avait offerte notre amphitryon.

Je m'attendais à voir arriver les pipes, mais Chedli me dit que les marabouts et les croyants qui avaient fait le voyage de la Mecque ne fumaient pas, et il parla avec mépris des Turcs et des Arabes qui se livrent à ce passe-temps.

Comme, après tout, je ne suis ni Arabe ni Turc, je ne pris pas la chose pour moi, et je tirai délicatement de ma poche un gros cigare que j'allumai sans façon.

Je fis compliment à Chedli sur son déjeuner et sur la manière distinguée dont il avait été servi. Il me dit que c'étaient les femmes qui faisaient la cuisine et préparaient tout; et, à propos des pommes de terre, il nous déclara que c'était en l'honneur du maréchal Bugeaud qu'il nous en avait fait goûter. Il lui avait promis de les cultiver, et il prouvait qu'il avait tenu parole.

Pendant le repas, cinq ou six beaux lévriers café au lait, au museau noir et effilé, s'étaient étendus sans façon à nos pieds. Il y en avait un surtout ravissant de formes. Je n'ai jamais vu de tête plus fine, de membres plus élégants, de pose plus coquette. Aussi, celui là paraissait-il le préféré. Il allongeait doucement sa tête sur nos genoux, et mangeait négligemment ce qu'on lui mettait dans la gueule, sans même se retourner. Un collier en laine rouge, auquel pendaient quelques petites amulettes, entourait son cou.

Notre hôte voyant que je le remarquais, me dit que c'était le favori d'une de ses femmes. Il prenait des gazelles à la course, et le sanglier n'avait pas fait vingt pas, qu'il était déjà pendu à ses oreilles. Chedli est réputé pour avoir les plus beaux chiens de la province d'Oran, et la province d'Oran pour fournir les plus beaux lévriers de l'Algérie.

Il fallait cependant songer à partir. Nous avions vingt-quatre lieues à faire dans la journée; nous n'en avions fait que trois, et il était déjà sept heures et demie.

Chedli fit apporter ses éperons dorés, ses étriers dorés et ses bottes de maroquin rouge brodées, et bientôt nous fûmes tous en selle. Son chaouch, et le caïd des Borghia, auquel il devait nous confier une fois arrivés à l'Habra, nous accompagnaient.

Après avoir traversé des sentiers tracés au milieu de rochers escarpés, après être descendus par deux ou trois rampes où l'Européen ne soupçonnerait pas qu'il puisse exister un passage, nous nous trouvâmes tout à coup, comme dans un conte des *Mille et une Nuits*, au milieu de jardins délicieux remplis de figuiers, d'abricotiers, de grenadiers, et ornés de toutes les fleurs que produit le pays. C'était un changement à vue que nous avait ménagé notre aimable guide. A l'entrée de ces jardins se tenaient deux esclaves qui s'approchèrent de nous, et nous offrirent du raisin et des oranges. La chaleur étant déjà grande, cette surprise nous fut très-agréable.

Enfin, nous nous enfonçâmes dans ce pâté énorme de montagnes qui séparent les plaines des Beni-Chougran des plaines de l'Habra. C'est un défilé de cinq à six heures, et assez périlleux. Ce voyage, tantôt sur la tête, tantôt sur la croupe de ma monture, tantôt sur la cîme des rochers, tantôt dans l'eau des torrents jusqu'au ventre, la plupart du temps sous des voûtes de verdure qui nous dérobaient les rayons du soleil, à travers des bois de caroubiers, de lentisques et de lauriers-roses, d'où notre passage faisait lever d'innombrables essaims de tourterelles, ou quelques oiseaux bleus et oranges, et faisait fuir souvent devant nous un chakal épouvanté, avait un charme inexprimable pour moi. Je suivais, sans mot dire, les pas de mon guide, j'étais plongé dans mes réflexions, et cependant je ne perdais pas un point de vue. Je plongeais avec indifférence un œil insouciant dans le fond du précipice qui était à deux cents mètres au-dessous des pieds de mon cheval, confiant dans l'adresse de ce bon animal.

Je ne sais à quoi comparer ces montagnes sauvages et déchirées, ces petites vallées rétrécies, ces rochers de formes bizarres, ces sentiers qui n'en sont pas, ces eaux turbulentes, cette végétation épaisse et difforme.

Pendant le trajet, notre guide était plein d'attention pour nous, sondant les gués des torrents, s'arrêtant dans les pas difficiles pour indiquer la bonne route au conducteur des mulets, enfin, remplissant par toute sorte de prévenances les devoirs de l'hospitalité.

Nous marchâmes ainsi durant quatre heures, au milieu d'une espèce de chaos. De temps en temps, des Arabes que nous rencontrions descendaient de cheval, et venaient respectueusement baiser la main de Chedli. Nous arrivâmes enfin sur un terrain plus ouvert, et d'un aspect tout différent.

Des plaines immenses, et qui avaient dû produire de riches moissons, s'étendaient à droite et à gauche. Un rideau de peupliers blancs s'élevant à l'horizon, donnait au paysage une physionomie du nord de la France. Mais, hélas! comme toute cette belle campagne était ravagée! La terre était couverte d'une couche de sauterelles, épaisse de plus de trois pouces; les branches des arbres, découpées comme les membres de grands squelettes, étaient littéralement disséquées par ces affreux insectes. Autant que la vue pouvait s'étendre, l'œil ne distinguait qu'une couleur, celle que donnaient à tous les objets les sauterelles qui inondaient la terre. Les pieds de nos chevaux entraient jusqu'au paturon dans cette horrible litière qui s'écrasait en frémissant. Pas une plante, pas un brin d'herbe, pas un caillou qui n'eût disparu sous cette invasion. Il faut avoir été témoin de ce fléau pour sentir tout le dégoût et l'horreur qu'il inspire, et je comprends maintenant, mieux que jamais, la plaie qui vint fondre sur l'Égypte.

A deux lieues à la ronde, et par conséquent pendant près de deux heures, nous ne vîmes que des sauterelles, nous ne marchâmes que sur des sauterelles. Je témoignais à Chedli ma pitié sur la dévastation de ses domaines; mais lui, levant les yeux au ciel, semblait me répondre : « Dieu est grand ! » La seule consolation qui soit laissée, lorsqu'on rencontre dans quelque localité cette lèpre désastreuse, c'est qu'une fois qu'elle s'est abattue quelque part, c'est pour y mourir, sans pouvoir se relever. Elle sert d'engrais pour l'année suivante à la terre qu'elle a dévorée. C'est bien le moins.

Quand les Arabes aperçoivent en l'air ces essaims formidables, semblables à une nuée d'orage prête à fondre sur un pays qu'elle menace de bouleverser, ils se réunissent en grand nombre, et, à force d'agiter leurs bornous, ils réussissent quelquefois à empêcher l'horrible nuée de crever sur eux, et la forcent à aller tomber sur les terres de leurs voisins.

On croit que ces myriades d'insectes sont apportés du désert, où ils prennent naissance, sur les ailes du siroco;

et, en effet, c'est toujours à la suite d'un vent du sud prolongé que ce fléau apparaît.

Nous avions laissé depuis quelques instants derrière nous cette plaine désolée, lorsque nous entendîmes tout à coup le bruit retentissant sur l'herbe du galop précipité des chevaux, et je vis, en me retournant, des masses de cavaliers sortir comme par enchantement, qui derrière un rocher, qui derrière un aloès, qui du fond de la plaine, et fondre sur nous bride abattue. Dans toute autre circonstance je n'aurais pas été très-rassuré; mais, au milieu des Beni-Chougran, conduits par l'aga lui-même, il était évident que ces démonstrations étaient la continuation des hommages rendus aux voyageurs.

Tous les cavaliers descendirent les uns après les autres de cheval, et allèrent baiser la main du chef. Au milieu de cette foule de bornous blancs et bruns, de ces chapeaux de paille pyramidaux, de ces haïks uniformes, je distinguai un cavalier plus jeune que les autres, monté sur un cheval élégant et harnaché avec luxe. Il s'approcha de Chedli, suivi d'un vieillard vêtu entièrement de blanc, et, sans descendre de cheval, il lui sauta au cou et l'embrassa. Son compagnon en fit autant. Alors Chedli se retourna vers moi, et me présenta son fils accompagné de son précepteur *thaleb*. Je tendis la main au fils et saluai le thaleb.

Pendant une heure le goum se grossit à mesure que nous avancions, et il est facile de comprendre, quand on a vu cette espèce de marée montante, comment, en un clin d'œil, la terre peut être couverte de ces hordes de cavaliers; ils semblaient, comme des lapins dans une garenne, sortir de leurs terriers; à peine approchions-nous d'un douair, invisible, pour ainsi dire, avant de le toucher, que trente, quarante cavaliers s'en échappaient en faisant de la fantazia.

Lorsque nous fûmes arrivés près d'un petit bois de tamarins, sur les bords du Fernough, Chedli mit pied à terre; nous en fîmes tous autant, et on s'empara de nos chevaux, qu'on mit à l'ombre du bois. Des tapis furent étendus sous un vieux tamarin, et l'aga et nous, nous nous assîmes en rond, entourés de la foule des Arabes qui étaient venus à notre rencontre.

Je m'attendais encore à une *diffa*. En effet, l'inévitable mouton rôti s'approcha enfourché, suivi processionnellement, comme toujours, par quelques autres mets, beaucoup moins recherchés et moins appétissants que ceux qu'on nous avait offerts le matin. Le service était aussi beaucoup moins bien soigné. Deux grands plats de couscoussou furent déposés devant nous, et je jouis avec amour-propre de la satisfaction des Arabes, quand ils virent que je n'en étais pas à mon coup d'essai, et qu'après avoir su choisir le couscoussou blanc, j'y fis devant moi un petit trou, dans lequel je versai du lait nouvellement tiré, et que j'y puisai avec une informe cuiller en bois qu'on me donna. C'était, du reste, je dois l'avouer, pour leur faire honneur, car je n'aime pas le couscoussou.

J'aurais bien voulu avoir quelque chose de plus réconfortant à boire que l'eau savonneuse et chaude du Fernough, et messieurs mes compagnons tiraient la langue en avalant ce couscoussou pâteux. Je compris leur infortune que je partageais, et comme le charlatanisme est quelquefois utile, même parmi les Arabes, je dis à Chedli que j'avais un excellent sirop pour les rhumatismes, qui étaient fréquents dans le pays, et que, puisqu'il n'allait pas mieux, je voulais le guérir. Je fis apporter ma cantine, et j'en tirai une bouteille d'anisette de Bordeaux, à laquelle nous avions pensé plus d'une fois depuis le matin. Je versai quelques gouttes d'anisette dans le creux de la main d'un nègre, et, après avoir fait relever la manche de Chedli, je fis le geste de frotter vigoureusement l'épaule de l'aga. Cette opération parut lui plaire, car il fallut recommencer.

Craignant que tout le flacon ne passât en frictions, je me hâtai de lui dire qu'il fallait, pour compléter la cure, en boire un peu avec de l'eau, et il trouva ce breuvage tellement de son goût, qu'il voulut que tous ses voisins, à commencer par son fils, y portassent les lèvres. Nous en fîmes autant de notre côté, et je vis le moment où la bouteille entière allait disparaître.

Il était une heure. Il nous restait encore douze lieues à faire. Nous avions l'immense plaine de l'Habra à traverser, le bois de la Macta à franchir, et Chedli ne voulait pas que la nuit nous surprît, à cause des lions, qui, disait-il, étaient nombreux dans ces parages, et des Kabyles, qui étaient soulevés et en guerre avec nous depuis quelque temps.

Nous savions que trois jours avant notre passage sur les lieux, non loin d'ici, onze ou à douze cents Kabyles avaient été étouffés dans les grottes de Dahra, dont ils n'avaient pas voulu sortir pour se rendre. Le colonel Pélissier les avait fait enfumer comme des renards. Pas un n'a échappé. Hommes, femmes, enfants, bestiaux, ils ont tous été trouvés rôtis deux jours après.

Chedli, qui n'ignorait pas cette leçon terrible, craignait pour nous la rencontre de leurs amis, et la prudence l'engageait à nous presser de nous remettre en route.

A compter de notre séparation d'avec Chedli, qui est maintenant un de nos amis intimes, *Semi-Semi*, comme ils disent, en montrant les index réunis de chaque main, nous n'eûmes plus qu'ennuis, fatigues, chaleur brûlante, pays aride, inquiétudes et parfois accès de colère. Nous avions mangé notre pain blanc le premier.

Avant de nous quitter, le digne aga avait fait écrire devant nous une lettre par le thaleb, en nous disant qu'il commandait dans la tribu des Borghia deux cavaliers pour nous guider par des chemins sûrs jusqu'à Mostaganem, et que le caïd qui était avec nous nous conduirait jusque-là.

Ce caïd ne me plaisait pas. Il avait une mine refrognée, ne disait pas un mot, et il avait refusé mon anisette, ce qui me donnait une très-mauvaise opinion de lui. Il nous guida toutefois pour traverser la rivière; mais, arrivé sur l'autre bord, il piqua un temps de galop, soi-disant pour faire de la fantazia, et nous planta là.

Nous étions à l'entrée de la plaine de l'Habra. C'est un immense désert, ou plutôt une vaste mer, au milieu de laquelle quelques marabouts blancs figurent assez bien des voiles de bâtiments. Le soleil nous servait de guide, et nous ne nous préoccupions pas extrêmement de l'absence du caïd, lorsque nous le vîmes revenir sur nous, en faisant de grands gestes avec son chapeau de paille, pour nous indiquer de filer à gauche : — « Kobaïles, Kobaïles, » nous criait-il, et il poussait lui-même vers la gauche, pour s'éloigner de l'horizon de montagnes qui servait de limites à la plaine à droite.

Je ne sais s'il voulut nous faire peur et jouir de notre crainte, mais le fait est que je n'aperçus pas un Kabyle. Du reste, si telle était son intention, il en fut pour ses frais, car nous n'allongeâmes pas l'allure de nos chevaux, et nous prîmes seulement, sans paraître inquiets, la direction qu'il nous indiquait.

Parvenus au quart de la plaine, il nous fit encore prendre à gauche, ce qui, évidemment, nous détournait de notre chemin. Nous voulûmes parler. Impossible de comprendre et de se faire comprendre. Jamais je n'ai vu d'Arabe mettre plus de mauvaise volonté à entendre le français. Pour toute réponse, il nous montrait le soleil et nous indiquait de la main et de la tête qu'il inclinait, qu'il était sur le point de se coucher. Moi, je lui répliquais par *Zoudje cavaliers, zoudje cavaliers!* deux cavaliers, deux cavaliers, et lui, répondait : *Chouïa, chouïa,* tout à l'heure, tout à l'heure. Et la conversation tournait toujours dans le même cercle.

Nous arrivâmes enfin près d'un douair composé de trente ou quarante tentes. Le caïd se détacha de notre petit groupe, et disparut derrière les habitations.

Après un quart d'heure, il revint, et je me hâtai de lui répéter : — *Carta el aga! zoudje cavaliers!* la lettre de l'aga et nos deux cavaliers. Je ne sortais pas de là. — *Mak' ache, orghod,* répondait-il. — Il n'y en a point, ils sont couchés ; — ou : — Il faut dormir.

Mak' ache, répétais-je à mon tour, et je ne puis dire combien j'étais furieux de n'avoir que deux ou trois mots arabes à mon service pour lui faire comprendre qu'il se repentirait de sa mauvaise volonté. Mais je fis comme le sage de l'antiquité, Platon, si je m'en souviens bien : ne pouvant parler, je marchai, et nous continuâmes notre route vers le nord.

Il resta quelque temps derrière nous à délibérer avec les Arabes, puis il se décida à nous rejoindre au galop.

Alors il nous fit encore prendre à droite. Il fallut bien le suivre. Que pouvions-nous faire? sans route tracée, sans la moindre indication à travers les marais, avec un horizon à perte de vue, encore valait-il mieux nous confier à lui, qui était responsable de nous, que de nous jeter à l'aventure dans un pays perdu.

Nous étions harassés de fatigue, brûlés par le soleil. Nos chevaux étaient sur pied depuis douze heures, et nous n'avions pris en tout que deux heures de repos. Nous n'avions plus le courage d'échanger une parole, et notre petite caravane s'avançait silencieusement, tirée quelquefois de ses réflexions par les cris répétés de notre pauvre soldat qui pestait contre ses mules.

Un petit douair se trouva encore sur notre passage. Le caïd s'en approcha, et nous fit signe d'attendre. Après quelques minutes d'entretien avec les habitants, nous les vîmes s'agiter et gesticuler si expressivement, que je crus qu'ils allaient se battre. Nous attendîmes un quart d'heure, mais le caïd revint encore seul; il fit centaine de pas, s'arrêta et appela quelqu'un du douair.

Pendant ce temps-là, mes compagnons de route avaient continué leur chemin, pendant que, resté à l'arrière-garde, j'attendais l'issue des conférences. Un Arabe sortit à cheval et vint retrouver le caïd et moi. Il m'adressa la parole d'un air très-animé, mais je lui fis comprendre que je ne comprenais rien. Alors il y eut un pourparler assez vif entre lui et l'autre Arabe, et ils repartirent tous les deux vers le douair, en me criant de loin : *Carta! carta!*

Comme nous étions chez les Borghia, je ne savais pas trop à quoi pouvait lui servir sa lettre, en supposant qu'il l'eût oubliée, et je crus qu'il allait en faire faire une nouvelle pour une autre tribu. Malgré tout, je me mis en mesure de rejoindre notre monde, que je ne voyais déjà plus que comme des points à l'horizon, et lorsque nous fûmes réunis, nous consultâmes la boussole. Après un court examen du soleil et des lieux, nous prîmes une direction qui, selon toute probabilité, était la bonne.

Nous allions donc à la grâce de Dieu, lorsque l'Arabe qui sortait du douair vint au bout de quelque temps se joindre à nous, mais seul. Il paraît que le caïd s'était décidé à nous abandonner. L'Arabe nous fit changer la route que nous suivions, il nous montrait le soleil à l'horizon et faisait tout ce qu'il pouvait pour nous persuader que nous devions le laisser à gauche. Nous quittâmes la plaine sablonneuse dans laquelle nous cheminions pour entrer dans des marais à moitié desséchés par le soleil, où nos pauvres chevaux, brisant les croûtes de la surface, entraient jusqu'aux genoux dans les crevasses de la terre, s'enfonçaient dans une bourbe grasse et épaisse, se déchiraient les jambes et se fatiguaient doublement.

Avant l'arrivée de notre nouveau guide, nous croyions être à peu près certains de la route que nous suivions, ou plutôt de la direction que nous avions prise, car il n'y a pas de chemin tracé dans cette maudite plaine de vautours et de crapauds, et nous avions lieu d'être étonnés de nous être trompés d'un quart de cercle. Notre humeur s'en ressentait; la soif nous faisait monter le sang à la tête. Nous envoyions au diable les Arabes, l'Afrique, et les *diffa*; enfin nous commencions même à nous disputer entre nous, rejetant l'un sur l'autre la faute de notre embarras, lorsque heureusement notre guide vint de lui-même faire, à ses dépens, une diversion à notre mauvaise humeur.

Me désignant du doigt un douair dont on apercevait les tentes au fond de la plaine, il me dit, en me montrant un papier : *Carta ! carta !* et il partit au galop dans la direction qu'il m'indiquait.

Oh ! pour le coup, c'est trop fort, me dis-je ; est-ce que le drôle s'imagine avec sa carta que nous allons faire celle de sa maudite plaine, et, en disant cela, je donnai à mon cheval deux coups d'éperon qui lui rendirent des jambes, et je m'élançai sur les traces du fugitif.

J'avais, Dieu merci, une excellente bête ; malgré les fatigues de la journée, elle retrouva du cœur, et j'atteignis bientôt mon homme par le bornous. Je commençai par lui donner de toutes mes forces un coup de poing sur la nuque, et avant qu'il eût le temps de se mettre en garde, et de redresser son fusil qu'il tenait en travers sur sa selle, je lui présentai le canon de mon pistolet devant la figure, en lui criant d'un air furieux : — *El treck Mostaganem ! el treck Mostaganem !* le chemin de Mostaganem ! le chemin de Mostaganem ! — Il voulut répliquer, il ouvrit la bouche, il me montra encore la fameuse carta en gesticulant comme un singe ; mais il craignit sans doute l'effet de ma colère, car il laissa retomber son fusil sur sa selle, et il reprit, sans mot dire, le chemin dont il nous avait fait dévier.

Notre petite troupe, cependant, voyant que je me débattais avec l'Arabe, accourut, et notre soldat d'ordonnance, tirant son sabre, me demandait d'un grand sang-froid : — Faut-il le tuer, monsieur ? faut-il le tuer ? — Non pas, nous pouvons en avoir besoin, lui dis-je.

J'expliquai à mes compagnons que le gueux avait eu l'intention de nous conduire de tribu en tribu, ce qui nous aurait bien menés à la semaine prochaine, et, après nous être concertés, il fut convenu qu'il marcherait devant nous, et qu'il ne parlerait à qui que ce soit. Nous lui répétâmes *Mostaganem* avec des gestes de menace, et nous repartîmes encore.

Toutes ces allées et venues nous avaient fait perdre un temps précieux. Le soleil allait disparaître et nous n'étions pas encore à l'extrémité de la plaine.

En arrivant près d'un petit bois, non loin de la Macta, nous rencontrâmes une douzaine d'indigènes qui regagnaient leur tribu. Notre guide fut tenté de lier conversation avec eux, mais un coup expressif sur l'épaule lui rappela le coup de poing sur la nuque, et il avala sa langue.

Un peu plus loin, un Maure avec sa femme et deux enfants, montés sur des mulets, s'arrêtèrent devant nous pour nous demander de l'eau.

Si nous en avions eu nous-mêmes, nous en aurions fait volontiers le sacrifice pour ces pauvres petits êtres qui semblaient épuisés de chaleur. Le Maure me paraissait brave homme. Je lui demandai en *sabir* s'il y avait encore loin d'où nous étions jusqu'à Mostaganem. Il me fit comprendre qu'il y avait encore la même distance que celle que nous venions de parcourir depuis le commencement de la plaine, c'est-à-dire six lieues environ. Nous n'avions fait que six lieues, et il y avait sept heures que nous marchions ! Maudite carta ! Puis, le Maure nous dit qu'il valait mieux camper où nous étions que de nous aventurer la nuit dans le bois de la Macta, qu'il y avait des lions et des Kabyles, et que nous n'arriverions pas à Mostaganem.

Pendant qu'il me donnait ces renseignements, notre Arabe, qui n'était pas des plus braves, à ce qu'il paraît, répétait d'un air effrayé : « *Sbaah! sbaah! Kobaïles! Kobaïles!* » Des lions! des Kabyles! et il nous suppliait de ne pas aller plus loin.

Notre parti fut bientôt pris. Nous étions cinq, y compris le domestique de l'officier d'artillerie; car je ne compte pas l'Arabe. Cet officier et son domestique avaient chacun un fusil à deux coups, notre soldat était armé, de V... et moi avions aussi une bonne paire de pistolets; avec cet arsenal, nous ne pouvions pas craindre dix Kabyles, et il est rare de rencontrer des maraudeurs en plus grand nombre. Quant aux lions, ma foi, c'était plus chanceux; mais, en se conduisant poliment, on n'a jamais, dit-on, de discussion avec eux.

Nous entrâmes donc dans le bois de la Macta, et nous gravîmes silencieusement les côtes rapides et sauvages de ses montagnes. Notre guide, puisqu'il faut l'appeler ainsi, était en tête et nos bagages au milieu de notre petite troupe. Chaque fois que, dans l'obscurité, un bruit inaccoutumé se faisait entendre, ce malheureux se rejetait sur moi, qui le suivais, en s'écriant : « *Sbaah!* » mais je le poussais toujours, et il fallait bien qu'il marchât.

Nous avions franchi presque toute la montagne sans accident; car, par la nuit épaisse qui nous enveloppait, nous aurions pu tomber dans quelque ravin, lorsque mon homme s'arrêta tout à coup en poussant des cris étouffés : « *Bédouin's! Bédouin's!* » et, soufflant dans sa main en allongeant la tête, il disait encore : « *Kobaïles b'seff!* » — Je ne savais s'il disait vrai ou non; car je ne voyais et n'entendais rien. Mais ces gens-là sont comme les chats, ils voient la nuit aussi bien que le jour.

En effet, à quelques pas, je commençai à distinguer

des bornous blancs qui s'avançaient de notre côté. Alors je poussai le guide en avant, afin de faire voir aux maraudeurs que nous avions un Arabe avec nous; et, après avoir averti ceux qui me suivaient, nous continuâmes tranquillement notre chemin.

Les deux petites troupes se croisèrent enfin, et je comptai huit hommes, dont trois à cheval. Peut-être n'était-ce que des voyageurs très-pacifiques, quoiqu'en général ceux-là ne continuent pas leur route pendant la nuit. Peut-être aussi était-ce des maraudeurs; mais ils ne se crurent sans doute pas en force pour nous attaquer.

Le bois de la Macta était franchi. Il nous restait encore trois grandes lieues de plaine à traverser avant de toucher à Mostaganem. Ces trois lieues n'en finissaient pas. Il est impossible de se figurer l'impatience qu'on éprouve, et l'ennui dont on est obsédé quand on est en marche depuis quatorze heures, quand, depuis deux heures, on ne distingue plus les objets environnants, quand on sent les jambes de son cheval fléchir de fatigue et qu'un vaste silence, que trouble seul le pas heurté d'une marche alourdie, vous isole pour ainsi dire du monde vivant. Ce voyage nous semblait interminable. Nous montions toujours, mais insensiblement, puisque Mostaganem est perché au sommet d'un plateau. Les ondulations du terrain, qui se succédaient, nous laissaient l'espoir, chaque fois que nous parvenions au faîte d'un plateau, de découvrir quelque lumière lointaine, un arbre, un point quelconque à l'horizon; mais rien, jamais rien.

Enfin, derrière une colline à notre gauche, notre guide nous montra du doigt quelque chose de noir qui se détachait en découpures sur le fond du ciel. « *Mazagran !* »

grasseya-t-il de sa voix rauque. « Mazagran, répétai-je avec joie. Allons, encore un peu de courage, il n'y a plus qu'une lieue. »

Parvenus sous les murs de cette petite citadelle, j'entendis un fusil qu'on armait, et une voix très-française qui nous criait : « Qui vive? — France, s.... n.. de D...! » répondis-je avec un certain plaisir, et j'avoue que le juron n'était pas là un blasphème; c'était comme un soulagement obligé que je donnais soudainement à mes poumons, et, comme je ne pouvais pas dire grand'chose à la fois, il fallait bien substituer la qualité à la quantité.

Ouf! nous voici enfin sous le canon de Mostaganem, nous dépassons la porte. Disons deux mots au portier-consigne, et respirons. — Je fume ici une cigarette.

Nous dînâmes — et à la française, — c'est ce qu'il y a encore de mieux. Nous nous couchâmes, — et encore à la française, et, enfin, nous retrouvâmes des Français avec autant de joie et de plaisir que s'il y eût eu six mois que nous n'en eussions vu.

Aujourd'hui je vais me mettre à inspecter prosaïquement le payeur et la douane. Mais, comme la douane est sur les bords de la mer, et que Mostaganem en est encore assez loin, tous les jours je me fais amener *Blanc-Blanc*, c'est le nom de ma bonne bête, qui, bien que ne s'appelant ni Saphir, ni Rubis, ni Topaze, ni Haïch, ni Ahmed, ni Sultan, ni Mahmoud, n'en est pas moins vaillante, et je vais et je viens comme un homme qui aujourd'hui se porte à merveille, ce qu'il ne faisait pas il y a huit jours, à Mascara.

XXXVII

Le haras. — Le commandant Bosquet. — Le colonel Berthier. — Le capitaine de Valabrègue.

Mostaganem, 19 juillet.

J'ai, mais non sans quelques difficultés, terminé ma mission. J'avais à vaincre quelques préventions enracinées dans l'esprit du général; mais ici, comme dans les autres localités où je suis entré en relations officielles avec les commandants de provinces, je dois déclarer hautement que j'ai trouvé ces messieurs disposés à adopter franchement les améliorations que des conseils équivoques, dictés par des intérêts privés, leur avaient d'abord fait repousser.

On conçoit que, dans une administration qui embrasse des mouvements militaires multipliés et des affaires civiles, les plus vives préoccupations d'un général soient celles qui touchent à l'entretien, à l'alimentation et au transport de ses troupes, et que les autres intérêts, moins pressants à ses yeux, ne reçoivent souvent qu'une direction secondaire. Aussi, contrairement à ce qui se passe dans d'autres pays, c'est dans les localités les plus agitées, les plus tourmentées par la guerre, que certaines affaires prennent le plus d'importance, et qu'une classe de la population s'enrichit d'une manière scandaleuse. Le commerce à Mostaganem, comme dans plusieurs ports de l'Algérie, jouit de priviléges et d'immunités rendus nécessaires pour les approvisionnements de la province, immunités auxquelles la tolérance de l'autorité supérieure et par suite le contrôle timide des agents de l'administration avaient laissé prendre une extension extraordinaire. Il n'a fallu rien moins que la sévérité du général, éveillée par notre présence, pour faire cesser des abus ruineux.

Parmi les établissements de notre création que j'ai visités avec le plus d'intérêt, le haras de Mostaganem, situé à deux ou trois kilomètres de la ville, mérite une mention particulière. Il est dû au général de Lamoricière. J'y ai vu des chevaux et des élèves magnifiques, et des juments d'une finesse telle, que les chefs arabes en sont jaloux. Ils mettent à profit, d'ailleurs, les ressources qui leur sont offertes, et ils n'ont pas été les derniers à apprécier les avantages d'un établissement dont ils n'avaient nulle idée.

A deux kilomètres plus loin que le haras, s'élève, sur une petite colline, le fort de Mazagran. Il fallait visiter aussi ce lieu rendu célèbre par la défense héroïque de quelques braves, mais dont la trompette des journaux a trop fait sonner l'importance. Le général de Bourjolly voulut bien nous guider dans ces différentes excursions, que faisait avec nous le commandant Bosquet, du bureau arabe, officier distingué non moins qu'aimable et gai compagnon.

Tantôt à la chasse dans les anciens jardins qui entourent Mostaganem, tantôt en exploration dans les ravins qui sont situés à l'est de la ville, et où l'on rencontre tant de vestiges de l'occupation espagnole, les dernières journées de notre station à Mostaganem sont consacrées à la curiosité et au plaisir de la promenade.

Quelques officiers du 4e chasseurs, en tête desquels je

dois mettre leur colonel, M. Berthier, officier d'ordonnance du roi, sont nos compagnons de préférence. Le capitaine de Valabrègue, l'auteur de la fameuse romance : *Kradjouja, ma maîtresse*, sur un air arabe, ne doit pas être oublié non plus. Nous dînons souvent avec ces hommes d'un cœur et d'un esprit charmants. La bonne compagnie est, en voyage, la bonne fortune que j'apprécie le plus. De Valabrègue nous chante ses jolis couplets, que nous accompagnons en sourdine, et le plus souvent nous reconduisons l'excellent colonel Berthier jusque chez lui.

Il ne faut pas croire que le *chez lui* soit aussi somptueux que le palais des Tuileries, qu'il a quitté pour venir faire la guerre aux Kabyles. Comme la plupart des maisons de Mostaganem, celle qu'il habite est construite en roseaux recouverts d'une couche de plâtre plus ou moins solide. Quelques fissures se forment bientôt par la sécheresse dans ces murailles légères, et elles deviennent le séjour et le réceptacle d'une foule de reptiles, dont le nombre serait encore plus grand, si les cigognes, qui vivent en parfaite intelligence avec les habitants, n'y mettaient bon ordre.

Un soir, pendant que, notre cigare allumé, nous attendions que le colonel fût au lit pour lui dire adieu, son ordonnance, en levant la couverture, aperçut un énorme serpent roulé au milieu, comme une anguille à la tartare. Il se rejeta en arrière en poussant un cri ; mais, sur un ordre du colonel, il alla chercher des pincettes pour saisir le reptile, dont les longs anneaux commençaient à se dérouler négligemment.

Jeté dans la cour, il devint la proie d'une cigogne, dont cette libéralité grande fit au colonel une voisine assidue et presque une amie intime.

Hier, en allant voir le commandant Bosquet pour lui demander une escorte pour Oran, il m'apprit que Chedli était arrivé la veille à Mostaganem. Je m'empressai d'aller visiter notre ami, qui témoigna le plaisir qu'il avait à me revoir, et me remercia du remède que je lui avais fait prendre, et dont, me dit-il, il s'était parfaitement trouvé !

Il savait probablement tous les désagréments que nous avions éprouvés après son départ, mais il feignit de les ignorer, et, soit par réserve pour ses coreligionnaires, soit par un certain instinct, il évita avec soin de nous parler de notre voyage. Il me promit de venir me voir à Paris, après son pèlerinage à la Mecque.

C'est après-demain que je dois partir, et ce que j'ai fait depuis trois jours est inimaginable. Visites officielles et intimes, excursions à cheval, dîners, soirées, bals, concerts ; enfin une chose succède à l'autre, un plaisir à un plaisir, une fatigue à une fatigue, sans pouvoir prendre une heure de repos seul chez moi ; et, pour mettre le comble à tout, je ne puis fermer l'œil de la nuit.

Aussitôt que la retraite a sonné, que les étalagistes ont fermé leurs boutiques, et que le dernier des soldats est rentré au quartier, le sabbat des chiens commence.

Ma chambre donne sur la grande place de Mostaganem, et c'est sur cette place que la gent canine tient ses conciliabules. Barbets, lévriers, caniches, bouledogues, chiens de chasse des officiers de la garnison, chiens arabes, chiens errants, tous sortent petit à petit de je ne sais où, arrivent sur la place pour y chercher les reliefs du marché, et entament des discussions très-brillantes sans doute, mais d'une sonorité telle, qu'avec la meilleure volonté il est impossible d'y rester étranger.

J'avais cru, pendant les premières nuits, qu'à une certaine heure la séance serait levée, et que je pourrais me rattraper dans la matinée. Mais non ; jusqu'au soleil levant, c'étaient les mêmes cris, les mêmes hurlements, et j'avais beau ouvrir ma fenêtre et apostropher de la manière la plus énergique les orateurs, il m'était impossible de leur imposer silence.

Forcé de recourir à des moyens plus persuasifs, voilà huit jours qu'avant de rentrer chez moi pour me coucher, je remplis mes poches, mon mouchoir, mon képi, de toutes les pierres que je trouve sur mon chemin, et je les dispose en batterie sur ma fenêtre. Je passe alors une partie de mes nuits à bombarder l'ennemi, et j'ai la satisfaction d'entendre quelquefois résonner sourdement le projectile sur les flancs d'un de mes bourreaux, qui s'éloigne en hurlant.

XXXVIII

Arzew. — La Montagne des Lions.

Oran, 25 juillet.

De Mostaganem à Oran, il y a vingt-deux lieues. J'ai coupé la distance en deux pour ne pas nous exténuer par ces grandes chaleurs, et nous avons couché à Arzew.

Pour toute escorte, cette fois, nous n'avions qu'Ibrahim. C'est un grand diable, de cinq pieds huit pouces, au teint basané, aux longues moustaches, parlant un peu français, et le parlant beaucoup. Ancien régulier d'Abd-el-Kader, il avait déserté son drapeau à la suite de quelque peccadille dont il ne s'est pas vanté, et il s'était mis à la disposition du bureau arabe. Le commandant Bosquet nous l'a donné comme un homme sur lequel nous pouvions compter, et nous n'avons eu, en effet, qu'à nous féliciter de son choix.

Outre qu'Ibrahim est un vigoureux gaillard, c'est une sorte de loustic très-amusant. Bavard comme une pie, et répondant très-volontiers à toutes les questions que nous lui adressions sur son passé, tout le long du chemin il nous a raconté des histoires dont je ne voudrais pas garantir l'authenticité, mais qui ont abrégé la route et écarté l'ennui.

Nous avons encore été les victimes de deux *diffa* de Mostaganem à Arzew. Il a fallu les subir. Les chefs arabes avaient été prévenus de notre passage, et nous avons trouvé à Stidia une tente dressée et une collation préparée.

Je croyais en être quitte, lorsqu'à quatre lieues plus loin, à l'embouchure de la Macta, le caïd vint au-devant de nous, et nous invita à nous reposer pour prendre quelques rafraîchissements.

Quels rafraîchissements, bon Dieu! Trois moutons embrochés, précédés par deux plats énormes de couscoussou! J'avais encore la diffa de Stidia dans la gorge; cependant nous fîmes preuve de bonne volonté, et, après y avoir touché du bout des lèvres, nous abandonnâmes les trois moutons aux nombreux assistants qui nous entouraient, et qui en eurent bientôt raison.

Après une route pénible dans un terrain sablonneux et planté de petits joncs qui ressemblent beaucoup aux oyas de nos dunes de la Manche, les maisons blanches d'Arzew se montrèrent enfin sur les bords de la mer, et bientôt nous étions chez le commandant. Il nous fit installer deux lits dans un pavillon qui servait d'habitation aux officiers de passage à Arzew, et, heureux comme un homme qui n'a pas dormi depuis quinze jours, j'anticipai sur la nuit et me couchai à sept heures du soir.

Mais quelle nuit ! A peine au lit, je sentis par tout le corps une surexcitation que j'attribuai d'abord à la fatigue et au sang, mais qui, devenant de plus en plus insupportable, me força à allumer ma bougie pour tâcher de donner une diversion à la fièvre qui semblait me dévorer.

En jetant les yeux sur ma couverture, je fus saisi d'épouvante. Tout mon corps n'était plus qu'un *turf* sur lequel des escadrons faisaient un *steeple-chase*. Des rouges, des noirs, des plats, des longs, des rayés, des mouchetés, des roses à tête noire, des gris à bandes rouges, enfin, c'était une armée complète. Jamais je n'ai vu une telle variété de punaises. Ce souvenir me fait encore frissonner.

D'un bond, je me précipitai hors du lit, je me dépouillai de mon dernier vêtement, et je pris un bain dans ma cuvette. Après cette opération, j'appelai de V... à mon aide. Le brave garçon ronflait comme un bienheureux à l'autre bout de la chambre. Car je dois dire à sa louange, puisqu'on prétend que c'est l'indice d'une âme pure et d'une conscience légère, que dans toutes nos stations, tous nos bivacs, à peine la tête sur l'oreiller ou sur la paille, j'entendais retentir la preuve non équivoque de son sommeil. C'est peut-être le dépit de ne pouvoir en faire autant qui contribuait à me faire passer presque toutes mes nuits blanches.

Il crut, pour le moins, dans le premier moment, à un incendie ou à une attaque du pavillon ; je calmai ses craintes, mais il ne fut pas moins effrayé quand il vit à quelle espèce d'ennemis j'avais eu affaire. Notre parti fut bientôt pris. Nous ouvrîmes la fenêtre, et, en deux tours de main, le lit, les matelas, les couvertures et les draps tombèrent aux pieds de la sentinelle en faction. J'étendis ensuite deux bornous par terre; je fis au moyen d'un filet d'eau, un cordon sanitaire autour des bornous, et, rhabillé entièrement, je m'allongeai sur cette couche improvisée pour tâcher de rattraper le temps perdu. Mais, *mak'ache*. L'envie de dormir n'y était plus.

A trois heures du matin, le régulier d'Abd-el-Kader, Ibrahim, entra dans notre chambre pour nous annoncer que les chevaux étaient sellés.

Nous prîmes congé du commandant, qui nous pardonna le déménagement un peu précipité de ses meubles, et à quatre heures nous découvrions la cime de la montagne des Lions.

De Noue, à qui j'avais écrit avant de quitter Mostaganem, devait venir nous rejoindre dans les environs d'une fontaine située au pied de la montagne. Nous avions formé le projet de revenir en chassant dans ces parages, ordinairement très-giboyeux.

Arrivés au lieu du rendez-vous, nous cherchâmes, mais inutilement, la trace du passage d'un être humain. Nous criâmes, nous tirâmes deux ou trois coups de fusil. Personne ne répondit.

Craignant que le colonel n'eût compris que le rendez-vous était du côté opposé de la montagne, nous résolûmes de la contourner en marchant sur les flancs; mais, à chaque instant, nous étions séparés les uns des autres par d'énormes rochers, des lentisques et des buissons, si bien qu'au bout de peu de temps je m'égarai complétement et je n'entendis même plus la voix de mon compagnon qui m'appelait.

Je grimpai toujours au milieu des broussailles, au risque de faire lever un de ces aimables hôtes dont la montagne porte le nom, et, parvenu sur une éminence qui dominait la plaine à plus de cinq cents mètres, je crus distinguer un cavalier qui courait au galop, et qui venait de la direction d'Oran. Bientôt, en effet, deux autres cavaliers le rejoignirent, et je ne doutai plus qu'Ibrahim et de V... n'eussent reconnu celui que nous attendions.

Je descendis avec beaucoup de difficultés les rampes escarpées et accidentées qui me séparaient de la plaine, et au bout d'une heure j'avais retrouvé mes compagnons de route.

De V..., me dit-il, était très-inquiet de moi. Il avait appelé, il avait tiré deux coups de pistolet, et, n'entendant rien, il me croyait, pour le moins, dévoré par un lion, ou précipité dans quelque crevasse de rocher.

Ce qui me fit penser que ses inquiétudes n'avaient pas agi sur sa santé ni même sur son moral d'une manière fâcheuse, c'est que je le trouvai assis à l'ombre d'un buisson, un pâté de perdreaux entre les jambes, une bouteille à ses côtés, ses paroles se frayant difficilement un passage à travers les bouchées et les libations.

Ce coquin d'Ibrahim lui-même avait très-tranquillement déposé à terre une bouteille dont sa large aspiration venait presque de vider le contenu, et le mécréant, portant à ses lèvres épaisses un morceau de jambon, me disait avec un sang-froid admirable : « *Si, sidi, si, sidi, nous bien fâchés; nous croire toi cabessa coupir; nous croire toi mangir par le lion.* » — Et il reprenait la bouteille qui expirait sous ses lèvres, en répétant : « *Si, sidi, nous bien fâchés!* »

De Noue n'avait pu venir : son service le retenait à Oran. Mais le digne ami, pensant que nous aurions pu compter sur lui pour les vivres, nous avait dépêché son ordonnance, qui portait en sautoir de chaque côté de son cheval, une besace contenant quatre bouteilles de vin, un pâté, un jambon et du pain. De V... après avoir parcouru la lettre de de Noue, avait procédé à l'ouverture des besaces, et il cherchait à se consoler de mon absence en réparant ses forces épuisées. Je m'attablai en riant auprès de lui et je me mis bientôt au courant.

Un bain et deux bonnes nuits m'ont fait oublier tous ces petits incidents de voyage. Il fait, toutefois, une chaleur accablante; je remercie le ciel de ne pas nous l'avoir donnée pendant notre excursion.

Souvent, dans cette saison, après une journée torréfiante, après avoir respiré du feu, on voit arriver à grand train d'épais nuages noirs qui enveloppent et obscurcissent le ciel : ils se heurtent, se choquent et semblent prêts à se livrer un combat furieux, qui doit avoir pour résultat une averse bienfaisante ; chacun, le cou tendu, le nez en l'air, attend avec impatience le torrent qui va se précipiter ; on cherche la crevasse par laquelle il doit se faire jour, et tout d'un coup il vous tombe une large goutte sur le bout du nez, et le ciel s'éclaircit, et les nuages fuient et disparaissent, et toute l'averse, le torrent, le déluge, c'est cette goutte d'eau ironique qui semble s'être égarée tout exprès pour vous narguer.

XXXIX

Bou-Maza.

Alger, 2 septembre.

J'ai quitté Oran à la fin d'août, et depuis huit jours je suis réinstallé dans mon ancienne chambre, à Alger.

Tous mes amis m'ont accueilli avec tant de cordialité, que je ne sais pas encore le goût de la cuisine de la *Régence*, où je suis logé. Cependant, hier, j'ai assisté à un grand dîner de vingt-deux couverts qui a été donné pour moi dans les salons de l'hôtel, et auquel assistaient la plupart des personnes dont j'avais reçu des preuves d'amitié dans mes excursions.

Qu'on n'aille pas croire toutefois que je vais m'endormir dans les délices de Capoue. Le général Lamoricière m'avait précédé ici pour faire l'intérim du maréchal, qui est en France. Il vient de me charger d'une mission pour Tunis; et, en touchant à la Calle, je dois prendre quelques renseignements sur les forêts de ce cercle. Je me mettrai en route dans quelques jours. L'amiral doit inspecter les côtes jusqu'à Tunis, et je profiterai de son bateau, qui est sous le commandement de Plagnol, un de mes amis.

Nous venons de voir rentrer une petite colonne qui était allée apaiser une insurrection à Cherchell.

Bou-Maza, le chef des Kabyles, a été pris et amené ici. C'est un homme encore jeune, d'une habileté que la ruse et la cruauté ont ternie, et qui avait fini par s'imposer aux populations kabyles comme le continuateur d'Abd-el-Kader, et, par conséquent, du prophète. On assure qu'il est peu regretté de ses coreligionnaires.

XL

Rade de Stora. — La côte. — Collo. — Les Kabyles.

Rade de Stora, 15 septembre.

Par le plus beau temps du monde, abrité sous une tente coquette, rafraîchi par un bain délicieux que nous venons de prendre à notre arrivée en rade de Stora, derrière les rochers du cap de la montagne des Singes, je veux me donner le plaisir de raconter les jouissances du charmant voyage que j'ai entrepris depuis quelques jours.

Ainsi que je l'ai dit, l'amiral fait l'inspection des côtes. Sa femme s'est décidée, la veille de notre départ, à faire partie de l'expédition. Sa fille, jeune personne de dix-sept ans, l'accompagne. De plus, une de ses amies, créole dans toute l'acception du mot, maniérée, gémissante, paresseuse, craintive, et, malgré tout, bonne femme au fond. Voilà pour le sexe. Quant aux hommes, l'état-major est jeune, gai, *bon enfant*, et Plagnol, le commandant, officier distingué, le plus aimable garçon du monde.

Nous vivons dans la meilleure harmonie, jouant, causant, dessinant, lisant et chantant. Nos repas sont toujours, grâce à la mer, qui se comporte à merveille, très-gais et très-*honorés*. Les déjeuners et les dîners sont combinés de manière à être pris pendant les heures de station sur la côte, et la table est ordinairement chargée de fleurs que nos matelots rapportent à bord chaque fois que nous touchons quelque part. Je ne sache pas qu'on puisse faire un voyage de quatre cents lieues sur mer dans des conditions plus agréables, et je n'aurais jamais cru pouvoir rencontrer, hors du *plancher des vaches*, comme disent les troupiers, un bien-être physique aussi réel. Il est vrai que mes premières traversées ne m'y avaient pas accoutumé.

Nous rasons les côtes d'aussi près que possible, et cette longue et douce promenade, sur une mer qui ne nous remue pas plus que les eaux de la Saône, me rappelle ces espèces de tableaux enroulés qu'on donne aux enfants, et qui se développent à mesure qu'on tire une ficelle.

Je ne veux plus revenir sur les points que j'ai déjà décrits; cependant j'ai trouvé Dellys bien changé depuis l'année passée. Des maisons nombreuses et élégantes se sont élevées sur l'emplacement de la vieille ville, et on ne reconnaît plus cet amas de bicoques en pierres grises, que je distinguais à peine après la prise de la place.

Bougie et Gigelly ont reçu aussi notre visite. Des changements, quoique moins importants, se sont opérés également dans ces villes depuis mon dernier passage. Le colon, qui ne peut s'étendre dans ce pays kabyle, s'en dédommage en élevant des constructions, et chaque jour ces villes tendent à revêtir une physionomie plus européenne, et par conséquent moins originale.

En quittant la rade de Gigelly, nous avons donné la chasse à deux corsaires kabyles, qui n'ont trouvé d'autre moyen de nous échapper que de s'échouer sur les rochers.

Ce matin nous avons mouillé devant Collo. Nous ne savions pas trop comment les habitants de cette petite ville, qui ne nous appartient pas encore, nous accueilleraient. À la vue de notre navire, ils se sont portés en masse sur le rivage, et bientôt plus de trois mille Kabyles armés se trouvaient rangés en bataille sur la grève, attendant une démonstration hostile ou pacifique.

Comme nous n'étions pas venus avec des intentions de conquête, on leur envoya un parlementaire, et, après une courte explication, nous vîmes les masses se dissiper, les groupes se former, une certaine agitation succéder à ce calme qui précède un grand événement que l'on craint, et deux chefs s'embarquèrent dans le canot du parlementaire pour venir à bord saluer l'amiral. Peu de temps après, le bâtiment était entouré de pirogues chargées de ces sauvages, apportant des poules, du raisin, des melons, des fruits de toute sorte. Quelques-uns même, qui n'avaient pu se procurer des embarcations, se jetèrent à la nage et parvinrent ainsi jusqu'à notre bord.

Jamais bâtiment français n'avait abordé leur côte, et ils étaient curieux de voir de près un de nos navires, et surtout un bateau dont la cheminée, lançant des torrents de vapeur, leur semblait un prodige.

Le pont fut bientôt couvert de tous ces indigènes, et, comme leur nombre allait toujours croissant et que la surveillance en devenait plus difficile, l'amiral jugea à propos, après les avoir fait payer largement pour leurs libéralités, de les congédier.

De Collo jusqu'ici, nous longeâmes la côte de très-près. Il est difficile de voir un pays plus riant, plus gracieux, que celui-là. Nous avions quitté les âpres et rudes montagnes, et nous arrivions devant une campagne couverte de collines, de prairies et de bouquets d'arbres, jetés çà et là comme dans le jardin anglais le plus élégamment dessiné. Malheureusement tout cela n'est à nous qu'en perspective, et cette conquête ne sera pas la moins pénible de celles que nous aurons faites en Algérie.

XLI

La rade de Bone. — La Calle. — Tabarque. — Biserte. — Le cap Carthage. — Sidi-Bouzaïm. — La chapelle Saint-Louis. — La Goulette. M. Gaspari. — Tunis. — Le Bardo. — Le bey de Tunis. — Garagousse. La Manouba. — Carthage.

Tunis, 20 septembre.

Je reprends mon récit, que j'avais interrompu dans la rade de Stora, au moment où nous appareillions.

La mer commença à devenir un peu grosse, et le vent à fraîchir. La rade, comme toutes celles de la côte d'Afrique, n'étant pas tenable par le mauvais temps, le parti le plus sage fut de se mettre en route, et nous passâmes devant Philippeville sans y descendre.

Chacun gagna sa couchette pour éviter les *accidents*, et bientôt l'on n'entendit plus que le bruit des roues sur la lame furieuse, le sifflet de commandement des manœuvres, et le vent grinçant dans les cordages. La nuit fut rude, mais, le Cap de fer une fois doublé, nous fûmes moins secoués, et nous entrâmes majestueusement dans la rade de Bone, à neuf heures du matin.

Tous les canots, chaloupes, embarcations, furent mis à la mer, et, comme notre séjour devait être un peu plus prolongé à Bone qu'ailleurs, chacun fit à la hâte un petit paquet de toilette et de rechange.

Notre première visite fut pour le général Randon, qui commande la subdivision. On convint avec lui de l'emploi du temps pendant notre séjour, et le programme des distractions destinées surtout à amuser les dames fut adopté à l'unanimité. Messe à onze heures en musique, promenade à Hippone, visite au tombeau de saint Augustin, promenades dans la ville et visite à la Kasbah, dîner chez le général, soirée dansante, etc., etc.

Comme il arrive souvent, la toilette des dames prit plus de temps qu'il n'en faut pour appareiller une frégate, et la messe fut dite sans elles. Je les laissai monter en voiture, escortées par quelques *aimables*, comme dit madame l'amirale, et j'allai à mes affaires, c'est-à-dire, chez l'inspecteur des forêts et l'inspecteur des douanes, avec qui je travaillai jusqu'au dîner.

A onze heures, après une soirée charmante passée chez le général Randon, on songea à se séparer, et l'on descendit au port, où les canots nous attendaient. Le général Galbois, et Jusuf, aujourd'hui général, étaient à Bone en inspection. Ils nous accompagnèrent jusqu'à bord.

Lorsque nos embarcations commencèrent à voguer, une musique délicieuse, installée sur une des chaloupes qui nous escortaient, se mit à jouer des symphonies qui s'harmonisaient parfaitement avec le bruit cadencé des rames, et dont les sons, répercutés doucement par les échos du fort de la Kasbah, allaient se perdre en mourant dans le fond de la Seybouse. C'était une galanterie du colonel de la légion étrangère.

Quand nous accostâmes notre bord, des feux du Bengale s'allumèrent comme par enchantement au-dessus des bastingages, et des fusées lancées en faisceau jetèrent sur toute la rade une vive lumière, et éclairèrent d'une manière fantastique les bâtiments qui y étaient mouillés. La musique recommença de plus belle ; les libations d'usage avaient ravivé l'embouchure.

A minuit, tout rentra dans le calme, jusqu'à quatre heures du matin. Le commandant de l'*Achéron*, Maisonneuve, avec qui j'avais effectué mon retour d'Oran à Alger, nous avait invités à une grande partie de pêche dans la Seybouse. Il fallait deux heures en canot pour arriver au rendez-vous. Ces pauvres femmes, cette fois, furent prêtes à l'heure dite. Il est vrai que la toilette n'était pas précisément la même que celle de la veille. Il fallut leur prêter des bottes et des cabans.

La pêche n'eut rien de miraculeux. Elle fut même, à mon avis unanimement partagé, fort peu récréative. Le temps était froid, on grelottait, et le feu de la *bouilleabaisse* ne suffisait plus pour nous dégourdir. Nous remontâmes donc en canot, et à huit heures nous nous fîmes débarquer sur le sable, tout près du terrain de manœuvre, où les trois généraux passaient la revue des nouveaux escadrons de spahis. Une demi-heure fut consacrée à ce spectacle, et des voitures, qui nous attendaient là, nous transportèrent en une heure et demie au milieu d'une oasis située au centre de la plaine, dans la direction de Ghelma et de la route de Constantine.

Des Arabes sortirent à l'improviste de dessous les arbres, et vinrent au-devant de nous en faisant de la fantasia. Nous les suivîmes en nous dirigeant vers le milieu de l'oasis. C'est un point, pour ainsi dire, dans le centre de cette plaine immense, mais la végétation y est merveilleuse. Des figuiers monstres, des jujubiers, des vignes miraculeuses, des arbres et des plantes de toute espèce, s'entrelacent, rampent, montent, et laissent pendre des fruits, des grappes, des baies, qui semblent tenir à la même branche.

Nous choisîmes un figuier capable d'abriter un escadron sous ses rameaux. Une installation, comme celles que savent organiser avec tant d'adresse les matelots, reçut promptement, à l'aide de nos domestiques, une apparence de recherche. Un déjeuner copieux fut servi presque aussitôt et presque aussitôt absorbé par nos appétits de pêcheurs.

Après une heure ou deux de promenade, nous reprîmes, les uns les canots, les autres les voitures, et nous gagnâmes le port par la Seybouse et par la plaine. Le soir, nous eûmes grand dîner à bord, avec accompagnement de feux d'artifices et de musique, et à onze heures nous levions l'ancre. Le général Randon nous accompagnait.

La nuit fut très-agitée. Le vent soufflait avec force de l'est et retardait notre marche.

Je tenais beaucoup à toucher à la Calle ; mais, comme ces parages sont remplis de brisants, l'amiral voulait s'en écarter. Toutefois le commandant parvint à s'approcher, et nous mouillâmes en travers, malgré une mer énorme. Je descendis à terre, et une heure me suffit pour prendre les renseignements que je voulais avoir.

Il était six heures du matin. Nous quittâmes la côte, la mer devenant de plus en plus mauvaise. Nous rencontrâmes une foule de petits corailleurs, qui fuyaient devant le temps et s'empressaient d'aller chercher un refuge dans le port de Tabarque. C'est dans ces parages que se font les plus belles pêches de corail. Nous laissâmes à notre droite Sidi-Kerim, et nous vîmes le soir prendre notre mouillage devant Biserte, ville d'une physionomie tout à fait orientale. On installa la table à roulis, où peu de personnes prirent place, et on alla se réfugier dans les couchettes, où l'on fut balancé pendant toute la nuit.

Le lendemain matin un canot fut envoyé à terre avec un officier. Un jeune homme, professeur d'arabe à Alger, qui avait obtenu la permission de faire le voyage, s'embarqua avec lui pour aller chez le consul. L'officier l'y laissa, persuadé que tout notre monde allait descendre à terre, et il revint seul à bord. Quand il fut monté sur le pont, l'amiral reçut de la bouche de l'envoyé, qui n'était pas doué du talent de la traduction, la réponse de l'agent consulaire. Ce pauvre homme était vieux et malade, et, comme il ne pouvait supporter la mer, il priait l'amiral de l'excuser s'il ne montait pas à son bord, et il ajoutait qu'il serait très-heureux de le recevoir au consulat.

La susceptibilité de l'amiral s'offensa d'une pareille réponse, et il ordonna qu'on levât l'ancre pour apprendre à vivre à cet impertinent agent.

On eut beau lui dire que nous avions quelqu'un à terre, il n'en démordit pas, et il fallut bien lui obéir.

On partit donc avec une mer assez grosse, qui commença à devenir plus maniable après avoir doublé le cap Farine. Nous longeâmes Porto-Farine, petite ville blanche et coquette, et nous laissâmes derrière nous des falaises à pic contre lesquelles étaient taillées, comme par la main des hommes, de grandes colonnes rectangulaires. A deux heures nous doublions le cap Carthage, et la ville sainte de Sidi-Bouzaïm, qui couronne le promontoire, se déroulait à nos yeux à mesure que nous avancions.

Nous étions enfin devant Carthage. Les hauteurs et les ruines de Byrsa se dessinaient devant nous, et, sur un monticule qui dominait la mer, s'élevait modestement la petite chapelle de Saint-Louis, entourée de tronçons de colonnes et de blocs de pierre monstrueux.

Je n'avais pas assez d'yeux pour voir, pas assez de temps pour dessiner. Le bateau marchait toujours, et cette scène grandiose eut le même sort que tout le reste; elle disparut petit à petit derrière nous. Je fis taire mes regrets en songeant que nous avions projeté une excursion spéciale aux ruines de Carthage.

A trois heures nous passions devant le *Neptune*, vaisseau français de quatre-vingt-deux canons; nous laissions à notre gauche deux corvettes tunisiennes aux couleurs rouges, et nous atteignions le *Lavoisier*, bateau à vapeur stationnaire : à quatre heures nous jetions l'ancre à une demi-portée de canon de la Goulette.

Nous étions en rade de Tunis, quoique Tunis fût encore à cinq lieues de là. A peine étions-nous mouillés que le canot du vice-consul de la Goulette fut signalé. M. Gaspari, en effet, monta bientôt à bord. Il était en grand costume.

C'est un homme d'une cinquantaine d'années, gros et fort; les cheveux longs, noirs et bouclés sur les épaules; le teint cuivré, l'œil vif, les traits larges et accentués. J'en fais le portrait, parce que tout le monde dans la marine connaît M. Gaspari. Il est né à Tunis, sa famille est de Tunis, et voilà trente ans qu'il est notre vice-consul à la Goulette, où il n'a jamais manqué de témoigner aux Français son affection et son dévouement.

L'amiral et lui convinrent des mesures à prendre avant d'opérer notre descente à terre, et il partit pour la Goulette, afin de donner des ordres pour répondre au salut que nous allions faire.

Nous tirâmes et tirâmes tant de coups de canon, que le maître canonnier vint prévenir le commandant qu'il ne restait plus que les gargousses de signaux. Il fallut en envoyer chercher au *Lavoisier*. Salut de la Goulette, salut de l'amiral; salut du général, réponse aux saluts; salut du *Lavoisier*, salut du *Neptune*, réponse aux saluts; cela n'en finissait pas.

Il fut décidé que nous passerions la nuit à bord, et que le lendemain seulement on débarquerait. Ce programme nous permit de jouir le soir d'un spectacle admirable.

A notre gauche s'étendaient les immenses chaînes de montagnes de Sidi-Meregh et de Soliman, qui ferment la rade; à droite s'élevait le cap Carthage, couvert de ruines innombrables au milieu desquelles on voit isolée la chapelle Saint-Louis. Devant nous étaient les fortifications longues et blanches de la Goulette, armées de leurs nombreuses batteries, et dans le fond, au dernier plan, le lac de Tunis, qui se dessinait en rose pâle sur un fond de montagnes violacées.

Pour compléter ce charmant panorama, à neuf heures du soir apparut tout d'un coup un météore lumineux qui s'élança comme une fusée au-dessus des tours de Tunis, et embrasa, en serpentant, la moitié du ciel; sa lumière et la ligne qu'il traça dans l'espace durèrent au moins cinq minutes et furent aperçues de tous les équipages. Nous apprîmes que ce météore avait été également remarqué de Tunis.

Le lendemain matin, accompagnés de M. Gaspari.

nous descendîmes à la Goulette; nouveaux coups de canon, nouveaux saluts.

La Goulette est un petit fort situé sur un promontoire qui s'avance sur ce qu'on appelle le *lac* et qui en défend l'entrée. L'étroit canal auquel la Goulette doit son nom débouche, du côté de la terre, dans le lac qui sépare le port de la ville de Tunis elle-même; ce lac, de forme à peu près circulaire, n'a pas de profondeur, et le fond vaseux répand presque tous les soirs des exhalaisons fétides. Les gros bâtiments ne peuvent y pénétrer, non-seulement parce qu'il n'y a pas de fond, mais encore parce que la Goulette n'est pas assez large pour leur donner accès.

Le bey de Tunis, qui veut en tout imiter les Français, voulut aussi un jour faire construire une frégate de grande dimension; il en chargea M. Gaspari, qui lui fit des objections sur les mesures adoptées par le bey lui-même. Celui-ci tint bon; M. Gaspari résista. Un autre ingénieur se chargea de l'exécution de la frégate. Elle est faite aujourd'hui, mais elle est encore sur les chantiers, dans l'intérieur de la Goulette, et, à moins de démolir le chenal, elle y restera longtemps. Cet épisode ne rappelle-t-il pas cette grosse caisse construite pour la musique de la garde nationale d'un village, et qui, une fois terminée, ne put être extraite ni par la porte ni par la fenêtre de l'atelier où elle avait été faite?

A notre arrivée, la petite garnison prit les armes, et nous entrâmes solennellement chez le gouverneur de la Goulette, qui nous offrit le café. De là nous allâmes faire une visite aux dames Gaspari, qui avaient la mise la plus singulière et le teint le plus jaune que j'aie jamais vus.

Des voitures élégantes nous attendaient à la porte.

Nous prîmes place, et les postillons se dirigèrent vers la route de Tunis. La plupart de ces voitures étaient attelées de mules aux membres fins et déliés, et qui filaient comme des enragées. Nous étions conduits en Daumont par des jockeys indigènes au costume baroque.

La route de la Goulette à Tunis est affreuse : on côtoie le lac pendant tout le trajet et l'on est dévoré par les moustiques et brûlé par le soleil.

Bientôt une odeur pestilentielle nous annonça l'approche de Tunis. Des égouts à ciel ouvert entourent les fortifications d'une ceinture infranchissable et répandent dans l'air des miasmes épais et visibles à l'œil. On prétend que cette odeur préserve Tunis de la peste : je n'ai pas de peine à le croire, car c'est dans le cas de donner la peste à la peste elle-même, et, par conséquent, de la détruire.

Tunis est une grande ville, construite moitié en plaine du côté du lac, moitié en amphithéâtre, au flanc d'une montagne. La partie basse est habitée par les consuls et les Européens ; la seconde est réservée aux indigènes et peuplée de mosquées. Nous arrivâmes, en côtoyant à l'intérieur les murs des fortifications, devant l'hôtel du consul général, M. de Lagau, qui accueillit gracieusement notre monde et nous fit servir à déjeuner.

M. de Lagau est un homme comme il faut, distingué ; mais il a un air et des façons anglaises que je ne lui pardonne pas à l'étranger. On casa l'amiral, sa famille et un ou deux officiers avec le général Randon, au consulat, et moi j'allai prendre gîte avec d'autres officiers à un petit hôtel tenu par une Picarde.

Nous nous donnâmes rendez-vous dans l'après-midi, au consulat, pour aller visiter les bazars, ou plutôt la ville, car elle est toute en bazars. Nous avions l'air d'être en procession.

Deux janissaires, une canne à la main, nous précédaient, et, au moyen de cet utile instrument, nous faisaient faire un passage que nous n'aurions pas obtenu au milieu d'une foule compacte.

C'était l'époque du Rhamadan, et, sans ces satellites respectables et respectés, il n'eût pas été prudent de circuler au milieu des croyants. Le consul, sa fille, l'amiral, le général, les dames, les officiers, le chancelier du consulat, le vice-consul, sa femme, tous, deux à deux, nous suivions les pas de nos janissaires, et nous étions, pour tous les habitants, l'objet d'une curiosité qui ne se manifestait d'ailleurs, grâce à la baguette des janissaires, que par des chuchotements à peine intelligibles.

Nous entrâmes dans le palais du bey, alors à sa résidence d'été du Bardo, et l'un de ses favoris, colonel de vingt ans, nous en fit les honneurs. Ce palais, de construction turque, est presque entièrement meublé à la française, style de l'Empire, et le goût des ornements, sans être à l'ordre du jour, n'empêche pas que ce soit une jolie bonbonnière, séduisante dans ses moindres détails. J'ai remarqué, sur les plafonds, des arabesques et des découpures mauresques, qui feraient envie au plus adroit ciseleur de Paris.

Le soir, je fis visite à M. Vangaver. C'est un négociant marié à une Tunisienne, dont il a eu plusieurs enfants, et qui habite la ville depuis vingt ans. Il jouit d'une grande considération dans le pays, et il me donna d'utiles renseignements pour la mission dont m'avait chargé le général de Lamoricière.

C'est lui qui facilita l'évasion de Jusuf, quand, traqué

par les agents du sérail, il fut obligé de chercher un refuge à bord d'un bâtiment français en partance pour Alger. J'ai eu, sur cette circonstance, des détails très-intéressants et généralement ignorés, et qui trouveraient mieux leur place dans un roman que dans l'humble relation de mon voyage.

Le bey devait nous recevoir le lendemain au Bardo. A neuf heures du matin, de belles voitures, attelées avec luxe, étaient devant la porte du consulat. Une escouade de janissaires à cheval les précédait. Notre cortége franchit rapidement la distance qui sépare Tunis de la maison de campagne du bey, et, en moins d'une heure, nous laissions derrière nous les petits canons brillants et lustrés qui défendent l'entrée de la cour principale du Bardo.

Les ministres du bey nous attendaient dans un grand salon meublé à la française. Ces hauts fonctionnaires, parmi lesquels je retrouvai une de mes connaissances, M. Raffo, que j'avais vu à Toulon chez mon beau-frère, parlent tous assez bien français. Ils se montrèrent pleins d'empressement, et M. Raffo me fit toute espèce d'offres de services en chevaux, voitures, etc.

Nous fûmes introduits chez le bey, qui nous reçut debout au fond d'une grande galerie dorée dont le plafond était tout en glaces de Venise. Son accueil fut gracieux. Il nous invita de la main à nous asseoir, après s'être lui-même enfoncé dans un large fauteuil doré. Un esclave noir apporta le café, et nous commençâmes à échanger, au moyen de nos interprètes, quelques mots insignifiants.

Le bey est un homme de quarante-deux ans. Ses traits sont beaux, mais maladifs. Il porte, comme tous ses officiers, la chéchia avec la floche bleue. Une redingote droite, boutonnée jusqu'au menton, serre sa taille assez épaisse. Une cravate lui entoure le cou ; il a le pantalon à sous-pied et des souliers vernis en pantoufles ! Quelle décadence ! et comme la civilisation a rapetissé ces gens-là ! Sa poitrine est couverte de ses ordres de Nicham en diamants, et tous ses officiers ont également, en diamants, pendue au cou, la distinction de leur grade.

Après les compliments d'usage, on leva la séance, et nous fûmes reconduits à nos voitures au milieu d'une haie de soldats. Ces malheureux, dans leur uniforme semi-européen, ressemblent à des singes habillés. Ils n'en font pas moins bien l'exercice, et j'ai été étonné de la précision de leurs manœuvres.

Nous revînmes déjeuner au consulat. Nous prenions tranquillement notre café sur la terrasse, lorsqu'on vint prévenir M. de Lagau qu'un Bédouin, arrivant de la province de Constantine, demandait à lui faire une communication importante.

On introduisit le Bédouin. Ses traits, fatigués et brunis, étaient surmontés d'un sale turban en loques ; son corps, appauvri par les souffrances et la maladie, était à peine couvert par une mauvaise *gandoura* en lambeaux. Le drogman, sur l'invitation du consul, s'apprêtait à l'interroger, lorsque le Bédouin, s'avançant vers M. de Lagau, lui dit en très-bon français : « Je n'ai pas besoin d'interprète, monsieur le consul ; je suis du faubourg Saint-Denis. J'arrive de Constantine, et me voilà ! J'ai quitté les spahis, où on m'avait puni injustement, et je viens de faire soixante-dix lieues à travers les tribus pour réclamer votre protection. »

On donna à manger à ce pauvre garçon, qui mourait

de faim, et chacun de nous, surtout les dames, s'amusaient à questionner le Bédouin des *Beni-Saint-Denis*.

Il vivait depuis cinq mois au milieu des Arabes, qui ne soupçonnèrent jamais son origine. Il parle parfaitement l'arabe, et ses manières sont celles d'un indigène. Madame l'amirale l'a pris en pitié, l'a recommandé vivement à son mari, et il est probable qu'il partira avec nous pour Alger, où il passera devant un conseil de guerre. J'espère que, vu l'étrangeté du fait, il ne lui sera pas fait beaucoup de mal.

Le lendemain fut consacré aux acquisitions. Chacun se dirigea vers les bazars, se promettant de faire ample collection, selon ses caprices et ses goûts, de châles, de robes, d'écharpes, de pipes, de broderies et de parfums.

Pour moi, au lieu de me faire accompagner par un janissaire, comme on nous l'avait recommandé, je pris un juif qui parle français, que j'avais plusieurs fois rencontré à la porte du consulat, et je m'en allai courir la ville, mon album sous le bras.

Arrivé au milieu du quartier le plus populeux, il me prit fantaisie de croquer une vue pittoresque, au fond de laquelle on apercevait une mosquée. Le site était réellement bien choisi.

Un côté de la rue, tapissé par une vigne qui courait en serpentant jusqu'à l'extrémité, était éclairé chaudement par le soleil. De l'autre côté, quelques maisons entr'ouvertes et dans l'ombre laissaient filtrer des rayons de lumière qui permettaient de distinguer des scènes d'intérieur d'un effet ravissant; et au dernier plan la mosquée, dont la grand' porte était encombrée d'allants et venants, terminait heureusement le tableau. Je fus ravi de cette trouvaille, et je m'installai sur une pierre, le dos appuyé au mur.

J'avais à peine esquissé le minaret de la mosquée, que je vis la foule grossir autour de moi. Je ne m'en préoccupai pas, persuadé que la curiosité seule attirait tant de monde, et que ces braves gens, chez eux d'ailleurs, étaient bien aises de voir ce que faisait le *Roumi*.

Mais bientôt la foule commença à s'agiter, et je sentis mon coude heurté par des mouvements qui devinrent gênants. Puis des murmures, des bourdonnements, un bruit semblable à celui qui précède un orage qui va éclater, se firent entendre. Je levai les yeux de dessus mon dessin, et je vis, à ma gauche, mon juif gesticuler et se démener au milieu d'un groupe de Maures qui semblaient le menacer. Je crus d'abord que c'était le fait d'une querelle particulière, et, d'ailleurs, ces gens-là ont une manière de discuter telle, qu'on croit toujours qu'ils vont se dévorer. Mais deux ou trois mots, dont je compris la signification, frappèrent mon oreille. J'entendis : « *Roumi, fils de chien,* » et puis, comme — bien heureusement pour moi — j'étais en petit uniforme, j'entendis aussi, prononcés d'un air de dépit : « *Capitaine ! colonel !* »

Au même instant, mon pauvre juif disparut sous une pluie de coups de bâton, et des couteaux et des poignards brillèrent au-dessus de sa tête. Je jugeai à propos de plier mon album, que je glissai sous mon bras, je saisis ma canne, qui était à mes côtés, et je m'apprêtai à faire mes efforts pour défendre l'infortuné juif. Je levai la canne, mais un bras, derrière moi, arrêta le mien, et une voix me cria à l'oreille : « *Va-t'en vite, sidi, va-t'en vite, ils vont te tuer !* » Je me retournai, et j'eus à peine le temps de distinguer un Maure qui disparaissait dans la foule, et qu'à son costume je jugeai être d'Alger.

Je crus prudent de suivre son conseil, d'autant que je n'apercevais plus trace de juif, et que la foule et le bruit grossissaient toujours, sans que je visse une seule figure européenne. Je cherchais une issue au milieu de cette masse compacte qui m'entourait comme un mur impénétrable, lorsque je crus remarquer à une petite lucarne d'une maison située dans le côté opposé de la rue une tête de femme qui me faisait signe de me diriger vers son habitation.

Ce fut comme un éclair, car cette tête disparut aussitôt. A tout hasard, je perçai la foule, sans m'embarrasser des armes que je voyais briller autour de moi, et je parvins, non sans peine, jusqu'auprès de la maison où j'avais vu mon apparition. Une petite porte s'ouvrit, je me précipitai : elle se referma aussitôt sur moi.

Quand mes yeux purent percer les ténèbres, j'aperçus, se tenant l'oreille contre la porte, un vieux Maure à barbe blanche, que je reconnus pour être celui qui m'avait parlé dans la foule. Il s'approcha de moi, et me dit que, rentré chez lui, il avait donné l'ordre à sa fille de me faire signe d'entrer par la porte qu'il tenait entr'ouverte, ce qui avait été admirablement exécuté de part et d'autre. Je voulus le remercier, et j'aurais été très-tenté aussi de témoigner ma reconnaissance à la pauvre fille, qui, contre tous les usages du pays, m'avait montré sa figure, mais lui me répétait toujours, en me dirigeant vers une petite porte au fond de la pièce : « *Va-t'en vite, va-t'en vite !* »

Je traversai un petit jardin et je me trouvai dans

une rue presque déserte. Je descendis la rue sans me presser, mais ayant toujours l'œil à gauche et à droite. Après quelques détours, j'arrivai dans le quartier européen; je courus au consulat pour prévenir les janissaires et les diriger du côté où j'avais laissé mon juif. A peine eus-je dit quelques mots de l'aventure, qu'on s'écria autour de moi : « Ah! le malheureux! il est tué! » C'était peu encourageant.

Toutefois, j'emmenai deux janissaires et je remontai la rue pour aller chercher au moins la peau de mon juif. Au premier détour de la rue principale, j'aperçus le pauvre diable qui se traînait tout meurtri en me criant : « Me voilà, monsieur; me voilà, merci! » Merci! il y avait de quoi! Ce pauvre garçon était touché de me voir revenir à son secours; ils sont si peu accoutumés à la pitié dans ce pays-là!

Rentré au consulat, je reçus tranquillement les reproches qu'on m'adressa sur mon imprudence : il paraît que j'avais failli être assassiné.

Cela ne m'empêcha pas, le soir, d'aller dans un quartier perdu voir un spectacle fort à la mode et très-populaire chez les Maures. J'en revins peu séduit par le genre de littérature en vogue dans ce théâtre consacré à Garagousse.

Ce Garagousse est une espèce de polichinelle, aux gestes cyniques et grossiers, et qui se défait de ses rivaux avec des moyens et des armes qui ne servent généralement pas à faire la guerre dans les pays civilisés. J'ai remarqué à ce singulier spectacle des femmes, voilées il est vrai, et des enfants conduits par leurs parents, comme nous menons les nôtres aux ombres chinoises.

Garagousse, autrefois en honneur à Alger, a été toléré encore longtemps après la conquête. C'était dans les mœurs du pays, et l'autorité avait sans doute mieux à faire qu'à morigéner dans ses détails la morale indigène. Mais, il y a quelques années, l'effronterie de Garagousse dépassa les bornes, et, après s'être attaqué aux généraux et au maréchal lui-même, il s'avisa de s'en prendre au gendarme, au bon gendarme! « Oh! pour le coup, dit le maréchal, c'est trop fort! mes généraux et moi, passe encore, mais les gendarmes, jamais! » Et il fit fermer définitivement le théâtre des exploits de Garagousse. Personne ne déplora la suppression d'un divertissement aussi ignoble.

Le jour suivant fut consacré à une visite au Bardo, en compagnie des dames, le bey leur ayant fait la galanterie de s'absenter, pour leur laisser visiter son palais. Cette fois, nous pûmes examiner à loisir cette jolie résidence.

Le palais tout entier est de style européen. Les meubles, les tentures, les ornements, viennent de Lyon, de Marseille ou de Paris. Les murs sont tapissés de gravures d'Horace Vernet, de Gros, de David, représentant des batailles de l'Empire ou des portraits de l'empereur. On ne voit que cela partout. Quatre grands portraits en pied, peints à l'huile, décorent les principaux salons. C'est, soi-disant, le portrait du bey. J'ignore le nom des téméraires qui n'ont pas craint d'affronter la colère du souverain dont ils ont fait une si mauvaise charge.

Arrivés dans la salle à manger, nous y trouvâmes une collation très-bien servie en pâtisseries, bonbons, fruits et sorbets. M. Raffo était chargé d'en faire les honneurs. Les dames nous quittèrent alors pour aller rendre visite à la mère et à la femme du bey, qui les comblèrent de bonbons et de confitures. Elles en revinrent chargées, mais peu séduites par la tournure et les grâces orientales.

Une promenade dans les galeries qui servent d'entrée au palais, et qui sont décorées d'armes de toute espèce suspendues aux murs, termina notre visite au Bardo.

Nous retrouvâmes nos voitures dans la cour principale, et notre petit cortége se dirigea vers la Manouba, caserne de cavalerie, située dans un ancien palais. Nous fûmes surpris de ce que nous vîmes : officiers, soldats, chevaux, harnachements, écuries, tout, pour la tenue, la propreté et l'ordre, aurait fait honneur à une caserne de cavalerie prussienne. Je dois à la vérité de dire que le lieutenant-colonel du régiment qui est à la Manouba est Français, ce dont notre amour-propre national fut légèrement satisfait. Cet officier supérieur nous conduisit à son habitation, qui n'est autre chose que le harem de la Manouba. Mais de harem et de femmes on n'en parle plus à Tunis depuis que le bey a écrit sur toutes ses portes : « Haine aux femmes ! » Rien de plus coquet, de plus joli, de plus mystérieux, que la disposition de ce harem, avec ses galeries de marbre, ses divans autour des galeries, ses bosquets d'orangers et de fleurs; et, au milieu du jardin, le grand bassin réservé aux bains des femmes et disposé de la manière la plus commode et la plus élégante.

Dans le temps où les femmes régnaient encore à Tunis, j'aurais bien risqué un œil, pour voir folâtrer au milieu de ces parterres et de ces jets d'eau, le petit troupeau qui était parqué dans cette délicieuse bergerie.

Nous quittâmes la Manouba pour aller chez le ministre de la justice. Le jardin de son habitation est remarquable par la manière dont il est tenu et par la variété de fleurs, de fruits et de plantes qui s'y trouvent. A chaque détour d'allée, un esclave noir nous présentait des corbeilles remplies d'oranges, de figues, de roses, et de fleurs de toute espèce.

Notre journée était complète, et nous revînmes dîner au consulat, où il devait y avoir grande réunion le soir.

A chaque repas, nous sommes, pour ainsi dire, obligés de déjeuner et de dîner deux fois. A peine notre service à la française est-il enlevé, que la table se couvre aussitôt de mets arabes, apportés en grande cérémonie par des officiers de la maison du bey. Tous les plats qui paraissent sur la table du bey sont servis en double sur la nôtre. On n'est pas plus galant. Pour moi, je m'en tiens généralement au premier service, et presque tout le monde en fait autant, au grand désespoir du consul, un peu courtisan.

Dans la soirée, le whist et le piano occupent nos loisirs. Quand il y a un certain nombre de personnes dans le salon, on étouffe littéralement, mais il est défendu, sous peine d'asphyxie, d'ouvrir les fenêtres.

Hélas! c'est bien dommage, car il est impossible d'avoir sous les yeux un plus séduisant paysage, éclairé poétiquement par un clair de lune magnifique. Devant nos fenêtres s'élève le palmier du dernier des Abencerages, qui semble protéger de ses rameaux mollement balancés par la brise du soir une petite mosquée blanche, au minaret pointu. Un horizon de coupoles argentées par les reflets de la lune se perd jusqu'au lac, dans lequel un large rayon lumineux semble prendre un bain, et la chaîne des montagnes de Solimar, qui se dessine en lignes noires sur le ciel gris et bleu, termine le fond du tableau.

J'aurais à ma disposition le pinceau et la palette de Claude Lorrain, ou la plume de Lamartine ou de Chateaubriand, jamais je ne parviendrais à donner une idée de ce merveilleux spectacle. Il y a de ces choses qu'on ne peut comprendre que lorsqu'on les a vues.

A cinq heures du matin, trois voitures stationnaient devant l'hôtel du consulat. C'était la grande journée consacrée à Carthage et à saint Louis. Nous commençâmes par nous rendre à la chapelle élevée en l'honneur du roi très-chrétien.

Une cérémonie touchante nous y attendait : vingt-quatre petits mousses, de l'équipage du *Neptune*, devaient y faire leur première communion et y être confirmés par l'évêque de Carthage. Depuis longtemps je n'avais pas entendu la messe avec autant de plaisir, autant de recueillement.

Lorsque ces pauvres enfants furent tous réunis dans la chapelle, et que l'évêque leur adressa quelques mots touchants, je sentis des larmes dans mes yeux. C'est qu'aussi tout alors prêtait à l'émotion. Sur les ruines de l'antique Carthage, dans une chapelle française élevée par le roi à saint Louis, dont la statue noble et simple était devant nous, on voyait confondus sur les degrés de l'autel l'uniforme français et la tunique tunisienne. La livrée du roi resplendissait au milieu des bornous indigènes. Que de pensées philosophiques à faire sur ce contraste et sur ce rapprochement !

La messe dite, nous déjeunâmes au presbytère, avec les provisions que nous avions eu soin d'apporter ; puis on s'éparpilla sur le terrain, où, à chaque pas, nous foulions les débris de la grande ville. Fragments de colonnes de marbre et de granit, vestiges de cirques et théâtres, temples en ruines, et dont la base seule indique l'emplacement, partout des pierres, sur un horizon sans limites : voilà ce qui reste de Carthage. Mais, au-dessous de ces ruines, se prolongent, comme la vaste tombe du cadavre gigantesque dont on ne retrouve plus que quelques ossements épars, dix-huit citernes immenses et d'une conservation surprenante. Elles étaient destinées à recevoir les eaux qu'on faisait venir des montagnes d'Owan, à quinze lieues de là, par un aqueduc dont on distingue encore quelques arches de l'autre côté du lac.

Je descendis avec beaucoup de peine dans ces réservoirs de géant, et, parvenu au fond de l'un, je fis envoler une compagnie de pigeons, qui, depuis des siècles, et de génération en génération, nichent dans les profondeurs de ces citernes. Ils sont très-renommés pour leur forme et leur plumage.

Nous étions conduits par un petit Maure, gamin du pays, qui nous proposa, moyennant quelques pièces de monnaie, de nous attraper un de ces oiseaux. Nous lui fîmes la courte échelle, et l'adroit coquin, s'aidant des pieds et des mains, parvint, en s'accrochant aux anfractuosités du mur, jusque dans un trou où il disparut à nos yeux. A peine y fut-il entré, que des volées de pigeons s'échappèrent de ce colombier séculaire ; mais notre chasseur reparut à l'orifice du trou, tenant dans chaque main un beau pigeon aux yeux rouges et aux pattes empennées. Il se laissa glisser le long du mur, et nous nous emparâmes de sa conquête, que nous allâmes offrir galamment à la fille de l'amiral.

Notre journée avait été entièrement prise par notre

excursion à Carthage. En réalité, de Carthage il ne reste presque plus que les souvenirs grandioses et le vaste emplacement qui les contient. Cependant, sans être antiquaire, il y a de quoi occuper l'imagination la plus rétive. La vue que l'on découvre du plateau où était située la grande ville est admirable. La mer s'étend à vos pieds, et l'on distingue encore facilement le contour du vieux port Cothon, dans lequel sont enfouis des débris nombreux de colonnes de marbre de toutes couleurs, que la limpidité de l'eau permet d'apercevoir à son aise. Sur le cap, à gauche, s'élève la ville sainte de Sidi-Bouzaïm, que j'avais saluée en passant il y a quelques jours, et à droite s'étend toute la chaîne des montagnes d'Owan et de Soliman, qui viennent rejoindre Tunis, qu'on a derrière soi.

Nous revînmes au consulat, où nous attendait un grand dîner offert à tous les ministres du bey.

XLII

L'île de la Galite.

Alger, 29 septembre.

Notre petite mission terminée à Tunis, nous expédiâmes à bord, par le lac, tout notre bazar, et nous regagnâmes la Goulette en voiture. Le consulat entier nous accompagnait; il devait dîner avec nous.

Un grand repas de trente-deux personnes fut servi sur le pont par la plus belle soirée du monde, et, après le repas, on tira un feu d'artifice, dont les fusées et les feux de Bengale éclairèrent la rade de lueurs fantastiques.

A onze heures, les Tunisiens reprenaient leurs embarcations, et, une demi-heure après, nous levions l'ancre, ayant à notre bord le garde de santé que nous avions eu soin de prendre à Bone pour nous éviter une quarantaine trop longue. Le jour du départ comptait, et, en partant quelques minutes avant minuit, c'était, pour ainsi dire, l'escamoter.

Le beau temps ne se démentit pas, et, à trois heures de l'après-midi, nous étions le lendemain en vue de l'île de la Galite, inhabitée aujourd'hui, mais au pouvoir d'une masse de chèvres sauvages et de lapins de toutes les couleurs.

L'amiral était de bonne humeur, et nous n'eûmes pas de peine à lui persuader qu'une exploration de l'île ne manquerait pas d'intérêt. Plusieurs d'entre nous s'armèrent des carabines du bord, et nous nous apprêtâmes à faire une descente dans toutes les règles.

On nous avait prévenus que souvent, au coucher du soleil, on voyait sur le rivage des phoques ou veaux marins, et, afin de surprendre ces curieux animaux, nous descendîmes dans les embarcations à une certaine distance de l'île, dont nous doublâmes la pointe en faisant le moins de bruit possible.

J'avais le cou tendu, mon arme prête, et, quand nous eûmes dépassé le dernier rocher, mon cœur battait à l'espoir de faire un coup de fusil bien rare pour un chasseur. Mais un matelot qui était à l'avant, ayant aperçu un de ces phoques plonger derrière un rocher, eut l'imprudence de nous crier : « A vous ! » et au même moment une bande, qui était probablement endormie sur le rivage, à deux portées de fusil, s'éveilla, s'ébranla, et en sautant, en s'allongeant, en se traînant, cette masse disparut dans les flots, en moins de temps que je ne l'aurais cru possible pour ces informes animaux. Sept ou huit coups de fusil bien innocents signalèrent notre dépit et notre impuissance.

Il nous restait les chèvres et les lapins, et, après avoir rechargé nos armes en maugréant, nous descendîmes à terre. Autre désespoir ! Un troupeau de plus de trente chèvres, effrayées par nos coups de fusil, gagnait en galopant les hauteurs de la montagne qui couronne l'île, et sur laquelle nous n'aurions pu arriver avant la fin du jour.

Il fallut nous résigner à chercher les lapins, et nous étions décidés à leur faire payer cher notre désappointement. Nous nous séparâmes pour explorer les bruyères, les buissons, les taillis. On tua une douzaine de lapins, j'en abattis trois et deux pigeons ramiers. Parmi nos lapins, il y en avait deux noirs, et plusieurs étaient blancs et gris. D'où viennent-ils ? on n'en sait rien. Peut-être quelques pêcheurs qui avaient abordé l'île dans le dessein d'y manger une gibelotte ont-ils eu la maladresse de laisser échapper les lapins destinés à la faire ; quoi qu'il en soit, il est étonnant que ces lapins n'aient pas adopté le mode en usage dans toutes les garennes du monde, une fourrure uniforme, et que, malgré le temps, ils aient gardé leurs couleurs diverses.

Nous avons trouvé au milieu de l'île, au pied de la montagne, une cabane en ruines, construite avec des roseaux et de la terre. Les matelots nous ont raconté qu'il y a dix ou douze ans un homme vêtu de peaux de chèvres, et vivant des seules ressources de l'île, habitait cette cabane; que cet homme, dont on ne connaissait pas l'origine, avait disparu tout d'un coup, sans qu'on pût savoir comment, et sans que personne cherchât à le savoir. Ce qu'il y a de probable, c'est qu'il aura été assassiné par quelques pêcheurs; mais il n'est pas à présumer que ce nouveau Robinson ait été mangé par les sauvages.

Nous revînmes à bord, où nous dînâmes avec le fruit de notre chasse, et nous filâmes sur Bone, où nous déposâmes le général Randon au lazaret. Le surlendemain au soir, nous étions dans le port d'Alger; mais, comme notre quarantaine de cinq jours n'était pas finie, il fallut coucher sur le *Tartare*.

Quelques personnes plus pressées que d'autres de nous revoir affrontèrent l'ennui de la quarantaine et se décidèrent à la partager. Nous les récompensâmes de leur dévouement en les conviant à notre dîner, qui, arrosé d'eau glacée et de champagne frappé, se termina par des rires et des chansons. Nous éclairâmes notre innocente orgie avec des lanternes à la façon vénitienne, et les matelots dansèrent sur le pont jusqu'à minuit.

Le lendemain, à dix heures, nous étions libres, et chacun rentrait dans sa vie habituelle.

Mauvaises nouvelles de l'ouest. Un bataillon et deux escadrons, surpris dans une embuscade, ont été écrasés près de Gemma-Ghazouat, par Ab-del-Kader et les Marocains. Sept hommes seulement ont pu échapper au massacre. Toute la province d'Oran est soulevée.

A Mostaganem autre malheur, et que je déplore personnellement. Après une affaire où nous avions eu le dessus contre les Kabyles, le pauvre colonel Berthier a été tué à bout portant, par un de ces misérables, caché derrière un aloès. C'est une perte véritable pour l'armée et pour ses amis.

Je m'aperçois que j'ai laissé notre pauvre professeur d'arabe à Biserte. Mais il sut se tirer d'affaire. Il insista auprès de l'agent consulaire et il obtint un spahi et une mule. Il fit ainsi, grâce à la rigueur de l'amiral, jusqu'à Tunis, à travers un pays des plus curieux, un voyage que n'avait jamais fait aucun Européen.

XLIII

Sidi-Brahim. — Les prisonniers d'Aïn-Temouchen.

Alger, 10 octobre.

Quels temps, quelles chaleurs affreuses, quel siroco nous venons de subir! Tout était mort et abattu. Les chevaux crevaient, les hommes tombaient comme des mouches asphyxiées. Des bouffées brûlantes vous enveloppaient, comme si vous eussiez été au milieu d'un incendie. Voulait-on fuir cet air enflammé, on s'enfermait; mais alors on ne respirait plus. On montait sur les terrasses les plus élevées, et tout d'un coup on était embrasé par le vent du désert qui passait par lourdes rafales au-dessus d'Alger. On cherchait la fraîcheur sur la mer, mais on naviguait sur une lave ardente qui réfléchissait encore la chaleur de l'air. La nuit, on ne pouvait dormir, et, si l'on mettait le nez à la fenêtre, on voyait toute la plaine et le Sahel en feu apporter vers la ville des tourbillons de flamme et de fumée.

Cette jolie petite température a duré neuf jours, et je suis sûr que pendant ces neuf jours il est entré plus de monde à l'hôpital que pendant les deux derniers mois. Enfin à ce siroco ont succédé une pluie et un ouragan qui ont rafraîchi l'air, mais qui l'ont rafraîchi si bien, que, quoique nous ayons encore 25 ou 26 degrés, j'ai été obligé de reprendre mes vêtements d'hiver et de mettre double couverture pendant la nuit.

Que de tristes nouvelles depuis quelques jours ! A la fin du Rhamadan, toutes les tribus de l'Ouest se sont soulevées, et c'est à cette époque que nous avons eu à déplorer la mort du pauvre colonel Berthier. Nous avons eu quelques détails sur le massacre de nos braves près de Gemma-Ghazouat.

Le 8° de chasseurs d'Orléans et un escadron de hussards, tombés dans une embuscade dressée par Abd-el-Kader en personne, ont tous été tués, après une défense héroïque. Pas un n'a échappé. Je me trompe, un seul, comme aux Thermopyles, est venu annoncer la nouvelle de la mort de ses cinq cent quatre-vingts camarades. Il y a eu des traits de courage et d'héroïsme antique. Ils sont tous morts comme des braves, sans plier, sans reculer.

A une demi-lieue de l'endroit où se passait cette scène de carnage, se trouvait un petit marabout, appelé Sidi-Brahim. Au milieu de huit mille Arabes, quatre-vingts de nos braves parvinrent à se faire jour et à se jeter dans ce blockaus improvisé. Pendant deux jours et demi, réduits à manger leurs buffleteries, et, chose horrible ! à boire leur urine, ils soutinrent sans être entamés l'assaut de ces hordes furieuses. Les munitions leur manquant, ils coupèrent leurs dernières balles en quatre.

Abd-el-Kader, touché de tant d'héroïsme, émerveillé de cette bravoure surhumaine, leur envoya deux émissaires pour les engager à se rendre, en leur promettant la vie sauve. Ces hommes, affamés, affaiblis, désespérés, repoussèrent toute proposition. Un capitaine, nommé Dutertre, était au pouvoir d'Abd-el-Kader : « Va vers tes camarades, lui dit-il, engage-les à mettre bas les armes. S'ils refusent, je te fais couper la tête. » Dutertre est conduit devant le marabout. « Camarades, dit-il en s'adressant à ses soldats, on m'envoie vers vous pour vous faire commettre une lâcheté. Ne vous rendez pas, tenez jusqu'à la fin ! » — Au même instant, sa tête tombait sous le yatagan.

Alors un officier qui se trouvait dans le marabout se tourna vers ses compagnons, et leur dit qu'il ne leur restait plus qu'à mourir sous les couleurs de la France. Ils n'avaient pas de drapeau : un pantalon rouge déchiré, une moitié de chemise et un foulard bleu furent réunis et fixés à un fusil. Il s'agissait de le planter sur le dôme du marabout, exposé à tous les coups des Arabes. On demanda un homme de bonne volonté pour l'y attacher, vingt se présentèrent. Un caporal fut chargé de cette mission glorieuse. Il monta, aidé de ses camarades. Aussitôt qu'il parut sur le dôme, plus de cinq cents coups de feu furent dirigés vers lui, pas un seul ne l'atteignit, et les couleurs de la France flottèrent au-dessus du marabout.

La troisième nuit, épuisés, sans cartouches, ces malheureux prirent un parti extrême. Ils résolurent de franchir à la baïonnette la ligne des Kabyles et de gagner en carré Gemma-Ghazouat, qui se trouvait à deux lieues de là. En effet, ils culbutèrent, en sortant, les Kabyles épouvantés de tant d'audace, et ils firent ainsi une lieue, sans être entamés. Malheureusement ils tombèrent dans un second rassemblement, et douze hommes seulement parvinrent à s'échapper et à arriver à Ghemma.

Un officier supérieur qui revient de là, et qui nous racontait ces détails, les a vus, ces douze hommes, parmi lesquels se trouve le caporal au drapeau. Eh bien, ils sont calmes, ils ne murmurent pas, ils n'ont pas un mot de reproche pour le pauvre colonel Montagnac, qui s'est fait tuer aussi, mais qui, avec plus de prudence, aurait pu éviter cet affreux désastre.

Ces beaux traits sont faits sans doute pour consoler de nos pertes, mais nous avons à prendre une revanche éclatante. Le général Cavaignac avait été cerné près de Tlemcen; il s'est tiré heureusement d'affaire. Le colonel Géry avec cinq cents hommes a tenu tête pendant trois jours à sept ou huit mille Arabes près de Mascara, et le général Lamoricière est en train de chercher une affaire. — *Quærens quem devoret.* —

Tous ces événements se passent sur le terrain que nous parcourions il y a deux mois à peine. C'est par là que les tribus ont fait invasion.

Après avoir parlé de choses qui dilatent le cœur, j'hésite à dire celles qui le resserrent. Malheureusement ce que nous voudrions cacher aura autant de retentissement que nos plus beaux faits d'armes. Deux cents hommes, conduits par un lieutenant, ont été enlevés sans coup férir, près d'Aïn-Temouchen, à l'endroit même où mon Coulougli-Ali me disait qu'il n'était pas prudent de rester. Ils ont mis bas les armes devant huit cents Arabes! Ces malheureux soldats étaient, à la vérité, presque tous malades et bons, tout au plus, à la garde d'un camp; quoi qu'il en soit, c'est une triste ombre au tableau brillant qui se déroulait à quelques lieues de là.

L'escadre de huit vaisseaux est en rade d'Alger depuis peu de jours. Elle va se diriger sur Oran et la côte du Maroc. C'est là qu'il faudrait frapper. Tant que nous n'aurons pas forcé Abder-Haman à expulser de son territoire ou à nous livrer Abd-el-Kader, nous n'en finirons pas.

On prépare, sous mes fenêtres, les échafaudages pour élever la statue du duc d'Orléans. La solennité sera attristée par les derniers événements.

On attend le retour du maréchal pour recommencer une grande expédition.

J'ai failli être éventré, il y a trois jours, chez Jusuf par une antilope qui est dans son parc aux gazelles. J'ai eu le temps de me réfugier dans leur cabane, où j'ai attendu qu'on vînt me soustraire aux fureurs de l'animal qui menaçait de démolir à coups de cornes le léger obstacle qui me défendait, moi et la petite chienne, cause première de sa rage. J'en ai été quitte pour la peur, mais j'ai pu reconnaître que les naturalistes avaient raison quand ils vantaient la rapidité de la course de l'antilope, bien qu'ils n'en aient pas fait, comme moi, l'expérience.

XLIV

Événements dans l'Ouest.

Alger, 25 octobre.

Les événements se succèdent si vite les uns aux autres, et ils sont d'une nature si sérieuse, qu'à peine si on peut être occupé ou préoccupé d'autre chose. Toute la province d'Oran est en feu, toutes les places que j'ai visitées, tous les camps où j'ai couché, sont bloqués. On se battait hier encore aux portes de Mostaganem, et il s'est passé, à cette occasion, quelque chose d'assez piquant.

Un *monsieur* était à cheval dans la rue principale de Mostaganem; il rencontre la colonne, en tenue de campagne, qui se dirigeait vers la porte du Sud. Il demande à un officier qu'il reconnaît ce qu'il y a de nouveau. « Il y a de nouveau, lui répond celui-ci, que les Arabes sont à un quart d'heure d'ici. — Ah! eh bien, je vais avec vous. »

En effet, à peine arrivé sur le lieu du rassemblement, il charge avec les troupes la canne à la main. Un Arabe s'efforce de la lui arracher, mais le fourreau seul lui reste entre les mains, et dans ce fourreau était une épée avec laquelle le *monsieur* perça son adversaire, qui tomba. Il s'empara des pistolets et du fusil de l'Arabe, et, au moyen de ces armes, il abattit encore trois cavaliers devant la colonne ébahie. Je regrette de ne pouvoir citer le nom de ce touriste, qu'on ne m'a désigné que sous celui d'un *monsieur*.

On s'attend chaque jour à quelque insurrection dans la province d'Alger. Quand le maréchal, qui est du côté de l'Ouarensenis, aura passé outre, nous sommes sûrs de voir grouiller nos amis dans la plaine.

Alger est désert. Tout le monde part, et les soirées sont rares et peu nombreuses. Je ne m'en plaindrais pas si tout cela ne me privait de la société de quelques amis.

Encore un assassinat! Deux officiers et cinq hussards d'escorte ont eu la tête coupée, au moment où ils prenaient le café et la diffa qui leur était offerte. Et l'hospitalité arabe? dira-t-on. La voilà, l'hospitalité arabe.

On brûle, on saccage, on égorge, on enfume, on asphyxie; c'est une malédiction. Voilà la situation politique de notre pays. On ne sait à Paris que ce que les journaux savent et racontent, mais on est loin de savoir tout ce qui se passe. Je prévois que je partirai d'ici sans avoir revu le maréchal et le général Lamoricière. Il va se former un camp de huit à dix mille hommes au milieu des Flittas, au sein de l'insurrection, et leur présence sera nécessaire sur les lieux.

Je reçois des lettres de France de mes amis, qui me parlent de mon retour prochain ; ils se hâtent de m'adresser question sur question, de peur que je laisse quelque chose de mon bagage de touriste en arrière.

Avant d'y répondre, je veux d'abord réfuter une opinion qu'on émet, et que peut-être, sans le vouloir, j'ai contribué à faire naître par quelques récits. Un de mes amis me plaint, dit-il, de quitter un pays où la curiosité est éveillée à chaque pas, où les plaisirs succèdent aux plaisirs, où la vie est exempte de cette monotonie dans laquelle s'écoulent les jours en France, et il ajoute qu'il a eu occasion de parler *Afrique* pendant toute une soirée avec une personne qui en revenait et qui prétend s'y être beaucoup *amusée*.

Les couleurs sous lesquelles on lui a peint la vie d'Afrique sont d'un ton un peu exagéré. On voit que la personne qui a fait ces confidences est un touriste, un amateur, qui est venu passer quinze jours à Alger, qui a été au bal chez le gouverneur et qui a écrit son feuilleton avant de se coucher. Malheureusement, il y a beaucoup de personnes qui jugent l'Afrique de cette manière. Ils voient Alger, et ils ont vu l'Afrique. Ils fréquentent quelques salons, et ils connaissent tous les pauvres diables qui passent leur vie à bourlinguer sur les bateaux de la côte, à chevaucher sur des terrains brûlants, à dormir dans leur bornous à la musique des chacals et des hyènes, à boire de l'eau croupie et à défendre souvent leur vie dans un pays soi-disant soumis. Voilà comment ils connaissent l'Afrique ! Mais ils ont raison : il ne faut décourager personne. Il y a peu de gens qui quitteraient famille, intérieur, bien-être, pour échanger tout cela contre un monde nouveau, s'ils ne croyaient y rencontrer de larges compensations qui, la plupart du temps, leur échappent.

XLV

Adieux.

Alger, 20 janvier.

Tout ce que j'ai fait depuis quelques jours est prodigieux. Je ne sais comment je suis sur mes jambes, ou plutôt comment mon cheval est encore sur les siennes. Je ne voulais pas quitter Alger sans visiter encore une fois les charmantes promenades que j'ai parcourues si souvent et que je ne reverrai probablement pas de longtemps ; mais je voulais surtout, avant de m'en aller, serrer la main des personnes qui m'ont si bien accueilli, et qui m'ont aidé à supporter mon exil.

Que de bonnes journées, de bonnes soirées, de douces causeries je me promets ! Je suis si heureux de me reporter en idée au milieu des miens, et je sens que ce bonheur-là est si près, que je suis devenu plus que prudent. Cet excès de prudence me prive d'un grand et presque de mon seul plaisir, celui de la chasse. On nous défend d'aller dix, là où je pouvais aller seul l'année passée. C'est désespérant. On m'a proposé, il y a deux jours, une chasse superbe au pied de l'Atlas, où j'avais été déjà cinq ou six fois, non pas sans danger, mais cependant sans hésitation. Eh bien, je l'ai refusée net, dans la crainte qu'au dernier moment il m'arrivât quelque accident qui retarderait mon départ. C'est pourtant bien tentant! Il y a une panthère magnifique, peut-être celle que j'ai déjà tirée, qui dévore les troupeaux et fait mille dégâts. Mais je veux arriver tout entier, sain et sauf, et je ne sais pas même si j'irais aujourd'hui à Baba-Ali tirer la bécassine. Encore, si Caïd-Osman était ici! Lui qui me disait si bien avec son accent allemand : « Mon cher M***, ne vous laissez jamais approcher par un Arabe de plus de cent pas. S'il avance, mettez-le en joue en lui criant : *Rôe, fissa*, et, s'il avance encore, tirez dessus. — Mais, je le tuerais, lui disais je. — Eh bien, répondait-il tranquillement, vous allez au bureau arabe, et vous dites : Donnez-moi un *bon* pour un Arabe, rien de plus simple. »

J'ai vu rentrer, ces jours-ci, une partie de nos colonnes, bien que le maréchal tienne toujours la campagne. Il n'est pas de misère que n'aient supportées ces malheureux. Presque tous les fantassins étaient habillés en peaux de mouton, pour remplacer leurs vêtements en lambeaux, et il y a des escadrons de spahis qui sont rentrés avec trois chevaux. Abd-el-Kader nous a fait plus de mal que nous ne lui en avons fait.

Mais laissons là Abd-el-Kader, que je verrai peut-être un jour en France, et faisons nos adieux à l'Afrique, à son beau ciel, à ses sables brûlants, à ses jouissances, comme à ses misères, aux bons amis que j'y laisse; revenons aux détails de la vie positive, et faisons nos préparatifs de retour.

XLVI

Mahon.

Toulon, 19 février.

Pour clore dignement mon voyage, j'étais destiné à ne rentrer en France qu'après avoir subi tous les agréments d'une tempête, mais, cette fois, d'une véritable tempête. Comme j'ai la conviction qu'elles se ressemblent à peu près toutes, et qu'elles diffèrent seulement par la description plus ou moins émouvante qu'on en fait, je me garderai bien d'entrer en concurrence avec mes devanciers les navigateurs littéraires, et je me bornerai à dire que, malgré nos quatre cent cinquante chevaux et notre puissante machine, la frégate a fait de telles avaries, qu'elle a été obligée de se réfugier, pour se réparer, dans le port de Mahon.

A quelque chose, dira-t-on, malheur est bon. Mais le *Labrador* n'a pas eu seul à souffrir.

Partis le 5 février d'Alger, par un assez gros temps, la mer est devenue si furieuse au bout de deux jours, que notre navire, ayant eu le beaupré enlevé par un coup de mer et une roue à moitié brisée, ne gouvernait plus. Nous étions en vue des Baléares.

Tout le monde, même la plupart des matelots, était malade, et le commandant, M. Poultier, donna l'ordre de se diriger sur Mahon. C'est avec une véritable joie que j'appris, dans mon lit, cette résolution.

Je venais de passer une nuit affreuse, à vomir du sang, bouleversé, contusionné, n'ayant plus la force de me retenir, si bien que, dans un choc épouvantable qui renversa et chavira tout, je fus jeté, la poitrine en avant, sur un meuble, et je restai sans connaissance. Ce fut seulement à l'entrée du port qu'on s'aperçut de mon évanouissement. Le chirurgien me saigna à propos, et je revins à moi.

Tout brisé que j'étais, je pus jouir cependant de la vue de Mahon, à l'arrivée, et de ces fortifications gigantesques, impuissantes devant les armes de Richelieu. Le repos et la terre ferme me rétablirent bientôt, et, pendant que notre frégate réparait sommairement ses plus grosses avaries, on nous donna carte blanche, et nous allâmes chercher un gîte dans la ville.

Ce ne fut pas difficile : nous n'avions que l'embarras du choix. Jamais ville plus somptueusement construite ne fut plus tristement habitée. Presque toutes les maisons sont désertes; on en cite même qu'on offre pour rien, en location, à la condition d'entretien. Ce n'était pas notre affaire, et nous allâmes tout simplement nous loger chez un honnête hôtelier, dont l'industrie principale, à défaut de voyageurs, consistait à fabriquer des boîtes, des meubles, des oiseaux et autres objets en coquillages, dont on voit des échantillons dans les magasins du port de Marseille.

Une fois installés tant bien que mal, nous nous rendîmes en corps chez notre consul. Je dis *notre* consul, bien que ce digne représentant soit en même temps consul de quatre ou cinq autres pays. Il habitait un palais, mais un palais désert. Meubles et habitants, tout allait ensemble, et, en voyant sa femme, ses filles et son cabinet, je me suis figuré que rien n'avait été changé depuis la conquête de Richelieu.

Notre visite fit événement dans cette maison. Mahon

est tellement abandonné, tellement dénué de relations, si peu au courant de ce qui se passe dans le monde, que notre présence aurait été exploitée de toutes façons, si nous n'y avions mis bon ordre. Nous refusâmes donc toute invitation, et nous quittâmes cette espèce de tombeau pour parcourir la ville et visiter les églises et édifices nombreux qui s'y trouvent.

Presque tous datent du siècle de Louis XIV, et, quoique un peu lourd, le style ne manque pas d'élévation. L'église principale renferme un orgue qui a des sons magnifiques. Je n'ai entendu le pareil qu'à Fribourg, en Suisse.

Les Mahonais vivent de rien, et, cependant, ils paraissent heureux. Une de leurs principales jouissances, c'est la musique, et ils ont une troupe d'acteurs italiens qui jouent trois fois par semaine, dans une salle plus grande que l'Opéra. Nous n'avons pas manqué d'assister à une des représentations. Installés dans une large et confortable loge des premières, — moyennant dix sous par personne! — nous avons entendu une délicieuse musique et des chanteurs excellents. Mais je ne comprends pas avec quoi on entretient chanteurs et actrices, dans un théâtre où les premières loges ne coûtent que dix sous.

Au bout de trois jours, qui avaient été plus que suffisants pour voir la ville et les environs, qui offrent d'ailleurs peu de charmes, nous reprîmes la route de Toulon, où nous entrâmes en rade le 12 février à midi.

FIN

CHEZ LES MÊMES ÉDITEURS

BIBLIOTHÈQUE NOUVELLE
à 1 franc le volume.

FORMAT IN-16, IMPRIMÉ AVEC CARACTÈRES NEUFS SUR BEAU PAPIER SATINÉ, ÉDITION CONTENAN
500,000 LETTRES AU MOINS, VALEUR DE DEUX VOLUMES IN-OCTAVO.

VOLUMES PARUS ET A PARAITRE

A. DE LAMARTINE
Geneviève, Histoire d'une Servante . . 1 vol.

ÉMILE DE GIRARDIN
La Politique universelle . . . . . . 1 vol.

THÉOPHILE GAUTIER
Le Capitaine Fracasse . . . . 1 vol.

ALPHONSE KARR
Histoires normandes . . . . 1 vol.

JULES SANDEAU
Un Héritage . . . . 1 vol.

STENDHAL (BEYLE)
Le Rouge et le Noir . . . . 1 vol.

MARIE FONTENAY
(Mme Manoël de Grandfort.)
L'Autre Monde . . . . 1 vol.

Mme DE GIRARDIN — THÉOPHILE GAUTIER, SANDEAU ET MÉRY
La Croix de Berny . . . . 1 vol.

PHILARÈTE CHASLES
Souvenirs d'un Médecin . . . . . . 1 vol.

RUFINI
(Ancien ambassadeur de Sardaigne.)
Lorenzo Benoni. — Mémoires d'un Conspirateur . . . . 1 vol.

Mme LOUISE COLET
Quatre poèmes couronnés par l'Académie française . . . . 1 vol.

HENRI MONNIER
Mémoires de M. Joseph Prudhomme . . 2 vol.

ALEXANDRE DUMAS FILS
Diane de Lys . . . . 1 vol.
Le Roman d'une Femme . . . . 1 vol.

Mme LAFARGE
Heures de Prison . . . . 1 vol.

LE COMTE DE RAOUSSET-BOULBON
Une Conversion . . . . 1 vol.

MÉRY
Une Nuit du Midi (Scènes de 1815) . 1 vol.
L'Archipel de Paris . . . . 1 vol.

Mme SOPHIE GAY
Les Malheurs d'un Amant heureux . 1

MARCOTTE DE QUIVIÈRES
Deux ans en Afrique 1

AMÉDÉE ACHARD
La Robe de Nessus 1
Belle-Rose 2

JULES GÉRARD (LE TUEUR DE LIONS
La Chasse au Lion, ornée de 12 magnifiques grav. par Gustave Doré .

TAXILE DELORD
Charges et Portraits politiques et littéraires 1

FÉLIX MORNAND
La Vie de Paris 1

MISS EDGEWORTH
Demain 1

ARNOULD FRÉMY
Les Maîtresses parisiennes 1

EUGÈNE CHAPUS
Les Soirées de Chantilly 1

Mme ROGER DE BEAUVOIR
Confidences de Mademoiselle Mars . 1

BARBEY D'AURÉVILLY
Une vieille Maîtresse 1

CHAMPFLEURY
Les Bourgeois de Molinchart . . . 1

PAUL MEURICE
La Famille Aubry 1

MAXIME DU CAMP
Mémoires d'un Suicidé 1

POUR PARAITRE SUCCESSIVEMENT
ŒUVRES DE MOLIÈRE. — CORNEILLE. — RAC
— BOILEAU. — LA FONTAINE. — LA BRUY
— LA ROCHEFOUCAULD. — MADAME
SÉVIGNÉ, ETC.

PARIS. — IMP. SIMON RACON ET COMP., RUE D'ERFURTH, 1.

www.ingramcontent.com/pod-product-compliance
Lightning Source LLC
Chambersburg PA
CBHW071238160426
43196CB00009B/1109